本书为广州市哲学社科规划羊城青年学人课题"广州农村的消费分化问题与消费升级策略研究"(2019GZQN34)的阶段性成果

田野中国 CHINA Field

"请客不收礼"
NO GIFT-MONEY

一个村落的
仪式性礼物交换与互惠变迁

THE CHANGE OF
RECIPROCITY WITHIN
CEREMONIAL GIFT EXCHANGE
IN A CHINESE VILLAGE

郑姝莉 著

社会科学文献出版社
SOCIAL SCIENCES ACADEMIC PRESS (CHINA)

序

在很多人的心目中，礼物主要是人类学的研究对象。正因为如此，很长时间以来，尽管社会学与人类学是邻近学科，社会学家却较少从事礼物研究。所以，当时郑姝莉选择礼物作为博士学位论文题目，不论是对于她，还是对于我这个博士学位论文指导教师来说，都是一个挑战，但这个挑战值得我们去应对。

当初，郑姝莉对我说起她家乡的请客不收礼的现象。恰巧我家乡（福建省）也出现了类似的情况。我感觉这是一个值得研究的课题，便鼓励她去做这个现象的研究。没多久，她就回到家乡做田野调查。后来她把初稿发给我。我看完后，就觉得"有料"。至少在田野资料上，她已经站住脚了：资料翔实、充分、齐全、深入。这不仅仅是因为她熟悉家乡，更重要的是，因为她有人类学训练的背景：她的硕士学位论文是在人类学系做的。我之所以先后招收了三个来自人类学系的研究生，就是因为我觉得人类学训练的背景对于田野资料的收集，非常有帮助。

资料已经非常翔实了，如何来进行理论解释呢？这的确是一个非常棘手的任务。为了形成更有效度的理论解释，郑姝莉在多个学术沙龙上展示了她的研究成果。在多个这样的场合，她的研究选题都遭到了质疑，批评意见很多。但正是这些宝贵的批评意见，让郑姝莉得以沉下心来思考，并据此修改论文。

修改以后的论文依然遭到批评，她便继续修改。经过多轮的修改，渐渐地，在学术沙龙上，参与者对她的学术展示的批评"炮火"不再像过去那么猛了，也开始有不少肯定性的意见了。这的确是一个好的迹象，说明她已经"杀出一条血路"。事实也证明了这一点。她的博士学位论文在 2019 年获得了余天休社会学优秀博士论文奖。

我想，评委会之所以在多个候选人中把这个奖授给她，是因为她的博士学位论文的厚度和深度。就厚度来说，她的田野工作做得非常扎实、深入、细致。整本论文给人一种厚重感。虽然仅有翔实的资料并不一定就是好论文，但一本高质量的论文一定要有充实的资料，要给人以田野资料的"厚重感"。就深度来说，她对乡村的"请客不收礼"这一微小的现象，做了深度的理论透视和解释，真正做到了以小见大。通过一个村庄的礼物现象的变迁，揭示了中国乡村社会的结构和文化的深刻变化。

评价博士学位论文的一个最主要的标准，是"是否对知识有贡献"。这里所说的"知识"，不是经验描述的知识，而是基于经验描述事实所形成的概念性、理论性知识。也就是说，博士学位论文要在理论观点上有创新。这很不容易。要推进知识，首先必须对存量知识有充分的了解。在这方面，郑姝莉的工作也做得很出色。她对以往有关礼物的文献，做了系统的梳理和分析。这不但使她的理论创新工作有了一个明确的起点，而且文献梳理本身也构成了启发理论观点创新的一个源泉。当然，文献综述只是为知识创新提供基础和出发点，更重要的工作是收集新的资料，并据此形成新的理论观点。尽管如此，没有扎实深入的文献梳理和分析，仅有田野工作，常常会导致用新资料来诠释和例示旧的理论观点。

所以，一项好的研究，一定是三个因素的综合：（1）系统深入的文献梳理和分析，能揭示知识推进的逻辑和脉络；（2）扎实的田野工作和翔实的资料，以及对资料的符合方法论原则的分析；（3）深入的理论分析和创新的理论观点。我以为，郑姝莉这本书，在这三方面都做得不错。希望郑姝莉在今后的学术道路上，取得更多更出色的学术成果。

是为序。

王宁

2021年8月27日

余天休奖评委会推荐语

获奖者：郑姝莉

人类行为中的互惠关系是社会学及人类学关注的经典领域，已经有大量以东南亚社会为基础资料的研究文献，中国一般被视作具有类似行为模式的区域。作者续接这一研究传统，发现中国案例中传统互惠行为发生了变化。

第一，理论功底不错，涉及了主要的礼物问题研究，从人类学的经典课题到社会学的细致讨论，作者基本准确。作者捕捉到"请客不收礼"这一比较有趣、"反常"且值得研究的现象，并认识到这个问题的重要性，体现了较好的问题意识。第二，与《社会学研究》中的很多论文的文献回顾相比，本文的理论脉络清楚，没有偷懒耍赖。第三，经验材料丰富、有张力。作为一篇社会学"个案"路径上的文章，本文的田野资料比较丰满，说明作者的调查比较扎实。作者概念化了这种现象，即互惠行为简化——资助型互惠缩窄，关系延续型互惠单重化——并对这一现象做出了社会学的解释。微观方面，根据案例事实，论文试图回答互惠变化的多个经验问题：为何人们对资助型互惠的依赖降低，对建构声望的需要加强？哪些连锁反应推动了互惠去制度化进程？关系选择怎样推动了道义性的礼物关系圈萎缩？宏观方面，针对以往将互惠作为一种无差异的普遍性制度假设，特别是外部制度环境压力导致变迁的解释，作者发现村内互惠的功能指向有差异：从通过选择性送礼维系互助情感,到不收礼宴请获得新声望,资助型互惠逐渐消退。村民是主要的制度筛选者,是案例内部非正式制度(关系功能)的变化(作为主因)与外部环境制度变化(官方推广)的共同作用,推动了互惠规则的变化。论文具有历史感和现实感,基于丰富的田野调查资料,表现出推进现象的概念概括、将理论问题和经验材料相联系的研究意识,是一篇扎实的社会学经验研究之作。

目　录

缘　起 / 001

第一章　从礼物到互惠变迁的研究 / 011

第一节　文献回顾 / 013

第二节　概念界定与理论框架 / 069

第三节　研究方法与田野概况 / 083

第四节　篇章安排 / 094

第二章　从隐性到显性扩张：双重互惠的制度化过程（20世纪50~90年代） / 099

第一节　隐性存在：软约束、功能依赖与隐蔽式互惠

（20世纪50~70年代） / 102

第二节　显性扩张：退出约束、功能扩张与扩张式互惠

（20世纪80~90年代） / 114

第三章　市场变化与双重互惠的去制度化（2000~2015年） / 131

第一节　市场变化：物资充裕与购买力的提高 / 134

第二节　市场替代与仪式活动的去资助化 / 138

第三节　礼金负担与去制度化 / 146

第四章　社会流动、声望补偿与双重互惠的去制度化 / 157

第一节　身份下降、身份恢复与成为精英 / 162

001

第二节 "寿丧不收礼"：崛起的价值表达与声望补偿 / 166

第三节 声望补偿何以必要：建构新的社会记忆 / 174

第五章 社会流动、声望确认与双重互惠的去制度化 / 183

第一节 宗族复兴与精英延续 / 187

第二节 寿宴"不收礼"：宗族精英的价值表达与声望确认 / 195

第三节 声望确认何以必要：声望可以转化与延续 / 201

第六章 社会流动、声望获得与双重互惠的去制度化 / 209

第一节 教育：宗族重视与家庭重视 / 213

第二节 升学宴：教育的价值表达与声望获得 / 217

第三节 声望获得何以必要：一种意义与价值 / 228

第七章 人口流动、情感表达与双重互惠的去制度化 / 235

第一节 人口流动：为了社会流动 / 239

第二节 回乡宴请：外出的情感表达与声望获得 / 243

第三节 情感表达何以必要：要回去的老家 / 257

第八章 政府行为、外部强化与单重互惠的制度确认 / 267

第一节 民间风俗与公共目标的一致性 / 271

第二节 治理绩效与制度变革消费方 / 276

第三节 榜样确立与"不收礼"的制度确认 / 279

第九章 关系选择与双重互惠的制度遗留 / 287

第一节 道义维持与双重互惠制度的遗留 / 290

第二节 关系选择与礼金关系圈的缩小 / 303

第三节　礼金关系圈何以缩小：村庄社会的半熟悉化与竞争化　/ 320

第十章　结论与余论　/ 349

第一节　互惠变迁的多重过程　/ 351

第二节　互惠变迁的多重机制与多重行动力量　/ 358

第三节　声望建构何以可能？　/ 361

第四节　互惠变迁机制的外推与解释　/ 365

第五节　流动中村落共同体的竞争性与道义性　/ 367

参考文献　/ 373

附录　本书相关报道人简介　/ 387

后　记　/ 393

缘　起

红白喜事中的宴请随礼（金）是地方社会中普遍存在的一种礼物规则。届时，主人承办红白喜事宴席，客人则携礼（金）相送，宴请呈现着一种礼物逻辑。在改革开放的过程中，宴请随礼的金额逐渐升高，甚至成为人们经济负担的主要来源。20世纪90年代，贵州锦屏县茅坪镇[①]房族、邻居的礼金仅为4~10元，2011年升至50~100元，2017年又升至100~200元。不仅贵州的随礼金额在攀升，武汉、太原、阜阳等地的礼金标准也在上升[②]。攀升的礼金成为许多人的经济负担。2013年，中国青年报社会调查中心做了一项关于"你为人情消费所累吗"的调查（5795人参加），结果显示：53.2%的受访者感到礼金负担重；64.6%的人每年随礼支出在1000~6000元，19.1%的人每年随礼支出超过6000元。[③] 尽管一些地方礼金的标准在升高，随礼负担在加重，但仍有一些地方的礼金标准一直保持在较低水平。广东地区的礼金负担较轻：广州地区收礼金时只摸一下红包或将红包折一个角后便退还给宾客，或者只收取宾客所送的部分小额礼金；佛山顺德在改革开放后一直有"不收红喜事礼金"的规定。然而，与礼金负担一直较轻的广

---

① 我的硕士学位论文的田野调查点。
② 基于媒体对这些地方随礼负担重的报道而知。
③ 参见2013年3月5日《中国青年报》刊登的《53.2%受访者感觉人情消费负担重》一文。

东地区不同,还有一些地方的礼金标准出现了先升后降的变化。西省西县①的礼金在改革开放初期逐渐升高,但是在2000年后发生了随礼负担下降的变化。

为何西县的礼金先升后降?这与西县宴请的共享规则发生了由"收礼"到"不收礼"的变化有关。西省西县是我的家乡。意识到家乡"不收礼"的变化是在我硕士学位论文田野调查期间。2011年8月,我去贵州锦屏为我的硕士学位论文做田野调查。其间,我在参加村民的婚礼仪式时,发现邻里亲戚均要随礼赴宴。村民家中的大红色礼簿,记录着重大仪式中的礼金往来情况。在作为他者的观察中,我反思了自己家乡的礼金往来情况。我在给母亲打电话时,问及家里是怎么送礼金的,母亲一句"现在都唔(不)收礼[金]了"把我搪塞了回去。2013年博士入学后,与师友聊起参加宴席时送礼金的话题,我用母亲那句"不收礼"来分享家乡礼金往来规矩的特殊性。届时,师友们或者视"不收礼"为特殊的规矩,或者质疑"不收礼"的真实性。2014年,我回到西县了解"不收礼"的真实情况。为了防止自己先入为主地预设"不收礼"规矩,我有意关注人们对礼金往来情况的形容。在回到家乡后,我发现人们对于宴请礼物规则有两种叙述语言:一种是概括性叙述,另一种是补充性叙述。

首先,人们会用"唔(不)接礼"或"唔(不)收礼"来形容当地的仪式性礼物交换规则。这种叙述被人们用来区别以往"会接礼""会收礼"的规矩。事实上,21世纪以前,西县的红白喜事宴请是"会收礼"的。改革开放前,宴请中的来宾主要送布料、寿面、寿饼、白糖及鸡蛋等。20世纪80

---

① 本书中涉及的人名、地名均已做匿名化处理。

年代后，宾客更愿意在宴席中送上礼金。礼金数额依关系的不同而不同。只是近年来，"唔接礼"才成为人们形容新的主流礼物规则的流行语。主人"唔接礼"①时，会在请客时用"概不收礼"或"现场不收礼，免手势②"提醒客人。客人则用"退礼"及"手都没过"来形容主人未接礼，将不收礼的酒形容为"白食酒"。不仅地方社会中用"不收礼"来形容新的礼物往来规则，对西县这一规则报道的新闻媒体亦用"请客不收礼"来形容当地的"新风尚"。

其次，人们会用"十分亲的才会接""只接了亲戚的""玩得蛮好的才会收"来对礼物交换规则进行补充性叙述。西县"不收礼"并不是指不存在礼物交换，也不是指宴请中的礼物交换彻底消失了。它只是被人们用来形容一种新的礼物规则。恰如这些"有些会接（礼）"的术语所描述的，仍然有一些以往"会收礼"的礼物规则被保留下来。有些宴请家庭会收一些亲戚关系较近者（如宴请者兄弟姐妹）的礼金。部分新婚青年亦会收关系较好的朋友的礼金。然而，"十分亲的才会接"只是一种补充性叙述，并不是人们对当地主流礼物规则的叙述。在宴请的宾客中，主人对大部分宾客采取的仍然是"不收礼"实践。

礼物交换不仅仅是一种地方性习俗，它更呈现着既定社会中的社会关系结构与共享的文化规则。改革开放后，各地礼金交换规则的差异性亦有其社会结构变化渊源。西县的"不收礼"并非地方社会一直存在的地方规则，而是在改革开放后渐变的一种新规则。莫斯等从事礼物研究的学者讨论了为什么

---

① 为了行文统一，后文均避免用当地方言，而用"不收礼"。
② 免手势是指免去客气地带着红包参与宴席并赠送给宴请者的动作环节。

要回礼，却没有讨论为什么要"收礼"或者为什么"不收礼"。西县"不收礼"的变化不仅仅是简单的共享规则变化，更是地方社会结构发生变化的制度化反映。共享规则的变化，不是单独的个体可以左右的，而是集体共同改变的结果。然而，在自发的情况下，集体同步改变规则是难以做到的。共享规则的改变一定是一个由点到面的过程。这个过程是怎样发生的？它涉及什么机制？把这样的问题弄清楚，有助于明了共享规则变迁的过程性机制。因此，研究西县的不收礼现象，其实就是研究某种共享规则的变迁机制。它不但具有现实意义，能为减轻随礼负担提供一种路径，而且具有学术价值，能加深对共享规则变迁过程及其机制的认识。

有关成文组织规则的变化，已经有学者做了研究（马奇、舒尔茨、周雪光，2005）。但是，不成文的共享规则的变化也值得研究。本书就是从礼物制度变迁入手，对非正式制度（不成文的共享规则）的变迁机制研究的一个尝试。因此，找寻西县宴请由"收礼"到"不收礼""部分收礼"的变迁过程及机制便成了我的研究契机。为了将礼物交换与地方社会的社会结构变迁联系在一起，本书选择了一个村落——西村，研究其由"收礼"到"不收礼""部分收礼"的变化过程与机制。

西村请客由"收礼"到"不收礼""部分收礼"的变化虽然只是个社会现象，但蕴含着重要的学理性问题，即共享规则或非正式制度的变迁问题。

礼物交换的核心在于它存在一种关于赠予的交换规则，即通过馈赠使得给予、接受和接受之后回赠这一链条持续发生的互惠机制。多重义务回馈的存在使得礼物经济成为一种典型的互惠经济，约束礼物交换的规则亦成为一种非正式的互惠制度。仪式性宴请中的礼物交换有多重互惠：第一重是宴请－送礼的互惠（在相同的时间点上完成互惠），第二重是宴请－回请的互惠（在不同的时间点上完成互惠，回请发生在延迟的时间点上），第三重是收礼－回礼的互惠（在不同的时间点上完成互惠）。这三重互惠都体现了交往功能（communicative value）（Molm et al.，2001），但在客观效果上，第一重互惠中的"礼"具有资助（aid 或 endowment）功能（Wilson，1997；Cheal，1988；Chen，1985；阎云翔，2000；Crow et al.，2002），它是一种资助型互惠。集体时期，物资短缺，礼物交换以物的形式帮助满足人们的物资需求，如一匹布足够做一件衣服。改革开放后，它以礼金的形式出现，资助宴请者举办宴请仪式，抵消一部分宴请成本。后两重互惠中的"宴请－回请"与"收礼－回礼"则更多地体现了交往关系的延续功能，交往体现的是两人间的关系，有鉴于此，本书将第一重互惠称为资助型互惠，将第二重和第三重互惠称为关系延续型互惠。资助型互惠体现的是异质性内容的互惠（礼物与宴请的互惠，在这里，礼物与宴请是异质性的东西），而关系延续型互惠体现的是同质性内容的互惠（宴请与回请、收礼与回礼是同质性的东西）。

因此，当西村请客由"收礼"向"不收礼""部分收礼"变化时，其实是互惠发生了如下的变化：一是资助型互惠消退，双重互惠变成了单重互惠；二是资助型互惠缩小到更小的范围，即原有的双重互惠被缩小到有限的范围。以上变化，可以被称为双重互惠的单重化与有限化。它是礼物交换制度（非正式制度）的一种变化。而礼物制度是一种互惠制度。因此，讨论礼物交换制度的变化，可以上升到互惠制度的层面上进行。双重互惠单重化，是资助型互惠消退的去制度化（deinstitutionalization）（Oliver，1992）过程；双重互惠有限化，是资助型互惠保留的制度遗留（survival）（古尔德纳，2008：344）过程。双重互惠单重化与有限化是去制度化伴随着制度遗留的结果，当这种互惠制度被确认时，新的礼物规则便被再制度化（reinstitutionalization）（Delbridge and Edwards，2002：8－10）了。因此，礼物规则的变化是互惠去制度化与再制度化的变化。

在以往对于互惠变迁的讨论中，存在两种对立的观点。第一种是互惠持续论，它认为互惠或者仍然存在于与市场共存的礼物经济中（Negru，2009；Mirowski，2001），或者仍然存在于持续的社区性、延续的邻里团结中（Hoggart，1957；Hoggart，1995；Suttles，1972；怀特，2009），或者作为文化持续存在于求－助结构中（王思斌，2001），或者作为应对社会变迁的关系策略持续存在于变迁的社会中（杨美惠，2009；Wilson，1997）。第二种是互惠危机论，它认为邻里关系的淡漠（Wirth，1938；Beck，1992；Beck，1997；帕特南，2011）、人们对短期利益的追求（Elder-Vass，2016）、礼物经济异化（Cheal，1988；贺雪峰，2011）及道德的转型（Yan，2009）使个人不再"对他人负有义务"，互惠在新的社会环境下会遭遇危机。这两种竞争性的理论观点都无法对当前西村的双重互惠单重化与有限化进行充分解释。

首先，与第一种理论相反，互惠并没有完全持续存在于变迁的社会中。虽然关系延续型互惠依然存在，但是资助型互惠发生了弱化。以往的资助型互惠渐渐被抽离出来，甚至被部分宴请者"辞退"。资助型互惠的弱化恰恰反映了互惠的"非持续"状态。

其次，从第二种理论观点的解释逻辑出发，就会发现五种矛盾与不足。第一种是邻里关系淡漠与有限双重互惠仍然存在的矛盾。邻里关系淡漠可以解释双重互惠单重化的部分，却无法解释尚存的有限双重互惠，即仍然存在的"部分收礼"。"部分收礼"的关系圈之间的关系并未淡化，反而在"不收礼"的新规则中被予以强化。第二种是短期利益驱动与双重互惠单重化之间的矛盾。若是宴请者追求短期利益，其更应该"收礼"而非"不收礼"，因为"收礼"可以带来短期的经济利益——减少宴请成本。第三种是礼物经济异化与宴请方率先实践"不收礼"的矛盾。若是人们因为礼物经济异化而将礼物视为负担，宴请者总想通过收礼来谋利，那么最反感的应当是需要频繁送礼的人，早期的变化也应当是送礼者"不送礼"，而不是宴请者"不收礼"。因为送礼者最反感通过宴请收礼来谋利的宴请者。礼物经济异化可以解释人们为什么普遍接纳新的"不收礼"规则，但是无法解释互惠变迁一开始是如何发生的。第四种是道德转型与资助型互惠仍然存在于有限的范围中的矛盾。在道德领域讨论互惠变迁，更多是指出社会上出现"不帮"他人的道德危机，但是这无法解释部分关系圈内仍然存在的"帮"。第五种是互惠危机论的解释力度不充分。互惠危机论虽然指出了互惠的变迁，却没有具体说明互惠向何处发生了变迁。

因此，需要重新分析互惠，将互惠内部的功能性差异区分出来，剖析不同功能的差异性变化。需要在互惠规则变化的过程中分析各类行动者的诉求与行动逻辑，找出影响行动者行动的各类因素，找寻更具有张力、更饱满、更合理的解释机制。而最适合容纳多种影响因素的理论框架，就是制度变迁理论。

通过梳理相关文献可知：第一，在礼物研究中，以往的研究更侧重于解释"为什么要回礼"的互惠原则问题，却没有讨论"为什么收礼"或"为什么不收礼"的互惠启动机制问题。第二，在将互惠变迁视为因变量的研究中，以往的文献运用制度变迁理论进行分析的少，更多是聚焦在互惠制度是否变迁及互惠的外部影响因素（外生变量）上，没有把外部影响因素与内部影响因素（内生变量）结合起来分析。第三，在互惠变迁的态势上，以往的研究更多是将互惠视为一种普遍化的原则，将互惠变迁扁平化了，忽略了互惠功能的差异性变化。因此，本书将互惠制度置于仪式性礼物交换中，试图找寻资助型互惠并未启动（不收礼）或只启动了部分（部分收礼）的原因。在具体的研究中，本书将主线放在讨论非正式制度的变迁机制问题上，基于奥利弗（Christine Oliver）的去制度化理论（Oilver, 1992）与德尔布里奇（Rick Delbridge）等人的再制度化理论（Delbridge and Edwards, 2002），分析来自市场、政治的外部影响因素与来自村落的内部影响因素如何共同促进了村落的互惠制度变迁。在剖析不同互惠的变迁过程之后，总结不同互惠的走向。

本研究旨在分析非正式制度的变迁，呈现仪式性礼物交换中互惠制度的变迁实践，围绕资助型互惠如何消退与遗留、双重互惠如何发生了单重化与有限化、互惠如何发生了去制度化与再制度化的问题展开"过程－机制"的讨论。本书不是把互惠当作自变量，而是将其当作因变量，试图分析互惠制度变迁的原因。本书所要回答的问题如下。

（1）首先呈现"是什么"的过程问题

在仪式性礼物交换中，西村的互惠制度有没有发生变化？若互惠制度发生了变化，发生了什么样的变化？互惠是持续存在还是处于危机状态？西村的互惠变迁有什么样的走向？旧的互惠制度与新的互惠制度之间到底有什么不同？

（2）进而分析"为什么"的机制问题

西村互惠制度是如何变化的？资助型互惠消退、双重互惠单重化的去制度化过程背后的社会机制是什么？资助型互惠遗留、双重互惠有限化的制度遗留过程背后的社会机制是什么？双重互惠单重化与有限化的制度确认——再制度化——背后的社会机制是什么？制度创新方、机会制造方、制度反对方及变革成果的消费方在互惠制度变迁过程中起什么作用？各类制度变革方在礼物交换与互惠实践过程中的相关诉求及行动逻辑是什么？

（3）最后简单探讨"怎么样"和"应如何"的问题

西村请客"不收礼"的新规则有助于解决中国社会送礼（金）负担重的现实问题。若要推广这一减轻送礼（金）负担的个案，可以讨论如何协调相关行动者，制造改变制度的制度变革力量。

第一章 从礼物到互惠变迁的研究

第一节　文献回顾

西村请客由"收礼"到"不收礼""部分收礼"的变化呈现双重互惠单重化与有限化。这种变化其实是非正式制度的变迁。非正式制度在仪式性宴请中表现为互惠制度。

关于互惠的研究源于西方。互惠英文为 reciprocity。《牛津英语词典》及《韦伯斯特百科词典》指出 reciprocity 有四种意思：第一种指一种互惠状态或关系；第二种指一种互惠交换，强调相互交换（mutual exchange）；第三种指国家之间商业交换中互通有无的关系或政策（relation or policy in commercial dealings between countries by which corresponding advantages or privileges）；第四种指相互间的行为与反应，是康德主义的哲学词语[①]。第三种属于政治学或经济学经常讨论的范围；第四种属于哲学研究的范围；第一种与第二种则是社会学讨论的经典议题。社会学家既把互惠当作一种行为，也把互惠当作一种规则或制度。因此，当社会学家在论述互惠时，既有可能是在行为的意义上说互惠，也有可能是在规则或制度的意义上说互惠。

互惠为何会得到社会学家的关注？这与早期的礼物研究息

[①] *The Compact Edition of the Oxford English Dictionary*, Volume II: P – Z Supplement and Bibliography (Oxford: Oxford University Press, 1981), pp. 194 – 204. *Webster's Encyclopedic Unabridged Dictionary of the English Language* (New York: Gramercy Books, 1981), p. 1611.

息相关。礼物交换是传统的互惠形式，从事礼物研究的学者们抽离出了互惠规范这一非正式制度。互惠理论的形成源于礼物交换的研究。互惠中包含着来与往的义务关系，约束着社会中的各种行为，强化着社会团结，互惠因而成为观察社会的重要窗口，得到了更广泛意义上的关注。然而，在社会剧烈变迁的背景下，社会的各种要素呈现新的状态。在资本主义、城市化、工业化及市场化条件下，互惠发生了变化。滕尼斯看到了社会变迁过程中，社会向暗淡、冷漠及以利益交换为主的节奏发展（滕尼斯，1999：54）。然而，仍然有学者认为邻里互惠互助依然存在，社会团结及邻里认同依然能在新的社区中被强烈感受到（Suttles，1972）。在互惠依然持续或者遭遇危机的讨论中，互惠走向成为学者关注的主线。

鉴于此，在文献回顾中，本书将从四个方面分析以往的研究：一是呈现礼物的概念及其研究历史；二是基于礼物研究的历史，抽出礼物研究中的关键议题——互惠原则，并分析互惠原则的不同面向；三是在礼物交换及其以外的领域，讨论更广泛意义上的互惠制度；四是呈现互惠变迁的持续与危机两条线索。第一个方面是概念与学术史的呈现，第二个方面与第三个方面讨论了静态的互惠原则与互惠制度，第四个方面则讨论了动态的互惠变迁。

一 礼物研究：概念与历史

（一）礼物概念的中西方差异：纯粹赠予或礼尚往来

礼物研究兴起于西方。在西方，礼物的英文单词为 gift[①]，

[①] 翻阅词典，其他表示礼物之意的 present、donation 等均用 gift 来解释其礼物之义；且 gift 为礼物本意，意义更为丰富；另，社会学、人类学均用 gift 作为学术词语，因而本书使用该词。

法文单词为 don。gift 是中世纪的英语单词，来源于古北欧语，其古英语词根为 giefan，意指给予，古德语词根为 geb（Gove and Babcock，1976）。在古式英语中，gift 是阴性词，与古弗里斯兰语 jeft 一样，主要用于形容"婚姻支付"（payment for wife），其复数形式表示"婚礼"（wedding）。它在中世纪成为一个中性词，表示给予。古高地德语中的 gift 源于德语民族中的 gragifts，意指赠予（bestowal）、订婚（betrothal），也是一个阴性词。古北欧语中 gift 通常写成 gipt。瑞典语、丹麦语、哥特语中 gift 一般放于词尾，即 -gift，是一个合成词，其复数是 giptar，意指婚礼。古日耳曼语写成 giftiz，也是阴性词。gift 的现代词义源于中世纪，具体约为 12 世纪（Simpson and Weiner，1989）。

　　赠予（giving）是 gift 的词根义，表示一种行为——赠予。这种赠予是一种主动性的给予，而非被动性的给予（given）。在各类现代英语词典（见表 1-1）中，牛津、卡赛尔、韦伯斯特英语词典均强调赠予是一种自愿的（voluntarily）、不附加条件（without any valuable consideration）及不期待回报的赠予（without the expectation or receipt of an equivalent）。恰恰是赠予的慷慨这一特性，使得礼物与斤斤计较的市场交换中的商品交换有了本质的区别。特别是在现代市场环境下，gift 于中世纪延伸下来的"慷慨性赠予"引来许多学者的怀旧。西方哲学思想对礼物赠予的本质性概念进行了更深层次的分析，许多学者从概念层次入手讨论礼物的赠予是否纯粹、礼物是否免费。

表1-1 各词典对gift一词的解释

词典名称	英语释义	汉语释义
牛津简明英语词典	n. a thing given willingly to someone without payment; a present v. give as a gift, especially formally	n. 无须任何补偿自愿赠予的物品；礼物 v. 礼物赠予，特别指正式场合的礼物赠予
牛津英语词典	n. Ⅰ. Giving 1. The action of giving, 2. (Law) The transference of property in a thing by one person to another, voluntarily and without any valuable consideration Ⅱ. The thing given 1. something, the possession of which is transferred to another without the expectation or receipt of an equivalent; a donation, present 2. something of value proceeding from a specified source, quasi-personified as a giver 3. a fee for services rendered 4. an offering to God or to a heathen deity 5. something given with a corruption intention; a bribe v. 1. to endow or furnish with gifts; to endow, invest, or present with as a gift 2. to bestow as a gift; to make sb a present of something	n. Ⅰ. 赠予：1. 赠予的行为；2.（法律）自愿性转移财产，不附加任何条件 Ⅱ. 赠予之物：1. 不期待回赠的赠予之物、捐赠物、礼物；2. 从类似于赠予者手中获得的有价值之物；3. 酬金；4. 献祭；5. 贿赂品、贿赂 v. 1. 送礼、献祭、投资、赠礼；2. 捐赠礼物、送某人礼物
卡赛尔百科词典	n. the act, right, or power of giving; that which is given, a present, a contribution; in law, the voluntary bestowal of property without consideration; an oblation or a bribe v. to bestow or confer; to endow with gifts; to present as a gift	n. 赠予的行为、权利与权力；赠予之物、礼物、捐助物；在法律领域中，自愿性捐赠财产，不附加任何条件 v. 捐赠或给予；捐赠礼物；送礼

续表

词典名称	英语释义	汉语释义
柯林斯英语词典	n. something given; a present; the power or right to give or bestow; the act or process of giving v. to present (something) as a gift to (a person); (rare) to endow with; bestow	n. 赠予之物、礼物、捐赠的权力或权利；赠予的行为或过程 v. 给某人送礼；捐赠；赠予
柯林斯共建英语词典	a gift is something that you give someone as a present	赠送给某人的礼物
韦伯斯特国际英语词典	n. 1. something that is voluntarily transferred by one person to another without compensation; 2. the act, right, or power of giving or bestowing v. to make a gift of; to present with a gift	n. 1. 自愿性捐赠财产，不附加任何条件；2. 赠予或捐赠的行为、权利以及权力 v. 赠礼、送礼
世界辞书	n. 1. something given; present 2. the act of giving 3. the power or right of giving v. to present with a gift; endow	n. 1. 赠予之物、礼物；2. 赠予的行为；3. 赠予的权力或者力所能及的范围 v. 给某人送礼；捐赠

资料来源：英语释义源于英语词典，依次为：J. B. Sykes, *The Concise Oxford Dictionary* (*Sixth edition*), Oxford University Press, 1976, p. 448; Judy Pearsall,《牛津简明英语词典（英语版）》，外语教学与研究出版社，2004，第 597 页；J. A. Simpson and E. S. C. Weiner, *The Oxford English Dictionary Volume VI Follow-Hasued*, Clarendon Press, 1989, pp. 502 – 504; Cassell PLC, *The Cassell Encyclopedia Dictionary*, 世界图书出版公司，1993，p. 610; P. Hanks, T. Mcleod William and Laurence Urdang, *Collins Dictionary of the English Language*, William Collins Sons & Co. Ltd., p. 640; 辛克莱尔,《柯林斯 COBUILD 英语词典》，上海外语教育出版社，2002；Philip Babcock Gove and the Merriam-webster editorial staff, *Webster's Third New International Dictionary of the English Language*, Unabridged, G. & C. Merriam Company, 1976, p. 956; Clarence L. Barnhart and Robert K. Barnhart, *The World Book Dictionary Vol.1 A-K*, World Book-Childcraft International, Inc., 1981, p. 899。中文释义为笔者翻译。

基于是否纯粹这一礼物本质的维度，德里达（Jacques Derrida）认为纯粹的礼物赠予是不可能的，是匮乏的，而马里翁（Jean-Luc Marion）则认为赠予是绝对可能的、充盈的。德里达认为礼物的关键在于它是自然的、真实的、无条件的纯粹赠予（Derrida，1992：70），礼物之所以成为礼物关键在于它不是交换，不需要回报、回礼，不涉及债务（Derrida，1992：12）。然而，礼物所涉及的经济、交换、契约、资本、献祭及回礼，都消解了礼物的绝对赠予（Derrida，1992：24）。礼物的直观性与在场性、道德－经济性的社会原则使得礼物赠予事件处于不可能的悖论与困境之中（张旭，2013）。马里翁将普遍存在的被给予现象进行了还原，认为被给予性现象本身决定了礼物是充盈的、溢出的。他用"内在被给予性"支持德里达强调的赠予纯粹性，赞同礼物不能被估价、计算、度量，但是，他指出了这种纯粹赠予是无条件的可能性（a possibility without condition），礼物的赠予性只需要依靠其自身的自主权即可显现出来（张颖，2012：235～250）。西方哲学领域围绕赠予纯粹的可能性进行了思辨，形成了绝对赠予的可能性与不可能性两方立场，但是对于礼物"不需要回报""不是交换"则给出了莫衷一是的结论。

与西方对礼物的纯粹赠予这一本质定义相反，中国人观念中的"礼物"并非纯粹的不需要回报的赠予物，而是来往双方互动中的礼物。"礼物"被拆分成两个词语：一是"礼"，《新华字典》中"礼"有三层含义，其中两层含义分别指社会生活中道德观念和风俗习惯形成的仪节，以及表示庆贺、友好或敬意的所赠之物；二是"物"。两者合起来则指"尊敬或庆祝而赠送的物品，泛指赠送的物品"。在礼物交换上，儒家经典《礼记·曲礼》规定了中国人礼物往来的基本规则。"太上贵德，其次务施报。礼尚往来。往而不来，非礼也；来而不往，亦非礼也。"这一基本规则，意指"礼要有来有往，送礼不回礼不礼貌；收礼不送礼，也是不礼貌的行为。礼节重在相互往来：有往无来，不符合礼节；有来无往，也不符合礼节"。礼物的往来互惠成为维系人与人关系的重要纽带。"亲密社群的团结性依赖于各分子间都相互的拖欠着未了的人情"，费孝通指出，"欠了别人的人情就得找一个机会加重一些去回个礼，加重一些就在使对方反欠了自己一笔人情。来来往往，维持着人和人之间的互助合作"（费孝通，2013：73）。

关于礼物的定义，西方哲学领域围绕礼物是否纯粹、是否需要回报、是否互惠及互惠是否可能展开了深入的论述。在这些论述背后，存在一个对礼物的"西方认识"：礼物是自愿提供，不期待获得回报的（Liebersohn，2011）。而中国传统儒家思想的基本要义则提供了一个"东方认识"：礼物并非纯粹单向赠予，而是"相互拖欠未了"的互惠性交换。但需要指出的是，一方面，西方对于礼物概念的定义有历史性的新梳理。以莫斯（Marcel Mauss）为代表的人类学、社会学学者在重新分析古印欧社会的礼物赠予习俗时发现，礼物并非单向的自愿行为，而是一种普遍强制性的互惠行为。另一方面，中国社会在历经现代化之后，传统的互惠性礼物出现了新形式的变化。特别是改革开放后，市场的变化在一定程度上影响了传统的礼物交换方式。地理上的分离、流动性的增加使得以往"相互拖欠未了的人情"开始缺乏共同的地域基础。以往对礼物概念的"西方认识"与"东方认识"出现了新的变化。而这些变化，源于人类学与社会学对礼物进行的"学术研究"。

（二）礼物研究的历史：四个阶段

关于礼物的研究，可以追溯到荷马和希罗多德以来的西方文学对赠予、收礼的道德训诫（Liebersohn，2011：3）。对送礼的文字记载，也可以在大量的欧洲游记中发现。旅行家们报道了许多不同于商业贸易交换的礼物交换：赠品、贡品、赃物、奖品、惩罚物及赔偿等。美国思想家与文学家爱默生（Ralph Waldo Emerson）的《论礼物》是最早专门论述礼物的文章之一。从一开始，他就看到了礼物互惠给人们带来的遗憾、羞愧与欣喜若狂等情感变化历程。对他而言，礼物背后的互惠体系呈现的更多是消极作用："受人恩惠就像背着沉重的包袱，难怪欠债的一方总想抽你一耳光。"（Emerson，1844）。但是，直至一战结束，礼物研究一直处于零散阶段。社会学、人类学等社会科学领域几乎找不到对礼物的系统化研究（Liebersohn，2011：3）。马克思、韦伯等早期的社会学家们更多关注于工业革命后资本主义源起及其本质。论述社会如何可能的齐美尔，虽然关注个体与关系之间互惠往来的方式，但他没有对礼物长篇大论，只是强调产生于主体间的关系网络对维持社会有积极作用（齐美尔，2008：225）。李伯森（Harry Liebersohn）将18世纪至20世纪的礼物研究分为两个阶段：第一个是消失阶段，即从拿破仑时代至一战后期，这一阶段的社会由受利益驱动的个体组成，礼物交换变成一种次要的、有限的社会行为；第二个是全球化阶段，即自20世纪二三十年代人类学、社会学学者将礼物所呈现的互惠性扩展为现代一切社会所共有的功能，礼物研究从而引起了全球学者的关注（李伯森，2014：132~134）。然而，李伯森更多关注于礼物全球化之前的研究状况，对于礼物研究全球化之后的阶段划分，并没有做过多的论述。事实上，自人类学、社会学关注礼物以来，礼物的研究可以分为四个阶段。

第一个阶段探究了古氏社会的礼物交换制度。19世纪末，博厄斯（Franz Boas）对冬季赠礼的研究揭开了对古代礼物赠予的竞争与炫耀性的分析。20世纪20年代，马林诺夫斯基的《西太平洋上的航海者》及《原始社会的犯罪与习俗》则基于礼物交换探究了古氏社会礼物交换对于权力结构维系的作用，这是对原始经济理论的民族志探讨（Malinowski，1962；Malinowski，1984），使得礼物交换成为经济社会学与经济人类学的中心议题。马氏的库拉圈成为社会学家布劳《社会生活中的权力与交换》（Blau，1964）、霍曼斯《作为交换的社会行为》（Homans，1958：597-606）等经典著作的引用来源。古尔德纳的经典论文《互惠规范》（Gouldner，1960）也援引了其论述。早期的欧洲人类学家们对古氏社会礼物的这些单篇式描述为莫斯对礼物的专篇论述提供了基础。1925年，莫斯《论礼物》的出版，标志着礼物研究全球化时代的到来。义务的礼物交换成为研究古氏社会必须考虑的总体性社会事实。莫斯的研究不仅仅在于对古氏社会进行探讨，更在于揭示礼物赠予是人类的普遍制度。

第二个阶段主要是在反思现代社会中对礼物进行政治经济学批判。礼物呈现着一切社会所共有的特征，这些特征表现为夸富宴的借贷理念、回礼的互惠制度等。礼物不仅古而有之，而且与现代社会制度息息相关。对古氏社会礼物制度的分析，目的在于延引礼物交换制度，反思现代社会经历的市场经济发展过程。在现代社会的礼物关系中，送礼人与收礼人有更大的自由，而古氏社会中的礼物则意味着更多的义务与责任。这种历史性转变与人物关系的变化、自由主义的发展密不可分。围绕礼物与商品、礼物社会与市场社会的特征，格雷戈里（C. A. Gregory）、卡里尔（J. G. Carrier）对礼物与商品作了政治经济学的区分。

第三个阶段是在礼物研究中开展的反功利主义运动。1981

年，法国学者阿兰·迦耶（Alain Caillé）联络了一大批经济学、社会学、人类学、管理学、历史学与哲学学者发起反功利主义意识形态运动，旨在批判社会科学中的经济主义以及道德与政治哲学中的工具理性主义，探讨促进或替代整体主义、个体主义方法论的第三种路径。这一运动被称为在社会科学中反功利主义运动，即 The Mouvement Anti-Utilitariste dans les Sciences Sociales（Anti-Utilitarian Movement in the Social Sciences），简称 MAUSS，是一场法国知识分子运动。它源于法国巴黎第十大学经济学与社会学教授迦耶和瑞士洛桑大学人类学教授哈德·贝斯德（Gérald Berthoud）的一次午餐讨论。两个学者共同参加了一个为期七天的以礼物为主题的跨学科会议。评论完相关论文后，他们很惊讶地发现，慷慨的或者出于真诚情感关心他人的礼物赠予动机似乎很少有。与会的学者们坚持纯粹的礼物赠予并不存在。在人类行为的背后，总能发现一些自私的、精于计算的策略。这些自私的策略恰恰是事情的真相。其后，两个学者回到莫斯的讨论，质疑为何莫斯的基于义务性互惠及债务的经济学理论并没有为"纯粹性的免费礼物"提供任何可能的解释。这种"纯粹性的免费礼物"是基于同情等情感发生的行为而非理性的自利性行为。这些学者呼喊纯粹赠予，反对无效礼物。

第四个阶段聚焦科技时代的礼物经济。这是礼物经济研究的最新阶段，主要关注数字时代新的礼物现象，如科技发达背景下的器官捐赠、数字经济时代的虚拟礼物交换等。这些领域的研究者多是一些兼具经济学与社会学身份的学者，他们批判以往的学者将礼物与市场进行了二元对立（Mirowski，2001）。他们尝试去整合礼物与市场，避免将礼物与市场作二元对立，认为礼物与商品是相互影响的制度而不是相反的经济系统，当下的经济系统是礼物与市场结合的复数经济与混合实践经济（Elder-Vass，2016）。

二 从礼物到互惠原则

在礼物研究发展的四个阶段，学者们在不同的社会中讨论纯粹礼物赠予、礼物赠予义务与纯粹商品交换三者之间的对立与交融关系。礼物之所以一直为大家所关注，其根本原因在于礼物所创造的联结是基于人与人之间的相互依赖。莫斯所提出的基本议题在于分析礼物是如何显示人通过物来与他人联结的。通过接受赠予后人们回礼的选择与实践过程，可以透视社会中人与人交往的基本法则。这个法则就是促使人们回礼的互惠原则。阎云翔将礼物研究分为互惠原则、礼物精神、礼物与商品的关系及礼物中的人四个领域（Yan，2005）。而事实上，礼物精神是在回答人们为何会回礼、互惠义务何以产生的问题；礼物与商品的讨论则是在强调礼物中的互惠义务是其与商品的本质区别；礼物中的人，也是在互惠义务链条中的人。因此，礼物研究的一个关键议题，便是一种关于赠礼－回礼的互惠原则，这种互惠原则渐渐成为人们日常生活中的非正式制度。

（一）莫斯与互惠原则

真正将互惠制度从礼物中抽离出来的学者是莫斯。1925年莫斯的《论礼物》使得礼物交换成为讨论互惠的经典载体。他一直在寻找互惠的机制，即"什么力量使得受赠者必须回礼"（莫斯，2005：5），莫斯最早用"礼物之灵"回答了为什么要回礼的问题。他从毛利人的通家（Taogna）着手，分析承载着"曼纳"所具有的巫术力、宗教力和精神之力的东西。这种精神之力的东西是如豪（Hau）一样的灵力（esprit），即礼物之灵。礼物的灵力首先体现为收到的不仅是物本身，还意味着接受了送礼者的某些精神本质。物本身在物质上、道德上和精神上都来自送礼者。接受物的精神本质甚至意味着接受了送礼者的部分灵魂。其次，礼物的灵力体现在收到了东西一定会回报，收礼者一定会承担责任。礼物之灵使得物主得以凌控收礼者，因为收礼者所收到的是"某种灵活而不凝滞的东西"（莫斯，2005：20）。再次，礼物的灵力还体现在对不回报者的惩罚：留下通家（Taogna）是不公正的，会令人难受，还会使留下者被巫术或宗教上身，让留下者生病、丧命。在莫斯的分析中，礼物之灵导致了回礼义务的存在，也使得送礼-回礼的义务链条得以持续。他认为对称的权利与义务之所以存在，是因为氏族的不同性别、等级及世代间存在着关乎物、关乎人的精神。这种精神使得互惠得以持续存在。

莫斯不仅呈现了古氏社会中的互惠，通过将互惠具体化至礼物交换之中，他还抽象出了义务性的赠予-回报的互惠道德原则。莫斯互惠普遍的道德观有三层含义：第一，集体中互设义务、互相交换和互订契约的呈献-回献是一种既自愿又严格的道德体系（莫斯，2005：8）；第二，这种道德原则的履行是以道德人（personne morale）为基础的，道德人包括氏族、部落或家族，它们基于共同的地域而遵守共同的道德规范（莫斯，2005：8）；第三，古氏社会中的道德原则——强制与自发参半的赠礼规则——在现代社会中仍然能找到（莫斯，2005：156~160）。工业社会中的补偿基金、互助社团等除了由雇主来管理外，也是一种基于互惠的群体道德。在莫斯的分析中，礼物交换所蕴含的自由与义务、给予及利益回报等主题，恰是互惠赠予的核心所在，也是在古氏社会中普遍存在，又应当在现代社会中仍然发挥作用的道德观。莫斯指出，只有让社会知道给予、接受和回报,维持礼物互惠中的道德动机与道德因素,社会基础才能更加牢靠,共同的社会生活才能建构,社会也才能进步。(莫斯,2005:182~183)

(二) 对话莫斯:礼物中的差异化互惠

莫斯从礼物中抽离出互惠之后,这种赠予-回礼的互惠道德观便成为众多学者对话的出发点。而以莫斯呈现的互惠制度及原则为对话点的学者,亦被人总结为莫斯主义学者,其对人、物及社会关系的认同与理解,对互惠义务维持与转换、对物的让渡及借物开展的礼物竞争的分析则被称为莫斯主义分析视角。莫斯主义学者在莫斯的基础上对礼物延伸的互惠制度进行了深入的分析,就是否坚持互惠原则、如何实践互惠对礼物进行了全新的释义,基于互惠义务的等级性、让渡性、时间性、程度性、目的性及竞争性对礼物的类型进入了深入的探讨(见表1-2)。礼物是否坚持互惠原则意味着需要考量收礼之后是否需要回礼,回礼是单向的还是双向的,所送出的礼物是可以让渡的还是不可让渡的。

表 1-2 互惠的性质与类型

一级维度	是否互惠		如何互惠			
二级维度	等级性	让渡性	时间性	程度性	目的性	竞争性
类型	对称性与非对称性	可让渡性与不可让渡性	即时性与延时性	一般性、均衡性与否定性	表达性、工具性与嵌入性	一般性竞争与消耗性竞争

1. 对称性与非对称性

由于主体在赠予过程中的关系具有等级差异,这种差异在赠予之后是否发生相互转换,体现了赠予是否互惠。基于礼物主体之间的地位差异与等级关系的维度，可以将礼物赠予区分为对称性礼物赠予与非对称性礼物赠予。对称性礼物赠予是指在礼物馈赠过程中礼物主体的关系均会发生变化，即送礼时赠礼者是债权人，回礼时回礼者是债权人，主体的关系是对称变化的，相互之间都既是债权人又是债务人。格雷戈里（2001：49~52）指出礼物交换建立起双方之间不平等的支配关系是全世界所共有的规律，礼物赠予者比接受者占优势，这种优势在礼物交换的过程中会发生对称性的变化，双方会相互占优势，也会相互负债。古德利尔认为，宗教提供的等级的、不对称的关系使得人们永远不可能回赠自然源、神、精灵所赋予的礼物，人们一直处于原债当中（Godelier, 1999：194）。

真正较为深入地讨论非对称性互惠的是阎云翔。他指出，礼物双方的关系也会不因礼物而改变，即赠礼者不因赠礼而成为债权人，受礼者亦不因受礼感觉负债而进行回礼，礼物呈现一种非对称性逻辑。他认为，中国有两种等级尊卑关系中存在"不回礼"的情况。一是权力-依附型等级关系中存在"不回礼"的情况。在权力-依附型等级关系中，干部的优越地位使得干部无须向下属回礼，不回礼也不会影响双方关系；相反，下级向上级送礼还能体现下级对上级的尊重和忠诚。然而，这种"不回礼"更多是"不回同质性的礼"，但是"回异质性的礼"依然存在。二是孝敬文化型尊卑关系中存在"不回礼"的情况。在孝敬文化中，晚辈需要对长辈表示敬意，而长辈则无须回这个敬意。辈分有年龄、房族关系及师生上的长幼之分。孝顺与尊敬是礼物自下而上流动的文化密码（cultural code），这种文化法则甚至强过权力-依附关系。在下岬村，若辈分高的人向干部表示敬意，会招人非议，在村中无法立足。因为辈分高者应当受他人的敬意，无论他人是否为干部。阎云翔从权力-依附及孝敬中分析了"不回礼"的情况。他还类比印度的檀施，指出印度接受檀施者不需要回檀施，但是"库贾种姓"却要拼命地赠送檀施。他从宗教的角度分析了不回礼存在的原因：檀施赠送者希望赠送行为给其带来好运，而接受者需要消化包含在檀施中的不吉利因素。由此，可以看出权力、文化及宗教型等级尊卑的存在塑造了"不回礼"的合法性。（阎云翔，2000）

2. 可让渡性与不可让渡性

与借助礼物的对称性或非对称性来讨论礼物主体关系不同，礼物让渡性讨论的是物品与主体之间的所有权关系。20世纪80年代人类学杂志《人类》（Man）刊发了迪蒙（F. H. Damon）及格雷戈里对礼物让渡性问题的争论后，礼物与赠予者、受礼者之间的关系研究成为一个热门话题（Feil et al., 1982: 340-345）。礼物研究中的互惠原则暗指礼物是一个可赠予之物，物品与所有者之间的所有关系可以分割。然而，迪蒙以 Muyuw Kitoum 为个案代表进行了分析，认为即使礼物已被送出，其原有主人均有索取的权利；赠予物被赠出后，赠予者仍然保留着对礼物的某种权利。礼物与生产者或原有者的关系是不可让渡的（Damon，1980）。格雷戈里将不可让渡性拓展到礼物体系（gifts-to-man system）当中，坚定地认为礼物中的可让渡性是不可能的，借由礼物达成资本积累也是不可能的（Gregory，1980: 626-652）。韦娜（A. Weiner）则指出物品赠予的过程中，存在一种被赠予者"给予的同时又保留（keeping-while-giving）"的物品，即不可让渡的物品，库拉圈中的珍贵的贝壳就是典型（Weiner，1992: 131-145）。这种不可让渡的物品必须保留，因为它们肯定着个人、群体之间的身份差异。阎云翔将这种给予-保留的原则视为与互惠原则相区别的原则。古德利尔（2007）认为，不可让渡的物品恰是那些珍贵之物和避邪之物，是体现着最大的想象性权力、具有象征性价值的物件；而这些物品之所以不可让渡，恰恰是为了更好地让渡，即"保留是为了更好的赠予"。

在互惠原则的基础上，就如何互惠，许多学者从互惠的时间间隔、互惠的程度及互惠的目的性等角度作了类型上的讨论。

3. 即时性互惠与延时性互惠

送礼与回礼之间的时间间隔区分出即时回礼与延时回礼两种类型。古德利尔将刚赠即还的礼物称为"荒诞礼物"，他指出这种礼物虽然看起来即时性结束了债务关系，但实际上是一种"再赠"，这种即时性回礼不是"返还"，而是将两个人或两个群体联结为一种互惠依赖的双重关系，使得整体性的赠予具有了运动性（古德利尔，2007：42）。即时性回礼说明没有真正"返还"的东西，互惠的权利与义务处于运动式的延续过程中。而布迪厄则认为，"回赠应该是延期的和有差别的——否则就构成一种侮辱，立即回赠完全一样的东西显然无异于拒绝"。他认为即时性回礼明显显现出回礼者的还债义务，以另一种方式表明当初的赠予意图是一种变相的约束与施压，这便将原赠予者列入一种功利主义的范畴当中。因此，即时回礼与延时回礼关乎送礼方式是否合乎时宜：前者是不合时宜的行为，后者是合乎时宜的令人敬重的方式（布迪厄，2003：166~168）。

4. 一般性互惠、均衡性互惠与否定性互惠

互惠并非绝对意义上的平等的、无条件的、一对一的交换，礼物互惠的内部体系仍然具有差异性。古尔德纳很早就观察到互惠并不意味着等量（equivalence）（Gouldner，1960）。

萨林斯区分了三种互惠类型：一是人人有份的利他性的一般化互惠（generalized reciprocity），二是互惠精确等值的均衡性互惠（balanced reciprocity），三是只进不出、只谋利益的消极互惠（negative reciprocity）。三种互惠类型随着亲属关系的距离及共居距离由近及远依次发展，在家庭内部、世系区域、本村区域内实践着一般性互惠，在部落区域范围内开始出现均衡性互惠，在部落区域以外，则以消极互惠为主。这些区域范围和互惠变化的关系还纳入了道德关系。萨林斯认为，原始社会中的互惠按照每个区域的道德标准进行（萨林斯，2009）。针对这些具有差异性的互惠，制度经济学领域基于行动者的选择策略提出了更多细致的模型解释。如将互惠区分为以特里弗斯的研究为代表的利他性直接互惠模式、以诺瓦克和西格蒙受德的研究为代表的不期待从直接受惠者而期待从其他人那里得到回报的间接互惠模式及以鲍尔斯和金蒂斯的研究为代表的具有惩罚机制的强互惠模式（卢现翔，2011）。

5. 表达性互惠、工具性互惠与嵌入性互惠

礼物交换是出于某种动机或目的而展开的交换行为，这些目的具有表达性（expressivity）与工具性（instrumentality）的区分（Befu, 1974）。贝夫（Befu, 1966: 173-174）将赠礼者与送礼者之间既有的社会关系所决定的礼物视为表达性礼物，将赠礼者基于某种目的（建立或操纵地位关系）送出的礼物视为工具性礼物。这一表达性与工具性的区分类似于布劳将礼物区分为内在的（intrinsic）与外在的（extrinsic）（Blau, 1964: 38-96）以及卡普费雷尔（Kapferer）将礼物进行"社会性与工具性"（Kapferer, 1972: 164）的区分，前者在他看来是基于自身关系网，而后者是基于获取资源的目的。贝夫还指出，随着时代变迁，日本的工具性礼物与表达性礼物

越来越交织在一起（Befu，1977：255-281）。然而，与日本社会不同的是，福阿（U. Foa）等人发现美国社会的工具性关系，如涉及钱的交易，与基于情感的表达性关系，越来越相互分离（Foa and Foa，1974）。贝夫的研究实际上指出了礼物的表达性与工具性是相互依赖的，原有的关系有时也会被工具性利用，工具性利用的关系也可以衍生为日常关系。这种礼物互惠其实是一种相互嵌入的嵌入性关系。摩尔姆（Linda D. Molm）明确指出互惠的动机在于损失规避（loss aversion）。恰恰是为了损失规避，行动者通常在报酬获取上没有优势。对于对社会具有高度依赖性的行动者而言，损失规避变得越来越重要。因此，互惠交换中，损失最小化比协商交换还重要。（Molm，2010：119-131）阎云翔也指出，"在实践中并没有纯粹的表达性和工具性礼物，两者其实在几乎所有赠礼场合中都存在，只是出现的机率不同"（阎云翔，2000：10）。在他看来，工具性与表达性是相互融合的，可以说一方嵌入于另一方。但是，对于礼物如何相互嵌入，工具性与表达性是如何融合的，以莫斯主义视角进行分析的学者较少，而在第三条路径——融合性路径中的讨论较多。

6. 竞争性互惠：一般性与消耗性

竞争性是指礼物主体双方在赠予过程中呈现的竞技状态。莫斯深入分析了礼物竞争制度。他认为礼物呈现了两种竞技状态：一种是相当温和（intermediate）的争强好胜，以南美为例，这种竞技状态是更为基本的一种总体呈献，参与者只是媲美礼物；另一种是毁弃财富、激烈竞争（acute rivalry and the destruction of wealth）的竞技，以北美洲及美拉尼西亚一些部落的夸富宴或冬季赠礼节为例，这种竞技是一种"竞技式的总体呈献"，竞争、对峙、炫耀、追逐富贵、贪图利益是支持这类礼物的动因（莫斯，2005：10~11、54）。事实上，温和式与激烈式竞争其实是两种竞争型互惠，一种是一般性竞争，另一种是消耗性竞争。

一般性竞争有四个普遍性原则。第一个原则是社会区分。吉斯勒（Markus Giesler）认为礼物系统涵盖了三个关键的理论要素，第一个且最重要的就是社会区分。社会区分通过互动模式增加并强化了礼物双方的自我认同感，确认了礼物交换圈内外的礼物体系与社会环境之间的差异（Giesler，2006：283-290）。礼物交换圈内部的人形成了以礼物为纽带的熟人关系圈。礼物交换圈外部的人则被纳入陌生人关系圈。一般性竞争呈现的第二个原则是地位等级合法化。这是竞争导致社会区分的升华。古德利尔在分析莫斯对竞争性礼物的论述时，强调社会区分意味着承认，即承认礼物竞争中的获胜者，感激获胜者，这种承认与感激明确了身份或者地位，使得礼物等级合法化了。赠予建立了送礼者与收礼者之间的一种不平等的地位，地位又确认了某种层级，礼物表达着这种层级。（古德利尔，2007：3~22）地位等级合法化原则与凡勃伦（Thorstein B Veblen）提出的炫耀性消费有相通之处：其目的或者在于获取竞争性的社会地位，或者在于确认规范性的社会地位。一般性竞争呈现的第三个原则是交换正义。竞争的社会区分与等级合法化在这里成了一种有意识的社会行为，类似于莫斯所说的"礼物之灵"。张旭将礼物之灵指导下的慷慨赠予与慷慨回礼视为"交换正义"（张旭，2013：58）。收礼之后不仅要回赠相应的礼物，还要竞相回更多的礼，这种礼物交换的原则在莫斯看来是"礼物之灵"影响下的慷慨交换。一般性竞争呈现的第四个原则是文化象征。斯特劳斯（Levi-strauss）批判莫斯的礼物之灵不够具体明确，他认为推动礼物交换及礼物竞争的不是可以被直接感知的客观存在物，而是一种集体无意识的精神结构和各种文化象征体系。无意识的精神结构与亲属关系结构紧密结合：女性婚姻作为礼物被赠予、被回礼的交换过程使得氏族之间建立并拓展了社会关系。（斯特劳斯，2003：20～21）恰是这一女性婚姻交换规则促成了乱伦禁忌的产生。张旭将中国人送礼所讲究的"面子"也纳入文化象征体系。礼物交换旨在呈现对对方等级、身份、荣誉或面子的尊重，这也是礼物交换的文化禁忌。（张旭，2013：64）

消耗性竞争有两种解释机制，分别是人格模式与再分配模式。人格模式源于博厄斯与其弟子本尼迪克特（Ruth Benedict）关于由夸富宴引发出的主体性的争论。本尼迪克特从心理人类学角度出发将博厄斯所观察到的夸扣特尔人归为"夸大狂型"（self-glorification）人格，而夸富宴恰恰是这种集体人格呈现的礼物交换的文化模式（Benedict，2005：173-222）。人格模式从而成为心理人类学研究的一种范式体系被运用于夸富宴的分析中。然而，博厄斯并不同意本尼迪克特对夸扣特尔人的行为进行人格类型化的做法，他认为尽管夸富宴是一种消耗性的，但他们对竞争对手并不是狂妄的，而是亲切友善的（amiable）。本尼迪克特的学生科德尔（Helen Codere）详细介绍了两人之间关于夸富宴人格化的争论（Codere，1956）。再分配模式则是生态学派对本尼迪克特的文化唯物主义式批判。哈里斯（Harris）认为部落间的冬季庆典仪式其实是食物由高生产力部落向欠发达部落的一种转移方式。这种转移其实是发生在自然、地理环境差异导致的丰产部落与歉收部落之间的相互资助。只不过施助者一方要求受助者承认自己的声望与地位。在哈里斯看来，夸富宴是一种再分配方式，它调节着物质资料生产因外在因素而产生的不平衡状况，维持着部落间物质资料生产、消费与再分配的平衡。（Harris，1974：111-132）皮多克（Stuart Piddocke）将夸富宴系统与地方生计系统紧密结合起来，指出原始时期夸富宴具有一种实在的存活或者生计功能（pro-survival or subsistence function）。首先，通过食物交换，食物供给不足的群体可以享受到暂时性的食物补助，保证食物的群体性供应。其次，夸扣特尔人的经济被描述为"奇幻的剩余经济"（fantastic surplus economy），他们在夏季储存大量的物资供冬季节庆时节摆设夸富宴与冬季赠礼仪式，保证食物的季节性供应。再次，部落首领之间通过食物交换，以一种合作互补的方式应对产量变化的影响，使非丰收年的影响最小化，进而保证食物的产量变化性供应。（Piddocke，1965）这种分析强调了消耗性竞争的生存功能，明确了夸富宴的资助性，但是无法解释随着生计系统的变化，夸富宴的功能变化。

在礼物研究中，互惠被抽离出来，成为广受关注的交换原则。在莫斯提出的互惠原则的基础上，学者们展开了深入的讨论，呈现了礼物经济中的多种互惠面向。在互惠的内部结构中，存在对称维度上的对称性互惠与非对称性互惠；存在所有权维度上的可让渡性与不可让渡性；存在时间维度上的即时性互惠与延时性互惠；在互惠的程度上有一般性互惠、均衡性互惠与否定性互惠；在互惠的目的上，存在表达性互惠、工具性互惠与嵌入性互惠；在互惠的价值上，有工具性互惠与象征性互惠；在互惠的竞争性上，存在一般性竞争与消耗性竞争。这些研究呈现了互惠原则内部纷繁复杂的差异性。

三 互惠制度：一种更为广泛意义上的讨论

早期人类学者在研究非工业社会的社会制度时，找寻到一种受规则约束但仍会自利竞争的群体。他们避免对经济进行宏大叙事，而是从互惠等微观领域出发，还原古氏社会秩序得以维持的互惠制度。从礼物交换行为中抽离出的互惠原则使得互惠成为备受关注的规则与制度。互惠不仅成为讨论赠予的切入点，更成为讨论社会的重要视角。

早期社会学家们便将互惠视为研究社会的基础。布豪斯（Hobhouse，1906：12）将互惠视为"社会至关重要的原则"（the vital principle of society），社会基于这一原则而得以稳定存在。图恩瓦尔德（Thurnwald，1932：106）则强调互惠是原始社会中"遍及每个生活关系"的文明基础与道德基础。齐美尔（Simmel，1950：387）亦强调，没有"服务与回报间的互惠，社会均衡与凝聚力不可能存在"（social equilibrium and cohesion could not exist without the reciprocity of service and return service）。恰是互惠对社会的联结作用，使得互惠在更广泛的意义上被讨论。在这些讨论中，互惠渐渐成为一种普遍化的制度。

（一）普遍的互惠制度

将互惠视为社会至关重要原则的学者，将互惠视为一种放之四海而皆准的制度、原则。

1. 对称的社会结构

较早认可互惠普遍性的学者认为，互惠的普遍性在于社会结构的对称性。社会结构的对称性决定了对称性互惠的存在。图恩瓦尔德认为互惠最为关键的是内部隐藏的对称性原则，他认为对称性不仅存在于交换行为中，整个结构都是对称性的组织。首先，村庄的空间是对称性的。他所描述的巴纳罗人以3~6户村民为一个小村庄，各个村庄设有代表对称性结构的"精灵堂"（goblin hall）。图恩瓦尔德指出巴纳罗人是"一报还一报"的，而精灵堂的对称性布局特色应当是互惠原则在空间上的表现。其次，巴纳罗人男性与女性的性实践也是对称互惠的。男人可以与妻子及亲友的妻子发生性关系，女人也可以与公公、亲友的丈夫、儿子发生性关系。图恩瓦尔德认为这种互惠型性关系的目的在于使村民相互联系在一起，相互依赖。他从社会结构的层面指出存在"社会结构的对称性"和"相应行为的对称性"，这种对称性直接决定了对称性互惠的存在。这种对称性不仅存在于原始社会组织中，而且是人类普遍原则的反映，仍然存在于更复杂的文明社会中。（Thurnwald，1916）

2. 二元组织

马林诺夫斯基在图恩瓦尔德的基础上，进一步将这种对称性互惠扩大至其他生活领域：他认为存在一种二元组织，这个二元原理是构成所有社会活动的内在对称性、人类提供相互服务的互惠的整体性结果。他还进一步寻找对称性互惠存在的机制。首先，他从生存需求的角度指出，互惠是社区民众实现自己权利，如食物互补的权利的武器。通常，两个不同社区还以其他的贸易形式和提供相互服务来增强双方的互补关系。互惠的每个环节由于成了整个相互依存体系的组成部分，而更加具有约束力。其次，他从非生存性欲望的角度指出，炫耀欲望、虚荣、显示慷慨大度的抱负、对财富和食物积累的极度尊重构成了义务履行的另一种强制力。在对称性互惠的基础上，马林诺夫斯基其实更深层地总结了对称性互惠的存在。结构的对称性是互惠义务必不可少的基础，互惠又是社会结构的基础。在每一个行动中都存在着社会学意义上的二元性：提供服务和负有交换责任的双方，每一方都密切注视着对方履行义务的程度和行为的公正性。（马林诺夫斯基，2002：14~22）

3. 整合社会的形式

在结构对称性的基础上,波兰尼进一步深化了互惠外部结构,将互惠与其他普遍性制度——再分配与市场交换——并列分析。波兰尼为经济社会学提供了一套分析工具,即其整合形式(forms of integration)的概念,以寻找持续地为人们提供物质生活支撑的整合形式。他认为存在三种整合形式:第一种是发生在对等群体,如家庭、亲戚群体、邻居等之间的互惠;第二种是分配中心确立的再分配,通过再分配,物品从社会的中心如国家向四周流动转;第三种是定价市场体制中存在的市场交换。在波兰尼那里,互惠是一种普遍的对称性经济,它不同于市场交换,也不同于再分配经济,而是基于认同的群体身份。他特别指出,互惠的对称性不像图恩瓦尔德及马林诺夫斯基的二元性,而可能是三元性、四元性或更多元性,即多个群体或者多轴对称,如对于 A 的互惠不一定通过回馈 A 来完成,而是通过赠予 B 来完成。他认为,互惠是普遍的,三种整合形式都是普遍的,只是各种形式在各种社会中所占的主导地位不同。在部落社会中,再分配与互惠的整合作用占主导,但是在现代社会中,再分配的影响力在一些国家却越来越大,以至超过了互惠,如苏联。(波兰尼,2014:40~44)

4. 普遍的互惠规范

真正将互惠普遍化的学者并不是莫斯,而是古尔纳德。莫斯只是从礼物交换中寻找出互惠的道德因素,古尔纳德则将那种"应该帮助那些帮助过他们的人,不应该伤害那些帮助过他们的人"的互惠规范(古尔德纳,2008:355)普遍化了。他甚至类比乱伦禁忌,强化互惠的普遍性。对古尔纳德而言,互惠规范的普遍性也在于他坚持的道德观。他批评帕森斯将互惠作为交易,强调互惠是一种普遍内化的道德规范。人们进行互惠，不在于获得纯粹的满足，而在于互惠规范已内化于心。因此，人们会回报那些给他好处的人。（古尔德纳，2008：359）互惠作为规范具有三个机制：第一个机制在于，互惠期间，负债者不应伤害那些给予他好处的人；第二个机制在于互惠债务并不是能彻底清偿的，但仍然能持续进行，互惠具有某种特定的模糊性，这种模糊性使得人们无法确定谁在债务中，但是有关偿还的道德正当性并非以量计算，而是模糊的大致等价；第三个机制在于互惠的不确定性，即互惠并不要求双方行为明确且得到统一的执行。这三个机制使得互惠有助于维持系统的稳定，这种稳定系统的规范甚至可以用于其他事物，进而成为一种灵活的道德约束力。恰如古尔纳德所总结的："互惠规范在这方面是一种可塑的填料，能够流入社会结构不断变化的裂缝中，充当一种多用途的道德黏合剂。"（古尔德纳，2008：361）

（二）互惠的动机与价值

互惠是结构化的，它不仅是一种规范、一个过程，它在不同交换形式中是变化着的，并且有着自己的特征（Molm et al.，2006）。互惠特征体现于互惠的动机及价值中。一方面，礼物交换中的差异化结构（见前文"从礼物到互惠原则"部分的讨论）都是互惠特征的体现；另一方面，一些学者将互惠置于比礼物交换更广泛的范围中，讨论互惠的动机与价值。

1. 互惠的动机

摩尔姆专门在论文《互惠的结构》（The Structure of Reciprocity）中，明确指出互惠的动机在于损失规避（loss aversion）（Molm，2010）。损失规避可以解释为何行动者通常在报酬权力上没有优势。对于高度依赖的行动者而言，强迫是有风险的,他们害怕损失限制他们的行为。当社会交换的风险不断增加,损失规避就变得越来越重要。摩尔姆将互惠动机区别于社会交换的动机,指出了社会交换的假设:行为者是自利的,人们都在追求积极价值后果,而去降低消极价值后果。这种动机假设主要应用于两种模型中:一种是理性行动者模型,另一种是学习模型。后者假设行动者只是去习惯性地习得,而不是追求最大化的利益效果。互惠结构会影响这种假设。首先,它直接影响着理论的适应性;其次,它影响着行为选择的风险角色。风险防御主导着互惠的行为。在互惠交换中,优势与劣势行动者经常相互转化,以此来避免单边赠予,从而维持对他人而言稳定的、可预期的承诺。这些都是利益导向的策略,要求付出一些不确定的短期成本,以此来将长期收入最大化。

为了强调互惠动机的特殊性,摩尔姆将交换区分为两种:一种是互惠式交换,另一种是协商式交换。第一,在互惠式交换中,行为者表现出更多的情感考量,更容易有负疚感,有更高的信任感。第二,在互惠式交换中,交换双方存在信任,如对行为者有行为承诺,对信任与情感有更强烈的影响。虽然协商式交换中也能形成行为承诺,但是这些承诺更不可能转换成情感联系。第三,尽管协商式交换看起来具有更大的过程公平性,如在做决定、表达声音及掌握话语权上,行为者能感知到双方是公平的,但行动者更愿意参加一些不平等的互惠式交换。第四,互惠式交换产生了更强烈的整合纽带,具体表现为更强烈的信任、情感考量与团结,以及直接交换形式。因此,在交换中,损失最小化的互惠式交换比协商式交换还重要。互惠式交换中存在机会成本,这种机会成本具有最强的抑制作用(suppressive effect),因为它们增加了已存在的高风险结构的风险。从动机上来讲,获取他人更多的互惠比从交换本身获得

一次性物质利益动机更强。（Molm et al., 2006）

2. 互惠的价值

互惠是有价值的。摩尔姆在《交换的价值》（The Value of Exchange）一文中专门分析了互惠的两种价值：工具性价值（instrumental value）与社交性或象征性价值（communicative or symbolic value）（Molm et al., 2001）。工具性价值亦指效用主义价值，指涉接收者从互惠中获得的利益价值，包括接受的人在所给的利益中收到的商品、服务或社会效果。社交性价值或象征性价值旨在表达人与人的关系，主要由两个要素组成：一个是不确定性减少的价值（the expressive and uncertainty reduction value conveyed by features of the act of reciprocity itself），另一个是表达性价值。首先，不确定性减少的价值旨在减少交换本质中存在的风险与不确定性，具体通过提供合作者的依赖性与信任来达成。其次，表达性价值指双方承认并表达了收获利益的感激之情，表达双方在乎行动者及其关系，证明想继续投资其关系的意愿。她认为，尽管互惠本身具有工具性价值，但是互惠交换的再发生是自愿的，也是不确定的。让相互之间得利的互惠并没有正式的协议，因此，互惠本身是表达象征性价值的重要载体。为了分析这两种价值，她进行了实验，测试行为者的价值对合作者的自愿互惠的影响。通过提供电脑模拟的行为者的工具性价值，她预测了互惠的可能性与预期性。通过实验，她发现尽管信任的感情、情感考量及稳定性为频繁互惠的象征性价值所强烈影响，但是行为者的偏好仍然是由交换的工具性价值所掌控的。可见，在她的结论中，工具性价值高于象征性价值。（Molm et al., 2001）

(三) 讨论互惠的三种视角

作为一种普遍的制度，互惠广泛存在于各类交换行为中。不同的学者在讨论不同交换时，都内在地讨论了互惠制度的约束力。在布尔迪厄的象征交换中，在布劳的社会交换中，在中国心理社会学讨论的人情往来中，互惠都隐藏于其中，产生并维系着回馈行为。

1. 象征交换中的互惠

在布尔迪厄看来，礼物交换中回礼的互惠义务之所以产生，是因为礼物交换本质上是一种象征交换。礼物经济是一种具有两面性的象征经济，它表面上让报答者认为回礼是没有动机的，却仍然约束着人们回礼。布尔迪厄将礼物交换的时间间隔挑出来讨论互惠的产生：收礼与回礼之间为何有时间间隔？回礼为何必须往后推，而且回赠的礼物不同？他指出，间隔的功能是切断收礼与回礼之间表面性的关系，使给予的人认为自己的送礼是一种没有回报的赠予，使得报答者认为回礼是没有动机的，使人们联想不到相互之间的送礼。只有假设送礼者与收礼者之间是不知不觉的合作，共同隐瞒，旨在否认交换的事实真相，否认体现了馈赠交换终止的礼尚往来，才能理解时间间隔的存在。借助时间这个媒介，礼物交换者不约而同地掩盖了背后的客观事实，时间间隔也使委婉成为可能。布尔迪厄用卡比利亚地区的谚语来分析礼物造就的人情债，这种人情债是时间间隔化的结果，它化约了礼物背后的符号暴力，掩饰了欠人情的尴尬。（布尔迪厄，2007）人情债的出现容易导致象征暴力，即为收礼物而开展礼物交换。礼物交换具备象征交换的所有要素：礼物交换双方不宜讨论礼金及礼物的价格，送礼或回礼时语言要委婉，礼物规则是一种共识，人们基于惯习及规则来开展礼物交换。在象征交换中，价格必须主动或者被动地隐藏起来，或者处于一种模糊的不明确状态。交换基于一定的禁忌规则，使事情更加明确。象征品经济总是模糊的，具有两面性，甚至两面是对立的。象征表面上看起来不具有私利性，但是实践中却存在计算性的一面。成员之间的共识或者共同的性质倾向与共享的缄默（doxa）使得象征品的市场被结构性社会化了。（Bourdieu，1998：95）可见，象征交换本身使得回礼的互惠义务得以产生。互惠隐藏在象征交换之中。

2. 社会交换中的互惠

布劳区分了互惠规范与社会交往，并在社会交换中讨论了互惠。在讨论礼物交换中的回礼动机时，他认为是社会关系网的培育及模式化的社会交往促成了送礼与回礼的交换发生，而不是互惠规范启动了交换。交往的发生促成了社会交换，而在社会交换过程中，社会报酬、社会赞同及信任强化了回礼的互惠规范。布劳认为，礼物交换是一种不同于经济交换的社会交换，这种社会交换内部隐含着一条基本的交换概念：为他人提供服务的人使他人负有了义务，这种义务是未加规定的。为了偿还这种未加规定的义务，人们需要回礼。社会交换是有条件的，进入社会交换意味着进入了履行责任与义务的领域，社会交换要求相信别人会回报。报答的义务驱使未来恩惠的发生。在履行责任与义务的回礼过程中，互惠规范渐渐形成。布劳还具体分析了强化回礼义务与互惠规范的社会性约束力量，具体有三种：一是社会报酬，二是社会赞同，三是信任。在社会报酬方面，与布尔迪厄强调象征交换要掩盖计算不同，布劳认为社会交换具有明确的报酬期待。发生社会交换的人们总是期望从他人那里得到回报，交换发生之初便存在社会报酬。社会报酬是建立在交换双方自发反应的基础上，而不是基于取悦的计算手段。得到社会承认、工具性的服务及他人的服从都是社会报酬。社会报酬有内在于个体的报酬（如个人吸引）与外在的报酬（如社会赞同）两种。履行回报义务可以获得社会报酬，但是不履行回报的义务是会受到群体制裁的。无法在下次得到他人的帮助、声誉受损等便是不履行社会义务所引起的多重惩罚。多重惩罚构成了群体的社会压力，保证了社会期待的实现。在社会赞同方面，布劳认为人们在社会交往中旨在寻找社会赞同。赞同意味着要符合社会公认的行为标准。在信任方面，布劳认为未加规定的义务是建立在交往双方存在信任这一基础之上的。社会交换既需要信任，也会促进信任。个体在履行回报的义务时，回报者就在进一步取得对方的信任，这种信任无形中也增强了情感。（布劳，2012：152~187）可见，在布劳看来，礼物交换是一种具有系统性的社会交换，社会报酬、社会赞同、信任等系统要素使得未加规定的义务得以履行。

布劳不仅从社会交换的角度强调了回礼与互惠的重要性，也在社会交换的框架内研究了互惠的量的比较问题。布劳将回礼区分为过量回礼、充分回礼、回礼不足与拒绝回礼四种。回礼不足与拒绝回礼能证明送礼者的压倒性施予行为。压倒性的施予通常体现在回礼不足及拒绝回礼两方面。当人们无法报答那些为他提供服务的人时，他们就得主动承认社会地位的下降。届时，提供服务的人便以慷慨的形式成为地位上超过接受者的高地位人群。布劳认为，压倒性的施予是容忍"不回礼"产生的原因。一旦收礼者无法回报送礼者以适当的利益，那么他们就确认了送礼者对高级地位的要求。社会交换的压倒性给予使得他人无法在履行未来的义务上制服给予者，给予者因而获得了特权、等级、头衔、声望和权威。通常，人们能接受回礼不足的行为，但是会尽量逃避拒绝回礼的行为。为了逃避拒绝回礼，收礼者在早期便会拒绝他人的赠予。拒绝赠予有两种情况及两种后果：若是因为无法回礼而拒绝赠礼，则意味着承认无法与他人保持平等的社会交换关系，这种承认也意味着社会地位的丧失；若是收礼者的等级与富有程度原本就高，但他们依然拒绝赠予，这就意味着拒绝者否定了双方间的伙伴关系，拒绝行为会导致敌对结果。（布劳，2012：178~179）可见，布劳将地位与等级抽离出来，指出互惠具有相对性。

3. 人情往来与互惠

中国的互惠往来与人情交往密不可分。一些华人学者，特别是心理学家探究了人情与互惠往来之间的关系。金耀基明确指出，中国的人情是一套交往法则，它明确规定了回礼的义务，强调了人情中"报"的要旨。人情法则中的"报"意味着人情的交换与交流基于"有来有往"的原则（金耀基，1988）。金耀基认为人情应当翻译为 human obligation，而不是 human feelings，因为 obligation 本身强调了在人情关系范围内的"遵礼"义务（金耀基，2002：105）。回礼义务是遵礼义务的一种。研究人情的学者，都强调人情所约制的义务。尽管许烺光（Francis L. K. Hsu）、朱瑞玲、杨中芳与彭泗清等都将约束回礼义务的人情分为既定（assumed）之情与真正（real）之情，或者义务之人情与自发之感情（前者是既定关系中的义务性情感，后者是发自内心的表露性情感）（Hsu, 1971；朱瑞玲，1993；杨中芳、彭泗清，2008），但是他们都强调人情的义务性。在许烺光看来，基于人伦的义务性情感对中国人更为重要，亲密的自发情感相对次之（Hsu, 1971）。而阎云翔则认为，人情虽然具有表达性，但是人情的意义并不在于情感表达，而在于它约束着人们的行为，是一种普遍的道德义务

（阎云翔，2000）。这种义务不同程度地约束着回礼行为。人情对于义务的约束具有普遍性，甚至两个互不相识的人，也应表现出一定的"礼尚往来""不斤斤计较"等有"人情味"的行为（杨中芳、彭泗清，2008）。可见，人情是中国具有特殊意义的"礼物之灵"，人情维系着中国的互惠。

当礼物研究将互惠抽离成一般性原则后，互惠在学者的深入讨论中成为更广泛意义上的普遍化制度。结构论者或者从社会或组织的对称性入手，解释互惠的对称性；或者从外部结构性，即与再分配及市场交换的不同，展现互惠的整合效果。这些视角都强调互惠是一种普遍化的制度原则。不仅如此，学者们还从动机、价值入手，讨论了互惠的特征。然而，无论是在礼物研究中分析互惠原则，还是在更广泛的意义上讨论互惠制度，上述分析思路仍然是一种静态的研究脉络，它们将互惠置于一种静态的分析视角中。这种视角无法解释变迁环境中的互惠状态。

四　互惠变迁："社会遗存"抑或"共同体危机"？

互惠研究的动态脉络在于分析互惠变迁。在资本主义、城市化、市场化、工业化等变迁环境中，人们或许仍然能看到基于共同的地理认同、兴趣认同的人在互惠互助，在遭遇共同的运动危机时制造着新的社会团结，但是人们也会发现社区异质性的增加、乡村社会的半熟悉化引发了社区或乡村的共同体危机。因此，动态分析互惠变迁的学者集中讨论了互惠是作为"社会遗存"持续存在于新的社会中，还是遭遇了"共同体危机"的表现？在这些讨论中，既有从礼物经济及互惠交换的角度讨论互惠变迁的，也有从更广泛的社会、道德、文化意义上讨论互惠变迁的。

（一）互惠持续论[①]

持互惠持续论的学者认为，以往社会中的互惠仍然"遗存"（survival）（古尔德纳，2008：344）于变迁的社会中。古尔德纳指出互惠在变迁的社会中并非"全无或全有"，而是可遗存的。他认为社会模式的持续存留必然伴随着某种持续服务的模式，互惠就可以是其中一种遗存的模式。在他看来，甚至新的不平等性，也能维持互惠的存在。不仅古尔德纳，许多学者都在不同的变迁形式中，寻找那种使得服务-回馈持续存在或交织存在的载体与机制。持续存在且不断扩大的馈赠经济是互惠延续的第一个载体。新型社会环境中的关系策略是互惠延续的第二个载体。延续共同体的邻里互动是互惠延续的第三个载体。持续的求-助文化是互惠持续的第四个载体。

1. 礼物与市场（商品）的共存

在市场扩充的情况下，礼物经济与互惠制度如何变迁？尼格鲁（Ioana Negru）在批判波兰尼及格雷戈里二分法的基础上，指出了礼物与市场的共存。格雷戈里明确指出了礼物与商品的对立，他从交换关系、经济类型、经济目的、再生产过程、物化过程、交易者的社会地位、交易物的社会地位、交换物、交换的价值与等级、交易者的动机、循环速率及解释旨向等角度对商品交换与礼物交换进行了二元区分（格雷戈里，2001）。波兰尼则将互惠与市场交换明确区分开来。尼格鲁批判二者的区分只是一个理想模型，不能有效地解释市场环境中

[①] 持续也是一种变化的状态，虽然它意味着"不变"，但古尔德纳指出互惠并非"全有"，说明它在变迁的社会中得以保留或遗存，本书也将其视为互惠变迁的一种状态。这种做法在许多研究中都有体现，比如人类学在讨论文化变迁或社会变迁时，就将延续视为文化变迁的一种状态。

礼物仍然存在的事实。他由此提出了礼物与市场的共存——"礼物－市场联结"（gift-market nexus）模型。这一模型深深扎根于地方风俗及地方传统，是历史遗留（historical relic），其目的旨在维持关系。他指出，礼物－市场二分法将礼物纳入由规范、风俗所制约的前现代社会，而将需求与供给的规则纳入现代市场社会。这种区分为生产与分配模型带来了一系列问题：它一方面导致忽视了非市场行为，如社区类的非正式支持对于市场发展的影响；另一方面也导致了对现代社会中礼物行为的忽略。

由此可以看出，尼格鲁坚持认为，在现代社会中，礼物与市场共存，互惠制度与市场制度共存。礼物交换与市场交换是多元的复数经济（the plural economy），现代社会中的礼物交换形式伴随着市场与国家行为为社会提供的利益分配，而市场交换中依然可以找到礼物经济的概念。尼格鲁总体上支持这种共存的经济，他认为尽管现代性拒绝接受完全免费的、毫无利益取向的礼物赠予，但市场与礼物的共存有助于维持社会秩序，促进社会和谐。为了分析礼物与市场的共存，尼格鲁将礼物与市场视为制度环境的产物，进而将制度视为经济活动的一种价值与规范逻辑，而不是市场逻辑。价值与规范既包括礼物规范，也包括市场规范。礼物与市场由此成为一种相互影响的制度而不是相反的经济系统，是同一经济系统中相互补充的组成要素。尼格鲁从制度的角度去分析市场与礼物，"通过将市场视为一种简单的交换机制，市场能展示出更宽的经济与社会角色；通过将市场视为一种制度，市场制度可与其他制度主动联系起来，而礼物制度就是其中一个"（Negru，2009）。市场是利益至上的，而礼物则强调互惠利他。市场的经济行为不完全以利益为导向，存在一系列诸如卖家愿意接受更低的价格而买家愿意支付更高的价格的事情。尼格鲁认为，礼物与市场的共存受制度或系统多元主义（institutional or systemic pluralism）的影响，是不同制度安排的结果。可惜的是，尼格鲁只是从理论上论述了礼物与市场的共存，并没有对如何具体分析这种多元经济做更多的论述。

米勒（Daniel Miller）也批评了以往认为礼物比市场高贵的说法，将以往学者提出的礼物与市场的二元对立关系转为不可让与的市场与可让与的礼物之间的关系。他批评以往的学者将礼物经济理想化了，批评他们强调礼物经济独立于市场经济的观点（Miller，1998）。然而，恰恰是礼物与商品的对立使得礼物的盲点开始显现，进而使礼物开始向商品转换。由于市场交换倾向于最大限度地满足交换者的方便性等需求，礼物交换本身的延时性与仪式的复杂性为礼物向商品转换提供了契机。米若斯基（Mirowski P.）更具体地指出礼物本身就是一个经济系统，礼物系统其实并不是市场系统的替代品，礼物与市场并不是二元对立的两个系统，而是一种价值理论（a theory of value）（Mirowski，2001）。

2. 扩张的互惠交换

与仅分析礼物共存于市场中的学者不同，一些学者明确指出互惠交换不仅与市场共存，而且在市场经济中逐渐被扩大。杨美惠明确将互惠交换放置于"礼物、宴请和惠赠"的关系艺术中，指出市场转型后，中国人越来越重视互惠交换。送礼之风在新的社会关系空间中不断扩大，在这种扩大的背后，关系馈赠与人情馈赠的界限趋于模糊（杨美惠，2009：116）。扩张的互惠交换是以扩大关系网为前提的。杨美惠具体剖析了不同的关系网：亲属、朋友及同学是关系学的基础或潜在场所，是一种具有认同性且非功利性的关系。其中，非亲属关系比亲属关系在关系的运用上更为重要，其运用的机制在于义气所连接的义务网。扩大关系网，一可以通过一个中间人来介绍，中间人明确向新增的关系对象担保新人的人品和可靠性；二可以通过他人现有的关系，以之作为联系的资源，维持更多的关系。（杨美惠，2009：115）在扩张关系的过程中，互惠交换亦被扩张了。有需求的人们会通过谨慎而又强迫的策略，与关系对象发生互惠往来，如送礼给对方，让对方办事。其中，送礼与办事是对应的互惠关系。

互惠何以扩张？杨美惠认为，首先它是市场扩张背后社会关系的改变及金钱文化复苏的结果。一方面，情感性的礼物被非人情化的金钱替代；另一方面，互惠关系染上了金钱代替的特点，礼物交换由"交换价值"向"使用价值"扩张，在市场需求中使用价值不断扩张。其次是再分配结构的另类运作，即处于国家权力边缘和缝隙中的互惠能在权力技术中发挥作用（杨美惠，2009：162）。再分配经济的结构使得通过互惠经济运作权力技术成为可能。最为典型的是，城市分配经济中的户口分配、工作分配及粮食配给都需要以关系为谋略，以礼物经济为桥梁展开。再次是礼物经济以一种反技术的姿态，成为挑战官僚权力、侵蚀国家权力的战线，减少了国家权力的自我约束。在这个过程中，礼物经济利用恰当的机会，将建立的象征资本转为具有使用价值的礼物资本，从而扩张自己发挥用武之地的平台。

农村的互惠交换也在扩张。在杨美惠分析城市互惠交换扩张的同时，威尔森（Wilson）呈现了农村货币型互惠交换的扩张。基于上海村庄的现金交换，威尔森重点关注了建房过程中的货币交换与劳动交换。他发现，中国农村社会的货币经济并没有削弱社会交换的稳定发展。相反，社会交换已经发生了货币化的现象，现金礼物替代了非现金礼物与劳动。礼物的货币化扩张了互惠经济的面向，货币化的互惠在增加。计划经济时期，村庄很少有非正式农业交换发生，劳动分享制度化在生产队体系中。然而，市场开放以后，村民们越来越缺乏劳动互助的时间，他们更愿意通过花钱雇工来得到劳动。特别是在高度工业化的上海村庄，互助时间缺少，使人们越发依赖于现金交换。现金关系的出现改变了农村社会交换的方式。村民更多通过钱，而不是相互间的劳动互助或者物质性的礼物来相处。他们用更多的货币化术语来评判村中的工作、房子及礼物交换。工业化亦重构了村民的生产计划与社会网络，扩大了以现金为基础的外部劳动力市场。现金关系再结构化了社会互动与交换，具体表现在两个方面。一方面，随着宴请中礼金的增多以及在帮助别人时使用现金，村庄中的社会互动增加了。更频繁的交换会给村民更多的机会来拓展社会网，来容纳更多人，培养感情。村庄的社会交换越来越超越村庄的界线，甚至超越城镇的界线。另一方面，现金改变了社会交换中的一些社会规范。礼金增加了非正式礼物交换中的计算性。村民的规范性框架已由简单的互惠（一对一的等量互惠）（one-for-one equivalent exchanges）转变成高人一等的作风或者胜人一筹（one-upmanship）的本领。（Wilson，1997）

村民交换钱是为了积累社会资本，具体表现在以下三个层次。第一个层次是钱本身的积累效应与赞助效应。威尔森指出了礼金所具有的赞助功能，即礼金可以减轻一部分房屋建设成本，村民可以用礼金来抵消一部分上梁的费用。主人家庭也许会花几千元在宴会中，以此来表达提供这些帮助的社会网。此外，在宴请过程中，相对于劳动力，村民可以积累钱。第二个层次是货币化的礼物具有转换功能，可以转换为声望资源。通过给予更多的礼金，村民可以将礼金转化为在社会网及社区成员中的声望。第三个层次是扩张的礼物交换可以扩张社会关系网，连接超越村庄社会边界的社会网。如果村民们交换礼物仅仅是为了减轻财政危机，那么他们就没有必要来花钱表达其感激行为。由于钱更容易流通，钱可以让村民与村外人建立社会交往。这种社会交换可以呈现一种商业质量。情感在其中成为村民可以计算、收集与交换的客体化商品。礼物交换、荣誉及社会资本超越了村庄边界，村民可以与远在市区的人们互惠往来，让远在市区的人们在必要时施以援手。现金关系的扩展揭示了农村经济与社会转变中的互惠扩张，表明中国的市场经济与社会网络是互嵌的。（Wilson，1997）

3. 延续的邻里团结

互惠的延续表现在邻里团结中。伯明翰文化研究中心的霍加特（R. Hoggart）指出了邻里社区的"显著持续性"（remarkable continuance），并将其描述为"英国社会中唯一最值得持续的社区实践"（the single most sustaining communal practice in English society）（Hoggart，1995）。霍加特早期关于工人阶级生活的经典著作亦描述了基于地理性而形成的邻里团结，邻里之所以能团结，是因为老一代工人阶级的社区生活呈现着地方社会的团结，这种团结是利益需求的结果（Hoggart，1957）。由此可见，对于社区互惠延续的讨论，更多聚焦于社区的邻里团结。

萨托斯（Gerald Dale. Suttles）在分析社区的社会建构时指出，城市中存在一种善于使双方发生联系、进行自我调适的社区邻里，这种社区的原型恰如村庄，可以将邻里社区共同遭遇的风险降到最低（Suttles，1972）。萨托斯解剖了一个社区中不同的邻里组织。其中，最小的是"熟脸的街坊"（face block）邻里，父亲间因小孩而经常碰面，仿佛一种碰面的关系（face-to-face relation）。第二个是"防御型街坊"（defended neighborhood），这是居民及外人所认可的最小的城市单元，人们对这个街坊具有合作性认同，共同拥有许多有助于日常生活的设施设备。防御型街坊没有官方的认同，其界线是不确定的。街坊的边界在于防卫街区，以应对不时之需，如街帮（street gangs）。第三个是"有限义务型社区"（community of limited liability），这是一种有目的的、自愿发生义务往来的社区。社区有自己的报纸，这是此类社区最为典型的边界。萨托斯指出，邻里间的互惠团结并没有在城市中被异化，但是邻里团结也不一定是自发生成的。完全自我内部协调的邻里社区（self-contained community）是不可能存在的。相反，城市地方社区的邻里互动一定会受到某种外力的作用。例如，培育得较好的地方社区（a well-served local community）。在瑞典，地方政府在社区的培育方面发挥了重要作用。

　　社区研究的经典著作《街角社会》勾画了延续在街角的那种彼此间承认并相互履行的义务与权利。怀特（W. F. Whyte）笔下的科纳维尔存在一个成员之间长期交往互动的街角帮。由于帮内成员相对稳定，成员又缺乏社会保障，所以帮内成员的互动率与相互作用率特别高，成员之间有相互帮助的义务。这种相互帮助的义务即互惠规范：帮内成员不能伤害帮内朋友，而且要尽可能多地帮助朋友。但是，街角帮的互惠义务只在冲突中显现，而且主要由领袖强化，在非冲突时或者缺乏领袖时，互惠规范就会变得脆弱。领袖不仅带动着互惠义务的执行，而且要承担不履行义务的惩罚。处于较低地位的青年，不履行义务不影响其地位状态；然而，若地位较高的领袖不履行义务，则会有地位下降的危险。这具体表现在钱的花费上，领袖为帮内下属所花的钱多于下属为领袖所花的钱。尽管领袖本身经济能力有限,但是领袖必须在下属面前保持慷慨性,而下属的回报是服从领袖并待在帮内,以维持街角帮的凝聚力。由此,街角社会呈现了互惠得以延续的一个重要机制:领袖对于群体组织互惠的引领作用。这和前述与市场共存以维持经济利益的机制不同,也和杨美惠所述的关系策略不同,而是一种以领袖为基础形成的在特殊时刻产生对称性义务的互惠,是一种基于领袖地位形成的等级性义务。(怀特,2009:257~258)

4. 持续的求-助文化

社会工作中求-助的延续也是互惠的延续,而延续的基础是中国社会中的求-助文化。王思斌将社会工作视为一种延续求-助文化的体现。求-助关系指需求者表达需要帮助,帮助者通过判断做出是否帮助的反应。王思斌认为,维持求-助关系的文化既包括中国儒家的仁义礼爱及有为的思想,又包括中国社会的社会团结。他认为,尽管中国亦遭遇了工业化进程,但是中国社会仍然是家庭(家族)本位的。中国社会的团结仍有赖于以差序格局为基础的社会支持系统。在家庭(家族)本位及差序格局中,个人与家族间存在一种责任与义务关系,这是社会团结延续的基础。王思斌总结了中国社会求-助系统的二元结构差异:农村有传统的自助-互助系统,城市的求-助则既有传统文化色彩,又有行政化、制度化色彩。因此,存在民间及官方两种助人系统,前者以家族、邻里及朋友的互助为主,后者则表现为单位人能享受单位提供的帮助、非单位人则享受来自政府的帮助。由于社会文化传统的延续及计划经济时期福利制度仍在发挥作用,王思斌认为民间及官方两种求-助系统在改革开放后的中国依然存在,中国求-助系统以消极的求助模式、相对主动的助人行为以及助人活动具有强烈的感

情介入为特点。(王思斌,2001)

(二) 互惠危机论

持互惠危机论的学者,认为以往社会中的互惠已发生了向非互惠方向的转变。古德纳尔在论述互惠规范时便指出了"剥削问题"(Gouldner,1960),这种剥削恰如马克思传统所强调的互惠对立面。剥削意味着一种不平等、不对称的商品或服务的交换,是与工业化社会中人们道德期望相左的状态。剥削的存在是由于契约双方存在显著的权力不平等,剥削的后果是出现不平等交换的社会认知,以至于易致社会破裂的不平等冒犯了普遍深入人心的互惠价值。古德纳尔深切地指出了互惠价值演变为剥削的潜在危机,亦有学者在礼物经济的异化、邻里关系的淡化、道德转型中直指互惠危机的存在。

1. 礼物经济的异化

礼物经济的异化论认为以往互助式的互惠演变为冗余经济,甚至成为受市场影响的汲利性交换。礼物交换中的载体及方式均发生了变化,互惠甚至向异化方向发生了变化。

曲尔(D. Cheal)重新定义了现代社会中礼物经济的性质。他抛弃了传统自然经济的定义方式,认为现代社会的礼物交换向冗余交换(redundant transactions)发生了转变,表现在:一是礼物不仅被整合在规范或者风俗领域之内,而且越来越多的礼物是多余的,是超越规范意义的;二是礼物并不一定给接受者带来优势,对其生存及幸福感并无益处,接受礼物的人对送礼者无利益企图,甚至会觉得接受礼物是被冒犯;三是礼物并没有给送礼者带来利益,没有人在礼物交换中获利或者致损;四是从他人处得到的礼物通常是自己已有的物品;五是礼物赠予中的冗余源于互动需求衍生的仪式赠予趋势,证明主体的重要途径在于为个人提供大量的物。礼物的冗余性恰恰是礼物区别于其他经济系统的重要特征，礼物并不是一个必需品，而越来越成为一种相对自主的交换模式。自主的个人礼物越发逃离了为社会角色或经济系统所决定的状况，礼物越发被用于建构某种自愿的社会关系。曲尔认为，礼物经济向冗余经济转变的原因有三个：一是政治经济转型的结果，即政治经济的发展简化了礼物行为（trivialize gift behavior）（Cheal，1988：4），资本主义生产模式替代了礼物交换；二是礼物经济的萎缩，即残留的礼物经济萎缩到只在家庭或者家户内部出现；三是经济理性化，伴随着个人自由的扩张与主体价值的提升，人们越发理性地对待礼物赠予，在自利的考量中选择有限礼物交换（Cheal，1988：12）。

爱德华兹（Elder-Vass）延续布尔迪厄的符号暴力与象征交换理论，指出新的礼物经济内部夹杂着各类充满计算性的经济考量。布尔迪厄很早便揭开了礼物经济的面纱，指出作为象征交换的礼物经济是一种自欺行为，即自我欺骗，这种个人的自欺行为表面上看起来不具有私利性，但在实践中却存在计算性的一面。通过委婉的话语表达，计算性的压抑得以实现。（Bourdieu，1998：95）爱德华兹发现，现代社会中的礼物经济逐渐被市场渗透，礼物经济演变为礼物与市场结合的混合经济实践（A mixed economy practices），它塑造了一种复杂的竞争生态系统及互动的经济形式。爱德华兹以科技及创新领域发生的新型混合经济为研究对象，指出新的市场经济是如何打着礼物的旗号自我谋利的。（Elder-Vass，2016）基于布尔迪厄的实践理论，爱德华兹提出了汲利性实践（appropriative practice）这一概念，以分析影响生产过程中利益分配的社会实践。在汲利性实践中，实践这一术语被用来作为认同经济形式的单位，它可能是单一的也可能是多元的；汲利性则指实践中仍然包含着追逐利益的经济元素。维基百科就是利用礼物经济谋取企业利益的资本主义经济，它早期免费使用，后期以无形消费其广告作为回馈；谷歌的商业模式则借助搜索服务、邮件服务及地图等免费软件来售卖其高额的广告；脸书及油管则采用内容资本主义，使用者通过无偿捐献他们的时间、上传内容来为这些企业创造利润。新型经济活动通常打着免费使用的逻辑生产资本。这种经济其实是披着礼物的外衣开展经济行为，这种将礼物经济滥用的混合经济消解了人们心中对礼物及互惠的认知界线，仿佛任何互惠交换背后都有利益的阴谋。（Elder-Vass，2016）

不仅经济产业塑造了异化的礼物经济，传统的礼物经济亦遭遇了现代市场的渗透。贺雪峰将中国的互惠视为人情，指出转型后的中国遭遇了人情异化的状况。他首先界定了正常的人情所需要的三个条件：一是人情相对稳定，二是可持续，三是增加了人情参与者的自己人认同。接着，他指出人情异化在于这三者发生了变化。它们使人情向利与名的方向发生变化，导致了人情异化。为何人情会向这三个方面发展变化？他认为是社会结构变迁所致。人情异化的关键在于人情名实分离，人情的地方性共识弱化，人情被利用，进而发生异化。地方性共识的弱化是村庄社会力量约束不到位的产物。南方团结型村庄存在可以抑制社会转型与市场渗透等现代性因素冲击的力量，农村的人情消费仍然能保持传统的名实统一，人情消费不易异化；中部分散型农村因缺少结构性力量约束，易受外来现代性力量的冲击，故而村庄社会易理性接应甚至利用这一现代性力量，人情迅速异化；北方分裂型村庄因仍然存在超越个人的结构性力量，人情消费依然能保持稳定，但因北方分裂型村庄存在小亲族竞争,人情消费易出现团体性异化。(贺雪峰,2011:20~27)因此,他认为,中国中部农村与北方农村是人情异化的重灾区。

2. 邻里关系的淡化

一些学者指出,在个体化及去传统化的背景下,邻里关系出现了淡化。特别是在社区消亡论的论述中,相关学者认为社区内人与人关系的冷漠化使得邻里互惠被淡化。

沃斯(Louis Wirth)在分析都市社会的特征时,较早地刻画了社区消亡过程中邻里关系变迁的状况。他将都市视为一种社会组织,指出这种组织的突出特点在于人与人之间的联系由正式组织所联结。以往以血缘、地缘为纽带的社区正在消亡,具体表现在:亲属关系的联结性降低,家庭的社会意义降低,邻里消失,传统社会团结的基础被削弱。他从都市人口变迁中引出个体关系的易变性,指出私人关系的获得难度增加,人与人间关系趋向碎片化、表面化,紧密的物理联系与社会关系都在减弱。消亡后的社区无论是在个体层面,还是在社会层面,都变得散漫而无力。(Wirth,1938:1)

贝克(U. Beck)对邻里关系淡化的论断源于其对社会个体化及去传统化(detraditionalization)的判断。去传统化削弱邻里互惠体现在两个方面。第一个方面是个体对劳动力市场的依赖取代了对传统组织的依赖。他认为,反思性现代化解除了人们的阶级义务,释放了个人的劳动自主性。社会越发需要的是流动的自由个体而不是被家族、邻里、朋友及地方文化风景所牵制的个体。(贝克,2004:106)地方关系在人生命中的作用越来越小,个体反而越来越依赖劳动力市场。对劳动力市场的依赖强化了人们之于家族、邻里、朋友及同事关系的独立,人们放松了地方性网络而建构非地方性网络(贝克,2004:

115)。第二个方面是居住及生活格局的不断更新消解了邻里组织。他指出，新的城市建筑规划总是代替旧的居住方式，居住和生活格局中的互动缺乏稳定的居住空间，特别是居住空间中混合了多元文化背景的人，邻里的社会关系变得松散而难以组织，邻里之间缺乏互动的机会。个体的社会关系网不再由"身体上的接近"来决定，而是在人们的兴趣、抱负和责任中被培育（贝克，2004：119）。个人主动视自己为交际及关系圈的组织者。因此，个体不再"对他人负有义务"（Beck，1997：97），社区关系"被溶解在竞争的酸浴中"（dissolved in the acid bath of competition）（Beck，1992：94）。

帕特南（Robert Putnam）用更为充足的数据资料呈现了美国社会1975~1999年淡化的邻里关系。1974年，美国人晚上与邻居进行至少一次社交的频率为72%，1993年则降为61%。以往有大量组织打保龄球的社区，而现在组织打保龄球的社区减少了40%，但是私人打保龄球的数量却增加了10%。这些数据表明，美国人的社会资本及作为社会资本形式的社会团结都在下降。不仅邻里间的聊天与喝咖啡渐渐为独自在家打保龄球所替代，人们的家庭关系也开始向松散化发展。在关系网内开展互利互惠和互相信任的规范在淡化，人与人之间的信任度也在下降。为何会产生这种变迁？与贝克所述的个体化有点类似，帕特南认为美国社会出现了民主化的个人主义：人们只关心与自己密切相关的事情，不抬头看那些与自己无关之事。在公共的政治性事件中，人们的参与度降低；在社会事务上，人们的参与也在减少。其原因在于：一是女性进入劳动力市场降低了人们建立社会资本所需要的时间和精力；二是居住稳定性的降低及流动性的增强减少了分配在社会交往中的时间；三是新型科技革命使得人们无须通过结群来获得娱乐体

验，新的电子技术缩小了闲暇的社会外延度，闲暇方式越来越私人化、个体化。（帕特南，2011）

3. 道德转型

研究道德转型的学者将村庄的互惠制度视为体现道德变迁的一个面向。涂尔干指出社会失范使得一些道德约束不再起作用，人们的行动不受规范约束，道德的价值构成向个人主义、利己主义、利他主义等方向转变（涂尔干，2000）。互惠在道德中表现为"保护那些需要保护的人，忠心报答保护人"以及"记住并回报那些帮助过你的人"，前者是一种道义性逻辑，后者则是感恩逻辑。然而，在道德转型中，互惠的这些表现却发生了变化。

互惠在道义上的不平衡是斯科特（James C. Scoot）笔下呈现的互惠危机。他认为，互惠原则是农民生活模式维持的主要道德原则，它与生存权利相辅相成。首先，互惠原则是人际交往的道德核心，人们的某种行为与态度总得有相应的行为或态度回应。在东南亚的阶级关系中，精英要得到群众的追随与认可，就必须保护群众的利益。村庄内部存在的共同社会压力强化了保护人与被保护人之间的义务责任，保护人以保障被保护人的物质需要为义务，而被保护人则以尊重、劳动及忠心来报答保护人。保护人需要以慷慨的行为维持被保护人的持续性追随。其次，生存权利是与互惠原则并行的。村民有最低需求——得到保障的生存权利，而这种生存权利需要由保护人在互惠原则的基础上进行保障。然而，一旦精英群体违反等值互惠的原则，在控制社区土地及粮食资源的情况下，没有对弱者进行救济，违反了最低生存标准的等值原则，就容易引起农民的反叛。在斯科特笔下的东南亚，地主在歉收时对贫民的帮助及曾经扶持他们的集体服务，都越发减少甚至趋近于零。地主与佃户之间的互惠相对平衡被打破，互惠向"被要求义务越来越多，而得到的回报却越来越低于生存标准"的危机转变。（斯科特，2013）

"做好事被讹"（attempting to be helpful but ending up as the victim of extortion）是阎云翔在讨论中国道德转型时呈现的互惠危机话语。"做好事被讹"是一种道德滑坡，它重创了道德行为得以维持的原则——互惠。在具体的"报"的实践中，人们没对施助人感恩，反而讹诈施助者，这就以一种最恶劣的方式践踏了道德准则。这种道德滑坡既僭越了互惠原则，又降低了陌生人之间的信任感，更使得社会冷漠成为行动的合理逻辑。阎云翔研究了26个"做好事被讹"的个案，指出在具体的"被讹"事件中，面子与社会地位成为影响事件发生的两个因素。具有较低社会地位的人不怕丢面子，因而更容易去讹诈做好事的人。为何这种僭越互惠原则的行为会泛滥？阎云翔并没有从社会快速变迁、市场转型及消费主义意识形态等宏观机制入手，而是强调更微观的原因。首先，讹诈做好事者具有较低的法律风险。中国缺乏西方的好心人法律，好心人施助缺乏法律保障；中国亦缺乏对讹人者进行惩罚的法律，讹人行为只是民事纠纷，不构成受法律惩罚的犯罪。其次，社会不公平使得讹人者视讹诈为正当行为。老人在社会不平等环境下拥有强烈的相对剥夺感，进而认为讹诈年轻人是正当行为。贫富差距的快速扩大与平均主义越发背离，个体在这一背景下产生了对新富阶层的仇视心理，互惠被僭越恰是仇视的反映。再次，特殊主义道德观使得讹诈陌生人变得可行。中国人的道德约束范畴愈加以差序格局为准则，互惠原则对差序格局之外的社会网越发失去约束力。阎云翔对中国道德转型的总结可以转换为互惠的转型特征：当自我实现的个体道德替代了自我牺牲

的集体道德时，互惠亦由集体的规范性互惠演变为个体的工具性互惠。（Yan，2009）

在互惠持续论与互惠危机论这两种竞争性观点中，可以看到学者们对互惠变迁的状态分析。坚持互惠持续论的学者，或者突破了礼物与市场的二元对立，认为互惠仍然存在于与市场共存的礼物经济中；或者看到城市中的人们将互惠交换视为关系策略，农村中的人则突破农村的边界与城市中的人建立互惠关系，互惠交换在这个维度上并没有减少，反而得到了扩张；或者从持续的社区性、延续的邻里团结中看到持续的互惠交往；或者从文化的视角指出求－助结构在新社会环境中的持续性。然而，仍然有学者指出互惠在新的社会环境下遭遇了危机。礼物经济的异化论者认为，以往互惠往来的经济在新社会环境下是一种冗余经济；在市场趋利的影响下，礼物经济其实是披着礼物外衣进行谋利的汲利性经济；互惠内部充满了剥削性；甚至在农村社会，互惠制度的经济性与助人性也发生了名实分离，走向了异化。持邻里关系淡化观点的学者，或者在社区消亡的观点中呈现了邻里关系变迁的现实，或者在个体化、去传统化的背景下看到了不再"对他人负有义务"的个体，或者在数据分析的基础上呈现了邻里间的日常互动向在家独自活动转变。道德转型论从道义性及感恩两个维度分析了互惠危机引发的动乱：道义变迁使得农民反叛原来保护他们的精英，老人则对施助的年轻人进行讹诈。

五 研究特色、解释限度与研究契机

（一）研究特色

请客收礼向不收礼及部分收礼的变化折射了双重互惠的单

重化与有限化。这一变化所涉及的文献既包括礼物的研究，也包括互惠的研究。以上从礼物的概念及研究史、礼物交换中的互惠原则、更广泛意义上的互惠制度以及互惠变迁四个方面梳理了相关研究。这四个方面可以总结为礼物研究、互惠的静态研究及互惠的动态研究三条脉络。通过梳理这三条脉络，可以看到，无论是在礼物经济中讨论互惠原则，还是在广泛意识上讨论互惠制度，互惠研究都不是一个新话题。在市场化、资本主义、工业化及全球化背景下，越来越多的学者关注到第三条脉络中的互惠研究：在动态的互惠变迁中探索旧制度与新环境间的摩擦与互动。在上述文献梳理过程中，可以看到，互惠原则是以往礼物研究中的一个关键议题。在礼物研究抽离出关于互惠的研究后，互惠研究有以下四大特色。

首先，以往关于互惠的研究，以静态的分析视角为主，动态的互惠变迁研究仍然有很大的空间。在以往的研究中，互惠受到关注主要集中在两个领域。一是在延续至礼物经济的研究框架中，与莫斯、布尔迪厄等经典大家对话，探析不同礼物经济规则中的不同互惠形式。由于礼物经济的研究较多，它能独自成为人类学的一个研究领域。虽然对礼物经济的讨论会集中至互惠领域，但是这种研究的对象以部落社会为主，以静态分析路径为主，动态变迁的研究依然较少。通常的研究模式是以莫斯人类学元素主义（elementarism）（Cheal, 1988）的方式，重点关照简单社会中的互惠事实。二是在社会学中，互惠主要被放在社会交换的研究领域中。以布劳为代表，强调互惠交换自带着内在意义的成分，以此作为这一交换与经济交易的差别（布劳，2012：153~187）。然而，社会学的讨论仍然是以结构性方式呈现现代社会中人们对于交换的角色期待、义务回报、不平衡性等，其视角依然是一种静态的结构性分析。可见，关于互惠历时性变迁的研究，仍有较大的空间。

其次，在关于互惠变迁的已有研究中，以往的分析思路更注重于将互惠视为自变量，将互惠视为因变量进行专门研究仍然有很大的空间。以往关于互惠变迁的研究主要有两种分析思路：一种是将互惠视为自变量，讨论互惠对于因变量的影响；另一种是将互惠视为因变量，讨论其他自变量对于互惠变迁的影响。然而，以往的研究更多采用了第一种分析思路。以城市社区研究及村落共同体的研究为例，许多学者在讨论社区的社区性、流动村庄共同体的维持时，将维权领域或生产领域的邻里互助视为社区性存在、共同体维持的重要解释性变量（黄晓星，2011；卢成仁，2015）。社区运动中的邻里"洗楼梯"及协商为小区争取利益而呈现的邻里互动场景足以解释维权运动中的互惠面向，却不足以反映在社区运动没有发生时、在历史时空中的邻里互助变化。在流动中维系的村落共同体，生计上的帮工、换工与生活上的互助依然存在，互惠机制及互惠网的绵密抵消了人、物与货币的流动，但这不足以说明互惠本身没有受到市场的侵蚀。当然，这些研究的重点不在于互惠本身，而在于以互惠作为自变量来解释因变量。此外，在道德领域讨论互惠变迁的学者，也更多是将互惠视为分析道义变迁、道德转型的自变量。

再次，在有限的以互惠作为因变量讨论其变迁的研究中，主要有市场变迁与文化延续两种视角，前者主要用于讨论城市经济，后者则主要用于讨论社会工作的文化基础。以互惠作为因变量讨论互惠变迁的研究主要集中在对礼物经济、求－助系统的研究上，其中有两个研究视角。一是从市场变迁的角度讨论礼物经济的变迁，如讨论新兴数字经济中礼物与市场的共存，讨论市场变迁后中国礼物经济如何作为关系策略。然而，这些研究或者集中于经济产业领域，或者集中于城市领域。对于农村领域的互惠，学者们更多讨论封闭的、市场经济未充分发展、社会流动机会未充分发展时的农村，而且视角也是静态的，动态的变迁讨论仍然较少。二是求-助系统延续的文化视角，主要从中国人情文化的视角讨论延续在中国的求-助体制。这一研究体现了社会工作研究者的研究特色。

最后，在互惠到底作何发展上，以往的讨论呈现了互惠持续与互惠危机两种态势，这是一种单线进化式的分析路径。这种分析路径存在一种假设，即互惠是一种无差异而普遍化的制度原则。一方面，单线进化式的分析路径将互惠视为一个点，互惠变迁就是从这个点向左伸或向右伸的直线，向左伸则代表互惠的持续，向右伸则代表互惠的危机。当互惠这个点向左伸时，赠礼-回礼、邻里间的互惠往来、求-助依然在新的社会环境中存在；当互惠这个点向右伸时，赠礼-回礼的发生情境没有了，人与人的关系冷漠化了，甚至处处是打着礼物经济的名号谋取利益及欺诈的行为。然而，这种单线进化式的分析只是把互惠视为一个毫无差异性的点，仿佛互惠就是普遍的义务制度，其变迁就是对称性的义务被利益计算所取代。事实上，在互惠研究的静态分析中，互惠就呈现了其多样性。可见，互惠变迁的研究者更多是在普遍化互惠的基础上讨论互惠变迁。此外，以往讨论互惠变迁时，甚至将互惠的载体也固化了。

（二）解释限度

将以往的礼物研究、互惠的静态研究及互惠的动态研究三条脉络与请客收礼向"不收礼"及"部分收礼"转变的双重互惠单重化、有限化联系起来，结合上述四大研究特色，可以看到以往的研究有以下三个局限性。

第一，在礼物研究中，以往的研究更关注解释"回礼"的互惠原则问题，却没有讨论"收礼"或"不收礼"的互惠启动机制问题。礼物在西方具有纯粹赠予的意义，但在中国却具有"礼尚往来"的互惠意义。然而，相关研究并没有深入讨论人们为何要接受赠予。在礼物研究的历史过程中，关于"为什么要收礼"及"为什么不收礼"都被"为什么要回礼"掩盖了。特别是莫斯（2005）将互惠原则从回礼中引入时，明确指出，任何人都不能随意拒绝他人的送礼。他这一武断的结论并不能解释西县及西村出现的"不收礼"及"选择性收礼"的行为。甚至是在莫斯主义者对话莫斯的过程中，关于"为什么要收礼"与"为什么不收礼"的问题也没有引起较大的关注。布劳的社会交往概念似乎可以用来解释人们为什么要进行礼物交换与社会交换，却无法解释"为什么不收礼"，也无法从他的研究中推断出"不收礼"意味着"不需要社会交往"的议题。"收礼"其实是古尔德纳所说的启动（starting）问题。由于收礼引发了回礼，互惠得以产生，因而社会互动得以发起。古尔德纳明确指出了互惠规范是一种启动机制（starting mechanism）（古尔德纳，2008：363），它有利于发起社会互动，开启互惠交换的系统。然而，他只分析了作为启动机制的互惠规范，却没有分析引发互惠的启动机制是什么。他明确批判了以往的功能理论研究忽略了对社会系统开始（beginning）的探讨，也没有分析启动社会系统所必需的各种机制问题。这种批判也在互惠系统中适用，即缺乏分析"启动收礼"（收礼）或"未启动收礼"（不收礼）的机制问题。

第二，在将互惠变迁视为因变量的研究中，以往的文献从制度变迁的角度分析得少，更多地侧重在互惠制度是否变迁及互惠的外部影响因素（外生变量）上，没有把外部影响因素与内部影响因素（内生变量）结合起来分析。在以往讨论互惠变迁的文献中，将礼物经济的变化、邻里关系淡化及道德转型都归因为市场变化这一外部影响因素（外生变量）的作用，对邻里关系的维系、互惠的扩张则用风险预防及利益获取这两个涉及主体诉求的内部因素来分析。一方面，以往文献中的市场化、风险预防及利益获得无法解释本书研究的互惠制度变迁。以往文献中所讨论的市场化是宏观意义上的产业化，是数字经济中的产业化，而本书关注的是与礼物及互惠息息相关的货币能力与市场替代。货币收入的提高是市场化的结果，市场购买可以提供替代互助的市场方式。以往文献中所讨论的主体诉求是风险预防与利益获得，而能解释本书的主体诉求是社会流动过程中的价值表达与声望需求。另一方面，用任何单一因素都无法解释本书研究的互惠制度变迁，互惠制度变迁不仅受到市场化变化的影响，还受到社区人口的流动、地位结构变化及政府推广等因素的影响。市场化及政府推广都是外部影响因素（外生变量），社区人口流动及地位结构变化可以归类为社区结构变化，是内部影响因素（内生变量）。社区结构变化反映为社区社会流动性的增强。流动性包括人口的地理流动性与社会地位的流动性。可见，需要将外部影响因素与内部影响因素结合起来分析互惠制度变迁。

第三，在互惠变迁的态势上，以往的研究更多将互惠视为一种普遍化的制度原则，可以缩小为毫无差异性的点，这就将互惠变迁扁平化了，忽略了互惠结构中各个要素的差异性变化。以往互惠持续或互惠危机的发展态势无法用来形容本书研究的双重互惠单重化与有限化。一方面，互惠持续无法对双重互惠单重化做出解释；另一方面，互惠危机无法对有限双重互惠的存在做出解释。以往对互惠发展态势的判断更多是单线地判断"帮"或"义务"是否存在,而没有区分出不同的帮与不同的义务。事实上,互惠变迁应当是互惠内部不同要素或功能的变化,不能决绝地判断"不帮了"或"没有义务"了,也不能决绝地判断"还在帮"或者"还有义务"。应区分出不同类型的互惠,剖析各个互惠类型的具体变化。换句话说,要观察什么样的"帮"存在,什么样的"帮"不存在了;什么样的义务存在,什么样的义务不存在了。如此,才能真正呈现互惠的变化状态。此外,将互惠视为无差异的制度原则还存在另一个假设,即假设承载互惠的载体也是静态不变的。承载互惠的载体是波兰尼所说的对称性组织。对称性组织可以是小团体,也可以是村庄与城市社区。以往多讨论固化的村庄,这就忽略了村庄社会的流动性与结构变化对互惠的影响。

(三) 研究契机

将互惠变迁研究的三个解释限度与本书所讨论的双重互惠单重化、有限化联系起来,可以发现本书的研究契机如下。

首先,本书将互惠制度置于仪式性礼物交换中,试图寻找"为什么不收"及"为什么收部分"的原因,即资助型互惠并未启动或只启动了部分的原因。以往的研究更关注解释"回礼"的互惠原则问题,却没有讨论"收礼"或"不收礼"的互惠启动机制问题,这给本书提供了研究"不收礼"或"部分收礼"的契机。在礼物交换中,"为什么收礼"可以回答互惠的启动机制问题,"为什么不收礼"可以回答某种互惠启动失败的机制问题,"为什么部分收礼"则可以回答互惠只启动了部分的原因。在本书中,宴请规则发生了"不收礼"及"部分收礼"的新变化,对这两个变化的解释,是本书的研究思路。"不收礼"及"部分收礼"在互惠制度变化中表现为双重互惠单重化、双重互惠有限化,本书在互惠制度的这两个变化中讨论互惠启动或部分启动的机制。

其次,本书的主线在于讨论非正式制度的变迁机制问题。非正式制度变迁是社会学制度主义研究的核心议题之一。社会学制度主义所关注的是一种较为宽泛的制度,主要关注作为意义框架、社会秩序的制度及其变迁过程(何连燮,2014:55)。社会学制度主义认为制度变迁是依据"适当性逻辑"(logic of instrumentality)发生的。围绕制度变迁,社会学制度主义发展了制度化与去制度化两个核心概念:前者强调特定社会秩序或文化模式被广为接受的过程(Meyer et al.,1994),着重强调制度具有持续的惯性,制度一旦形成,无须努力,自身便具有持续强化和维持的属性;后者强调制度的合法性消失或减弱的过程(Oliver,1992),是与制度延续相反的状态。社会学制度主义较为关注组织形态的相似性及稳定性,也关注社会共识变弱的失去合法性过程,但在制度如何向新的模式转换的问题上仍具有明显的局限性(何连燮,2014:76)。本书所关注的请客收礼向"不收礼""部分收礼"的变化是礼物规则的变化,这一变化内部呈现着互惠制度的变化。共享的互惠制度发生了双重互惠单重化与有限化的变化。双重互惠单重化是互惠发生了去资助化的变化,其实是一种"去制度化"(deinstitutionalization)(Oliver,1992);双重互惠有限化是资助型互惠发生了遗留在有限范围内的变化,其实是制度的遗留。双重互惠单重化与有限化是去制度化伴随着制度遗留的结果,当这种互惠制度被确认时,新的礼物规则经历了再结构化过程。这种再结构化可以用奥尔森与德尔布里奇等人提出的"再制度化"(reinstitutionalization)来分析。社会学制度主义侧重分析制度形态的扩散过程和去合法性过程,却经常忽略制度变迁过程中各行为者独立的影响力,较少关注微观层面个人之间的策略性互动以及行为者之间的利益冲突。"再制度化"理论则能整合宏观环境与微观行动者之间的关系,强调制度变迁的多重过程与多重机制。因此,本书将制度化、去制度化与再制度化理论放在时间脉络中,分析各类制度变革者如何在外部影响因素与内部影响因素的影响下推进互惠制度的变迁。礼物规则的变化是互惠去制度化与再制度化的变化,是一种共享的非正式制度的变化。共享制度的改变是一个长时段的改变过程,在各个过程中,有不同的因素在起作用。因此,需要去寻找引发共享制度变迁的机制。以往的文献较少研究多重制度过程,更没有把外部影响因素与内部影响因素(内生变量)结合起来分析。研究制度变迁的学者呼吁分析制度的多重过程与多重机制(Parish and Michelson, 1996; Walder, 1996; Zhou, 2000; 周雪光、艾云, 2010)。互惠制度变迁受多重因素的影响。奥利弗认为,在政治压力、功能压力和社会压力等多重压力下,约束行为的制度影响力可能会淡化,甚至被拒绝替代,产生去制度化(Oliver, 1992)。奥尔森则将一个秩序到另一个秩序的重组称为"再制度化"(Olsen, 2010:128)。德尔布里奇则认为行动者可以有制度变革者、机会创造者、制度反对者及变革成果的消费者等多元角色,正是这些角色的互动促进了去制度化与再制度化的发生(Delbridge and Edwards, 2002)。本书将结合去制度化与再制度化理论,整合外部影响因素与内部影响因素,在多样化的行动者互动中探讨互惠制度的变迁过程与机制。

最后,本书致力于解剖互惠的内部结构,以农村作为研究情境,分析仪式性礼物交换中不同互惠的走向。应当解剖互惠的内部结构，区分出不同类型的互惠，剖析各个互惠类型的具体变化。如此，才能真正看到互惠制度发生了什么样的变化。在本书讨论的仪式性礼物交换中，存在两种互惠：一种是资助型互惠，另一种是关系延续型互惠。资助型互惠强调资助的义务，关系延续型互惠强调延续交往关系的义务。在互惠制度变迁的过程中，这两种互惠的变迁态势是不同的。本书研究的互惠的载体是村落。以往学者关注村落的礼物交换与互惠时，多是讨论封闭的、市场经济未充分发展、社会流动机会未充分发展的村落情境。本书关注的是具有高地理流动性、市场经济逐渐发展、社会流动机会逐渐增加的新情境。在新的村落情境中，本书讨论了资助型互惠与关系延续型互惠的不同走向。

因此，本书试图运用奥利弗及德尔布里奇等提出的理论框架，分析村庄仪式性礼物交换中的互惠制度变迁过程，呈现影响互惠去制度化与再制度化的变迁机制。在剖析不同互惠的变迁过程之后，总结不同互惠的走向。

第二节 概念界定与理论框架

一 相关概念界定

（一）礼物、仪式化礼物、礼金

礼物的英文为 gift，法文为 don。赠予（giving）是 gift 的词根义，表示一种行为——赠予。莫斯强调礼物的义务性赠予、回报的互惠原则，这一原则具有整体约制性。本书借鉴莫斯的这一礼物概念，强调礼物交换具有互惠的义务要求。

对礼物的分类多种多样。布迪厄将礼物区分为无偿赠品、小礼物及不可避免的赠品（布迪厄，2003：154~156）。余成普等依据礼物与身体的关系，将礼物区分为身体之外的礼物与身体本身的礼物。身体之外的礼物是传统的礼物，身体本身的礼物是生命的礼物（余成普等，2014）。贝克将送礼区分为仪式性送礼与偶然性送礼，前者本身嵌入于仪式行为当中，如宴会上的礼物具有场合性；后者的发生场域有偶然性，如为了协调冲突而送的礼（Belk，1982）。阎云翔依据礼物交换的情境将礼物分为仪式化的礼物和非仪式化的礼物（阎云翔，2000：45）。本书将红白喜事中的礼物定义为仪式化礼物（ceremonial gift）（Yan，1996b）。西村的仪式化礼物主要指在人生重要的生命仪式过程中通过"做酒"宴请客人前来参与宴席而发生往来的礼物。阎云翔认为，仪式化送礼"以主人设宴、对精选的（重要的）客人的正式邀请及礼账记录为特征"（阎云翔，2000：45）。礼金是指礼物的货币化。以钱作为礼物的礼金交换在亚洲的仪式性场景中较为普遍。

（二）互惠、资助型互惠、关系延续型互惠、双重互惠、单重互惠、双重互惠单重化、双重互惠有限化、互惠简化

互惠的英文为 reciprocity。《牛津英语词典》及《韦伯斯特百科词典》指出 reciprocity 有四种意思：第一种指一种互惠状态或关系；第二种指一种互惠交换，强调相互交换；第三种指国家之间商业交换中互通有无的关系或政策；第四种指相互间的行为与反应，是康德主义的哲学词语。第三种属于政治学或经济学经常讨论的范围；第四种属于哲学研究的范围；第一种与第二种则是社会学讨论的经典议题。本书研究的互惠指第一种与第二种。萨林斯将物品流动与社会关系之

间的联系定义为互惠(萨林斯,2009:215)。齐美尔指出"没有服务与回报间的互惠,社会均衡与凝聚力不可能存在"(social equilibrium and cohesion could not exist without the reciprocity of service and return service)(Simmel,1950:387)。本书在萨林斯与齐美尔的基础上,指出互惠是社会关系主体间的"服务与回报"。

摩尔姆认为互惠的价值有两种:一种具有工具性价值(instrumental value),另一种具有社交性价值(communicative value)(Molm et al.,2001)。工具性价值指交换中所获得的实际利益价值。社交性价值也是象征性价值(symbolic value),它包括表达性价值与互惠行为本身的特征带来的"减少不确定性的价值"(uncertainty reduction value)。曲尔指出,在资本主义转型的背景下,礼物由一种相互救济、资助(mutual aid)的实践意义渐渐演变成一种管理情感关系的象征媒介(symbolic media)(Cheal,1988:5)。孔迈隆、阎云翔等在分析礼物时,指出婚姻资助理论(marriage endowment theory)可以解释父母用彩礼与嫁妆来资助新婚夫妇(Myron,1976:177;Chen,1985:127;阎云翔,2000:192),仪式性宴请中的礼物也像彩礼一样有资助功能。尽管相互救济、资助的礼物可以是一种工具性礼物,但资助的功能比工具性更为具体,本书将其称为资助型互惠[1],指仪式化礼物链条中的请客-送礼。资

---

[1] Crow 等学者在区别强制性团结社区与有社区感的社区时,指出有社区感的社区也有不得已的因素。社区的存在就是他们不得已而为之的。社区中的人们通常为许多不同的规则所牵制,包括由贫穷带出的互惠性资助(reciprocal aid)。本书研究的资助有与之类似的功能,但是本书不像前者一样强调资助类型,而是强调互惠类型。参见 Crow, Graham et al.,"Neither Busybodies nor Nobodies: Managing Proximity and Distance in Neighbourly Relations." *Sociology*, 2002, 36 (1): 127-145。

助型互惠的资助载体有两种：一种是劳动力的资助，另一种是礼物的资助。礼物的资助又分为两种，一种是物品的资助，另一种是货币的资助。请客－送礼本身是一种请客者与送礼者间的互惠，送礼者的礼金能资助请客者，为他抵挡一部分开支。本书在研究去资助化的去制度化过程时，分析了劳动资助型互惠的减少、物品资助向货币资助的转化，以及货币资助型互惠的消退。无论何种资助，总体而言，西村的资助型互惠在消退。曲尔所讲的管理情感关系的符号即摩尔姆论述的具有社交性价值的互惠，本书将这种互惠视为关系延续型互惠，用以指代仪式化礼物链条中请客－回礼、送礼－回礼的部分，这部分主要用以维持与再生产关系。

在仪式化礼物中，具有资助型互惠与关系延续型互惠的称为双重互惠，即请客收礼部分；只具有关系延续型互惠的称为单重互惠，即请客不收礼部分。双重互惠单重化指资助型互惠和关系延续型互惠向关系延续型互惠的转变。双重互惠的有限化指仍然存在部分双重互惠，即核心亲戚与核心好友间仍然存在部分收礼。双重互惠的简化涵盖了单重化与有限化。简化意味着资助型互惠缩小或者消退，也意味着互惠环节与人情结算环节的简化，以及负担承受者的减少。

（三）制度、非正式制度、制度化、去制度化、制度确认、制度遗留、再制度化

关于制度的定义，最经典的论述当是诺斯（D. C. North）将其定义为"人为设定的用以塑造人类互动的约束"（North, 1990）。制度是社会规则，既包括正式规则（如宪法、法律、国际规则），又包括非正式规则（如规范、禁忌、习俗），即有正式制度与非正式制度两种（唐世平，2016）。本书分析的

仪式性礼物交换中的互惠制度是一种非正式制度。

制度化是指以正式的规章、法律、非正式的习俗和礼仪为基础的、社会互动的稳定模式的发展（中国社会科学院文献情报中心、重庆出版社，1988：1194）。制度化使社会行为可以预测，它按诸如父母、雇员、牧师等特定的社会角色为即将发生的合法行为赋予定义。朱克（Zucker，1977，1983）分析了制度化过程，指出习性、组织创造的历史与传统等要素使得制度化行为能获得类似于规则的地位，这些地位是高度持续的，它们使得制度不易发生变化。斯科特（Richard W. Scott）认为制度化活动的持续性扎根于定义事情是什么的方法以及定义事情被做成的方法（Scott，1987：496）。

去制度化是奥利弗（Oliver，1992）提出的，指为制度的消退或者不持续提供合法性过程。去制度化指涉了权威的丧失或者去合法性，以及合法性的消解。去制度化通常发生在某种组织行为中。在组织中，当以往合法性的或者理所当然的组织行为无法再生时，去制度化是可能的。在具体条件下，组织行为与变化无法由意义范围或价值范围内的社会同意解释，也无法遵从制度压力，但组织又无法接受曾经合法化的共享规则，以往的制度便不再具有持续性。本书关注的互惠制度存在于村落地方社会中。

制度确认是指确认制度的合法性。本书将政府行为从外部强化"不收礼"的过程视为建立"不收礼"的合法性过程，这个过程也是"不收礼"制度的确认过程。

制度遗留是指制度仍然被部分保留。本书借鉴古尔德纳分析互惠遗留（survival）（古尔德纳，2008：344）于现代社会的说法，将资助型互惠仍然遗留在部分关系圈中称为制度遗留。

再制度化由德尔布里奇等提出，指去制度化引发的制度变迁为新的结构或者实践制造了制度同型的压力，推进了新制度再合法化的过程（Delbridge and Edwards, 2002）。换句话说，再制度化指在旧制度消退之后，人们渐渐采纳了新制度，并为新制度建立了合法性。

（四）社会声望、声望补偿、声望确认、声望获得与声望单位

有关社会声望的最早论述始于韦伯在其《阶级、地位和政党》中指出的社会分层的三个标准，即阶级、地位和政党。其中，阶级对应财富，政党对应权力，而地位则对应声望。地位群体的行动建立在对事物的价值判断与信仰的基础上。获得社会声望即能从他人那里获得良好的评价和社会认可（斯科特，2013）。社会声望是动态变化的，人们所获得的社会声望随着个人流动的社会位置、个人的影响力而发生变化。

补偿指个体借助其他领域的成功，来弥补自身在某一方面的心理劣势感的一种行为（compensatory）（Adler, 1917）。本书借助补偿的概念，将在村庄的社会流动过程中，过去社会地位曾经低下者在崛起后通过一系列行动建构自己的声望，以补偿过去因较低社会地位遭遇的行为称为声望补偿[①]。

对权威的认可行径是一种确认（reconaissance）（莫斯，2005：73）。本书借助确认的概念，将村庄中社会地位本来较高者通过一系列行动建构声望的行为称为社会声望确认。

[①] 声望补偿即社会声望补偿。为了使文字更简洁，本书有时将社会声望补偿、社会声望确认、社会声望获得简化为声望补偿、声望确认、声望获得。

人们在社会流动过程中能获得（attainment）资源（张宛丽，1996；李春玲，2006）。本书借助获得的概念，将村庄中尚未崛起者获得社会流动机会后建构自己声望的行为称为社会声望获得。

声望单位是获得声望的主体。获得声望的主体来源较广，可以是个人，也可以是小范围的家庭、宗族，亦可以是村庄、县城、市、省甚至国家等更大的范围。在熟人社会，仪式性宴请者获得声望的主体以家庭为主，声望单位是家庭；而在陌生人社会，声望单位可以是个人，也可以是家庭。

（五）流动、人口流动、地理流动、社会流动与教育流动

流动（mobility）是指发生位移，即位置的移动。流动有不同的类型，如社会流动、地理流动、教育流动等。

人口流动是指人在空间位置上的位移，也可以称为人的地理流动。本书研究的地理流动指流出原属自然村。

社会流动指个人在社会结构中所占的地位及位置的变化，这种变化可能是个人或群体从一个阶级或阶层转入另一个阶级或阶层的变化，也可能是阶级或阶层内部的位移带来的个人位置变化（达维久克，1988：203~206）。社会流动有向上的社会流动与向下的社会流动；有横向的阶层内部流动，也有纵向的不同阶层间的流动。研究社会分层、市场转型的社会学学者非常关注社会流动。本书不专门研究社会流动，而是研究已获得或者未获得社会流动的人们是如何表达自己的地位或阶层状况的。

教育流动是指学历上的上升。通过使人进入获得学历的门槛，教育流动具有社会流动的隐喻性。发生地理流动与教育流动并不意味着一定能实现向上的社会流动，但是人们仍然注重

通过地理流动与教育流动来获得向上流动的机会。

（六）地位、地位群体、身份群体

地位是指人们在社会关系中的位置。地位群体的英文是status groups，韦伯（Weber，1978：305-306）将其定义为被赋予特殊社会尊重的人，这些人也可能造成地位垄断。地位群体会形成自己的生活风格，他们会经历正式的教育，会受到经验训练，接受合理教育，具有出身威望或职业威望。地位群体可能建立在阶级地位之上。李强认为，地位群体即处在社会结构特定位置上的一群人（李强，2009）。地位群体处在社会结构的某一特定位置上，在这一特定位置上，他们具有"同一性"。倘若换一种角度，换一种特定的位置，人群又会有不同的组合。身份群体是地位群体的一种，阎云翔强调身份群体受国家的影响，他以官方分配体制中资源与机会的获取能力为据，区分了干部、四属户、普通村民及"四类分子"四种身份群体（阎云翔，2000：33）。本书分析了"四类分子"这种身份群体。

（七）市场化、市场替代、购买能力

市场化是指社会再生产过程中的各种经济活动，特别是资源配置向以市场作为基本联结方式发展与转化的过程（毛立言，2005：935）。市场化为人们完成社会再生产的活动提供市场化的方式，以替代以往非市场化的方式。这种市场化的后果，本书称为市场替代，即以市场化的方式替代非市场化的方式。在仪式性宴请中，邻居相互帮忙举办仪式是非市场化方式，而转向酒店购买餐饮服务就是市场替代。本书将市场化、市场替代视为互惠去制度化的外在影响因素。购买能力是指人

们向市场购买商品或服务的能力。

(八) 道义性、道义重构

斯科特在《农民的道义经济》中指出，农民为了降低社会分配风险、获取生存保障而服从于地主，地主则在歉收或出现风险行为时救济或救助农民（斯科特，2013）。黄宗智亦分析了农村经济中基于生存理性而存在的小农道义行为（黄宗智，1989）。在仪式性礼物交换中，礼金具有资助的道义性，可以帮助宴请者降低宴请成本。在请客收礼的过程中，仪式性礼物交换的道义性基于差序性关系而存在，而在部分收礼中，收礼者通过保持部分收礼来降低宴请支出成本。部分收礼的范围只在核心亲属关系及青年好友间，在这个层面，获得道义的关系网缩小了，礼物的道义边界被重构了。

(九) 合法性

合法性有广义与狭义之分。广义的合法性主要用于讨论事实合乎规范，某种价值被认可或者某种社会事实被承认，是社会秩序、规范、规范系统的合法性；狭义的合法性则指国家统治的合法性（高丙中，2000）。韦伯将合法性定义为合乎某种政治秩序（Weber，1968：36）。哈贝马斯将合法性定义为政治秩序中某种价值被时代认可或者某种社会事实被时代承认（哈贝马斯，2003：684~685）。在讨论政府力量如何推广了"不收礼"这一新互惠制度时，本书强调的是狭义的合法性，即"不收礼"具有合乎国家与地方政府统治的合法性。

二 理论框架：多重制度过程中的非正式制度变迁

在上述互惠及其变迁研究述评的基础上，本书试图从非正式制度变迁的角度讨论农村仪式性礼物交换中的互惠变迁。本书研究的非正式制度变迁经历了多种制度化过程：第一种是制度化过程，强调制度的延续与发展；第二种是去制度化过程，强调制度的不持续与消退；第三种是制度确认过程，强调对新制度的确认过程；第四种是制度遗留过程，强调制度筛选者的筛选过程。去制度化、制度确认及制度遗留三个过程的总和即再制度化过程，强调新制度的合法化。

首先，本文用制度化理论介绍互惠制度变迁之前的状态。在分析互惠再制度化过程之前，介绍新中国成立至20世纪末双重互惠的制度化过程。

新中国成立前，在仪式性宴请中进行礼物交换一直是西村的互惠规则。甚至在集体化时期（1949～1978年），这种互惠规则也隐蔽地保留着。集体化时期，国家开展了社会主义运动，对地方社会实行运动式治理，禁止村民举办仪式性宴请。社会运动是一种普遍主义化的实践（Vogel，1965），但普遍主义的改造无法消除特殊主义的关系文化的作用，因为特殊主义的关系文化在短缺时代，构成了一种相互帮助的社会资本。所以，在禁止摆酒的情况下，村民偷偷摆酒。然而，由于粮食短缺，村民需要相互帮助，赴宴者所送的礼物具有资助性质。可见，集体化时期的宴请者依赖礼物的资助功能与宴请的关系延续功能，坚持宴请的人保持着对仪式性宴请的功能依赖。此时，仪式性宴请中的双重互惠制度隐蔽地存在着。改革开放后，国家在仪式性宴请中实行"退出式治理"策略，不再干预宴请中的礼物交换。在家庭联产承包责任制下，村民在生产上的资助型互惠扩张了。村民在生产中存在功能上的相互依赖性，因此，从情感上维系这种关系就显得更为重要。而礼物交换就具有维系这种关系的作用，因此，仪式性宴请中的关系延续功能扩张了。因为它既是营造和再生产社会资本的方式，也体现出既有的社会资本的功能。在这一阶段，仪式性宴请中的双重互惠制度呈现扩张状态。可见，集体化时期至20世纪90年代，双重互惠制度持续并扩张着。

其次，本书的重点在于运用再制度化理论剖析互惠变迁之后的过程。在双重互惠制度持续并扩张的过程中，礼物逐渐货币化为礼金，且礼金的标准逐渐升高，宴请名目亦增多，人们感受到送礼金的压力，礼金渐渐成为经济负担。2000年以后，西村的资助型互惠开始消退，互惠制度开始出现危机。互惠经历了再制度化的变迁过程。下文将用奥利弗（Oliver，1992）及德尔布里奇等（Delbridge and Edwards，2002）的制度变迁理论，呈现这一过程（见图1-1）。

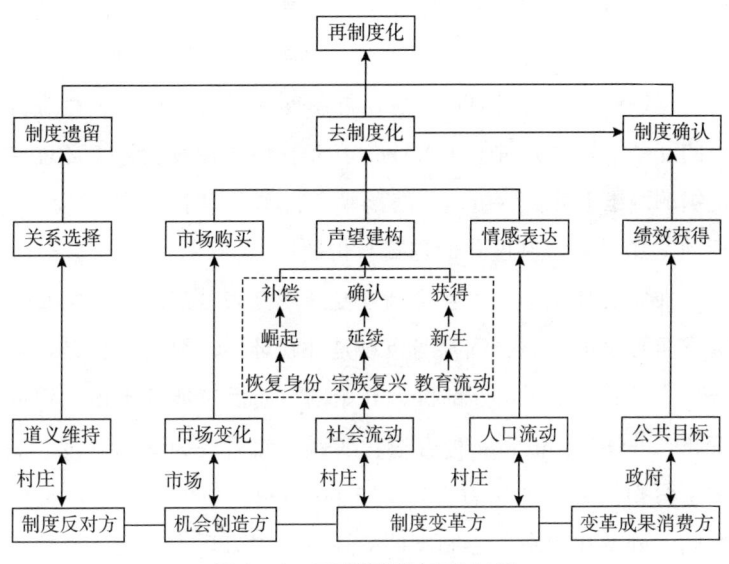

图1-1 互惠的再制度化过程

从制度变迁的过程角度看，再制度化是本书呈现互惠制度变迁过程的理论框架。以往的制度化理论只看到了制度的延续，没有看到制度的变迁与再变迁。再制度化包括去制度化、制度遗留及制度确认三个过程。奥利弗将去制度化定义为制度消退或者不持续具备合法性（Oliver，1992）。西村"不收礼"的产生及资助型互惠的消退就是一个去制度化的过程，在这一过程中，主体意识发生了变化。然而，仍然有部分人没有接受新的意识，他们通过选择部分制度的方式遗留了部分制度，这个过程即制度遗留。西村资助型互惠在消退的过程中，还遗留了部分在核心礼物关系圈内。部分村民仍然会收核心关系圈的礼金，即"收部分礼"。德尔布里奇等指出，去制度化之后还有新制度的确认过程（Delbridge and Edwards，2002）。尽管仍然有制度遗留，但政府借助媒体将西县树立为"不收礼"的典型，为新制度制造了合法性。在人们的意识表达与榜样的推广中，"不收礼"已然被确认为新的规则。在去制度化、制度遗留及制度确认的过程中，请客"不收礼"已然再制度化了。

从制度变迁机制的角度看，再制度化是宏观环境－微观行动的互动结果。奥利弗（Oliver，1992）将去制度化置于环境－组织的两维中分析，组织最终落脚在行动，本书则在"环境－行动"中呈现再制度化的逻辑与机制。

在宏观环境层面，互惠制度变迁受到来自国家、市场及社会三重环境的影响，国家与市场是外在环境，村落社会是内在环境。去制度化是从外部压力开始的，而后则涉及主体意识的变化，并逐步扩散为一种普遍化实践，然后成为新的制度。制度遗留则受到惯性压力（inertial pressure）（Oliver，1992）的影响。外部压力在互惠制度的变迁过程中表现为市场环境的变化。改革开放后，西村人的收入水平不断提高，购买力不断提升，村内的市场化程度不断加深。市场可以提供关系网的替代功能，社会关系网的资助功能减弱。市场变化是外在影响因素。主体意识的变化则源于村落社会的内在机制，表现为村落的社会流动与人口流动。社会流动与人口流动为村民表达流动价值与流动情感提供了动力。普遍化实践则源于国家的政策要求，国家出台了一系列与廉政治理、党风建设、精神文明建设有关的政策，"不收礼"与国家的公共目标相吻合。惯性压力使村落仍然维持着对弱者资助的道义性。尽管村落的竞争性在增强，但是村落不会对给予弱者资助进行声誉惩罚。可见，市场变化、社会流动、人口流动、国家的公共目标、社区性的维持（道义维系）是影响再制度化的宏观机制。

在微观行动层面，行动者在环境因素的作用下做出了选择市场、建构声望、表达情感、报道宣传及选择关系的具体行动。在村庄的市场化程度加深后，宴请中村民帮忙出力的功能渐渐被市场替代。宴请者选择了以向市场购买服务的方式举办仪式性宴请。在社会流动与人口流动的过程中，村民选择了以消退资助型互惠的方式来建构社会声望。去资助化的宴请直接诱发了去制度化的变化。在社会流动过程中，宴请者的地位结构发生了变化，恢复身份的人率先通过"不收礼"的宴请方式来补偿声望，由此打开了互惠制度变迁的缺口。在缺口打开以后，不收礼的符号功能渐显，可以成为建构声誉的手段。在宗族中延续权力的精英利用这种"不收礼"的宴请来确认声望。宗族精英的行为是缺口打开以后的第一个连锁反应，其行为具有引领作用。第二个连锁反应源于获得教育流动资源的人们，他们通过"不收礼"的宴请来表达对流动资源的获得，获得新的声望。第三个连锁反应源于频繁流入或流出村庄的人们，他们通过"不收礼"的宴请来表达对村庄爱恨交织的情感，同时获得一定的声望。地方政府看重新出现的"不收礼"

习俗吻合国家的公共目标，在肯定自身治理绩效的过程中大力推广这一新规则，为"不收礼"建立了官方合法性。可见，市场购买、声望建构、情感表达、关系选择及绩效获得成为再制度化的行动逻辑。在这些过程中，村民"不收礼"的意识渐渐形成。在"不收礼"之后，经济能力较弱的人们依然保留着资助型互惠，只是他们更多的是选择从核心关系圈中获得道义性资助。

在上述宏观环境与微观行动的互动过程中，再制度化过程印证了影响去制度化、制度遗留、制度确认的四类行动主体。德尔布里奇等指出，去制度化与再制度化的过程受到制度变革者、机会创造者、制度筛选者及变革成果的消费者四类行动主体的影响。在双重互惠单重化与有限化的过程中，也有制度变革者、机会创造者及变革成果的消费者，但是制度筛选者并没有完全反对新制度，而是对制度进行了筛选，本书称之为制度筛选者。市场是机会创造者，村民购买能力的提高，村庄市场化程度的加深，为宴请者选择以市场承包的方式举办仪式性宴请提供了条件，为宴请不需要村民资助创造了机会；村庄是制度变革者，也是制度筛选者。村庄中制度变革者的影响力大于制度反对者，地位提升的身份群体、宗族精英、升学者及地理流动者是村庄中的制度变革者，他们先后成为打开"不收礼"的符号功能缺口、引领"不收礼"的声望建构方式、扩散"不收礼"的宴请方式的实践者。在变迁过程中，宗族精英、升学者与地理流动者推动"不收礼"发生了三次连锁反应。政府则是变革成果的消费者，他们在推广"不收礼"新规则的过程中强调自身的治理绩效。经济能力较弱的人及希望通过礼金来维持关系的人则是制度筛选者。他们保留着部分资助型互惠，使得部分旧规则仍然遗留在村庄中。

由此可见，双重互惠单重化的去制度化过程、双重互惠有限化的制度遗留过程、政府的制度确认过程成为西村请客"不收礼"再制度化的三个过程。

第三节 研究方法与田野概况

一 研究方法

（一）田野调查

为了研究礼物交换的变迁过程，我进行了三个阶段的调研。

第一个阶段是试探性调研，我于2014年6月18日至10月4日，主要通过参与观察、深入访谈、文献搜集、电话交流等方法在西县范围内开展调查。共参与观察了8次宴席，包括1次寿宴、1次周情宴、3次娶妻宴、2次嫁女宴、1次新生儿洗澡宴。对5名公务员、4名事业单位人员、1名国有企业员工、1名农民进行了深度访谈。文献搜集主要涉及两部分内容：一部分是政策文件，主要来源于村委会与县政府，特别关注发展规划、经济发展及与作风建设相关的政策文件；另一部分是县人民政府官方网站上公布的数据资料，关注县域经济状况。这次调研的目的在于澄清请客收礼及不收礼的事实。此次调研发现，请客不收礼的现象确实存在，但不收礼的范围是不确定的、浮动的、有选择的，由此得出结论：收礼圈在缩小。

第二个阶段是2014年12月4日至2015年3月21日、2015年4月11日至9月10日、2015年10月25日至12月2

日，我在西村进行了为期10个月的田野调查。选择田野研究的目的在于了解为何"不收礼"现象会出现，收礼圈为何会缩小；收礼圈缩小后，共同体内部人与人之间的关系到底发生了何种变化。基于这一目的，我将西村选择为田野点。为何选择西村？原因有三。第一是选择一个既有集市，但又不是完全市场化，而是传统文化有一定保留的村落，有利于分析市场及传统文化对于民俗的影响。西村既有自己的集市，又非镇行政中心，还是西县典型的宗族村落，各种祠堂建筑保留较好，民间信仰、宗族亦得到了复兴。第二是西县的村落分为上水片与下水片。我的家乡位于上水片，为了能选择一个有异文化感的村庄，我选择了下水片的村庄。西村就是下水片的村庄。第三，尽管西村有60%的人在外流动，但西村下辖四个行政村，具有一定的人口规模。

通过朋友介绍和一位驻村干部的引荐，我进入西村做调研。2014年12月4日至2015年1月27日，我主要在西市访谈在那里生活的西村人；2015年2月2日至2015年3月21日，我入驻西村，参与观察并深入访谈小组组长，了解西村的基本情况，并参与观察西村春节期间至春分祭祖时期的宗族与民间信仰活动，了解村庄的文化生活；2015年4月11日至6月14日及2015年7月8日至9月10日，在西村进行田野调查，主要参与各类红白喜事，并与相关人物交流；2015年6月18日至7月6日，关注流动的西村人，对广州的西村人进行田野调查；2015年10月25日至12月2日继续在西村进行田野调查，主要关注几个关键报道人的日常生活与关系网络。其中，共被请去田野点参加4次丧礼、1次婚礼、1次乔迁宴、1次满月酒、1次小孩汤饼宴、1次10岁生日宴、1次60岁寿宴及1次升学宴。

第三个阶段是2017年8月2日至2017年8月15日，我重回西村，参与了1次婚礼。

基于上述调研，我共收集到19份礼单及请客名单，记录田野笔记27万余字。

由于我选择的是家乡的县城做研究，虽然做田野的村落并不是我家乡所在村，但是与费孝通的江村研究一样，都属于家乡研究。家乡研究有通语言的优势，但也有"文化约束"的问题。因为与田野对象共享一种文化规范，我反而需要遵从当地的一些习俗，所以在一定程度上影响了研究的进行。家乡研究其实是一个突破自我的过程，但我在突破过程中却遇到了许多需要反思的方法问题，比如上祠的宗族活动禁忌女性、外姓参加，我最后也没能参加上祠的宗族活动。但是，我参加了下祠的宗族活动，如春分祭祖。理事长为了让我参加下祠的扫墓等祭祖活动，让我跟参与人员说自己也是同宗，也是邓姓成员。我虽然采纳了他的建议，但觉得这种方法仍然不太恰当。作为参与丧礼送旌①活动的唯一一位女性，我怀疑自己对村庄"男性送旌"的规范产生了影响。作为共享规则的本县人，我深知作为调查者的自己打破了许多应当遵循的本地文化规则，因此需要在此作一番交代。

另外，在田野中与田野对象聊天时，我会与田野对象聊"谁家最早开始不收礼"，人们的回答主要有三种：第一种回答说不知道，这种占多数；第二种回答是自己家，这种也占多数；第三种回答是自己认为的那家，这种回答较少。对于到底谁家率先"不收礼"，他们或者以为是自己家，或者认为不知道。为

---

① "旌"亦称铭旌，好比是死者进入阴间的"介绍信"。旌一般用布做成，上书死者官衔、功名、姓名、年龄等。

此，在调研中，我将发生宴请的时间进行了排序，基于人们对于"不收礼"的认知情况，将西村不收礼分为零散化（提供缺口）、打破（引领）、普遍化（两个连锁反应）三个阶段。

（二）个案研究：典型性及其代表性

本书属于单个案田野调查。个案研究的优势在于它灵活，透过个案研究，能对事物了解得更深入、详细、全面，也更能把握事物的细节和复杂性（王宁，2007）。但是，个案研究面临典型性与代表性的问题。

第一，在典型性上，本书分析的是宴请不收礼的个案，这种宴请不收礼与中国人日常生活中普遍存在的收礼不同，具有特殊性。中国社会中存在一种赴宴送礼金、主人收礼金的随礼规则，礼金具有抵消开支的资助功能。因此，随礼中的资助型互惠与关系延续型互惠是一种普遍的互惠制度。然而，在本书研究的"不收礼"中，双重互惠制度发生了单重化与有限化的变化，这种变化具有典型性。以往的文献更多的是对"收礼"的研究，较少关注"不收礼"。因此，对这一典型个案的研究具有典型性。

第二，个案研究还涉及个案的代表性问题（王宁，2002，2007；卢晖临、李雪，2007；王富伟，2012；翟学伟，2014）。个案研究中的个案并不追求定量研究中对样本要求的"总体代表性"（样本能代表总体），而是追求结论的外推与扩大化（王宁，2002，2007），追求知识的增长（王富伟，2012），追求"类型代表性"（王宁，2007）。本书研究的个案亦是如此。

首先，从经验类型上来看，西村"请客不收礼"代表了"不收礼"的类型。西县及西村的"不收礼"不是唯一的现象。我对不同县的人进行访谈，了解到中国存在多种"请客不收礼"。一是普遍不收礼金，如广东广州和顺德、西省西县、湖南双凤乡和九龙乡、福建莆田和明溪城关乡等地都具有普遍不收礼金的现象；二是部分不收礼金，如浙江缙云斜陵村寿宴不收礼金，广东普宁沙溪房族间不收礼金、潮州惠来县迁居深圳的富人间不收礼金；三是个别不收礼金，如广东潮安富人回乡宴请时不收礼金，陕西西安岐山县及凤翔县收馒头不收礼金。由此可见，"不收礼"是礼物交换的一种类型。

其次，从经验意义上来看，研究请客不收礼的个案可以拓展对中国礼物交换的认识。费孝通很强调从个案研究中寻找中国经验。江村经济是他的一个研究起点，基于这个起点，他了解到中国农村的基本问题在于农民的收入降低到不足以维持最低生活水平所需的程度，即人民的饥饿问题（费孝通，2001：236）。在这个基础上，费孝通（2006）对云南三村展开调查，寻找丰裕中国问题的新经验。与费孝通一样，本书旨在寻找并丰富中国的礼物交换经验。随礼是与中国人日常生活息息相关的现实问题。贺雪峰（2011）曾指出中国的随礼与人情交换在异化，本书所呈现的是随礼没有异化，而是在简化。我也可以同费孝通一样，在以后的研究中探索新的个案，同时与本书的个案进行比较，归纳理想类型。

再次，从理论视角上来说，从非正式制度变迁的角度分析礼物与互惠变迁，可以丰富礼物与互惠研究的理论视野。在分析中国的礼物变迁时，贺雪峰（2011）从村庄共同体的性质的角度分析礼物交换规则的稳定化。他认为，南方宗族村庄可以通过公共规范约束人们的礼物交换行为，使得礼物交换不会异化，但他却假设南方团结村庄的公共规范是不变的。本书研究分析的也是南方宗族村庄，但是村庄的随礼规则却在发生变化。可见，不能继续从村庄结构的角度研究礼物交换。而本书从非正式制度变迁的角度来分析，可以拓展礼物与互惠研究的理论视野。

最后，从理论意义上来说，研究"请客不收礼"能丰富互惠制度理论，产生新知识。国外关于互惠制度的研究没有区分出资助型互惠与关系延续型互惠，中国宴请随礼（金）的规矩使得中国存在与西方不同的双重互惠制度，这本身可以丰富互惠制度理论。本书的重点不仅在于分析双重互惠制度，还在于分析双重互惠制度的变化，即双重互惠的单重化与有限化，这就更能丰富互惠制度的研究。不仅如此，双重互惠制度的变迁具有外推效应。本书所分析的是资助型互惠消退，关系延续型互惠持续。广东顺德等地的普遍不收礼个案，也是资助型互惠的消退，关系延续型互惠的扩张。但是，与本书的个案变化发生于2000年以后不同，顺德的"不收礼"在改革开放之初就发生了。因此，在外推时还需要结合背景差异与新增变量。此外，双重互惠制度也可以用来讨论"收礼"且礼金标准逐渐升高的个案。这些地方其实是资助型互惠扩张，关系延续型互惠也在扩张。对于迁居城市的人而言，在城市中办仪式性宴请，可能会缩小宴请范围，相较于其原乡地，其收礼金的范围亦在缩小，资助型互惠及关系延续型互惠可能都在消退。对于这些地方，也可以从非正式制度变迁的角度入手，分析双重互惠制度的变化。

二　田野概况

（一）西县概况

西县地处江西省东南部，东邻福建省，是江西进入闽西粤东必经之地。西县是一个典型的东南丘陵低山地区，地貌呈现

"八山半水一分田，半分道路与庄园"的特征。县域总面积1581.53平方公里。其中，山地面积2111347亩，约占总面积的89%；耕地面积192646亩，约占总面积的10%；水面面积57794亩，约占总面积的3%；道路、城镇、村落、厂矿面积237230亩，约占总面积的10%。①西县在市域范围内是一个人口小县。据2010年第六次全国人口普查可知，县内常住人口为278246人，仅占所在市人口的3.32%，在市辖18个县市区中排名倒数第五；人口密度为175.82人/平方公里，排名倒数第八。县内常住人口中，男性为143821人，占总人口的51.69%；女性为134425人，占总人口的48.31%。常住人口中，城镇人口85692人，占总人口的30.80%；居住在乡村的人口192554人，占总人口69.20%。②目前，西县辖5镇5乡。

西县经济发展情况与全国省市存在较大差距，特别是工业经济发展落后，整体经济发展层次较低。与全国省市经济发展相比较，第一，西县经济总量小。2012年，西县GDP为31.06亿元，占全国GDP的0.006%，比人口所占比重低0.018个百分点，仅达到人口所占比重的25%；占全省GDP的0.2%，比人口所占比重低0.5个百分点，仅达到人口所占比重的28.6%；占全市GDP的2.1%，比人口所占比重低1.3个百分点，仅达到人口所占比重的61.8%。与全国、全省、全市对比，西县经济总量明显偏小，尤其是占全国和全省的比重远低于人口占比。第二，西县第二产业比重相对较低。2012年，西县三次产业结构为33.6∶29.8∶36.6，第二产业比重分

---

① 参考县委宣传部《西县概况》（2019年版），西县人民政府官方网站资料，2019年5月22日。
② 《西县2010年第六次人口普查主要数据公报》，西县人民政府网，2012年3月2日。

别比全国、全省、全市低15.5个、24个和16.4个百分点。第三，西县工业化和城镇化水平相对较低，工业仍然以小微企业和个体作坊式工业为主。2012年，西县工业化率（工业增加值占GDP的比重）为22.1%，仅为全国平均水平的57.4%、全省的48.9%、全市的55.3%；西县城镇化率（城镇常住人口占总常住人口的比重）为31.8%，仅为全国平均水平的62.0%、全省的66.9%、全市的77.2%。在全国省市都已进入半工业化阶段时，西县刚进入工业化初期阶段。[①] 2011年以来，县内致力于以三个工业园为龙头，重点发展环保设备制造、矿产品深加工、食品加工三大产业。其中摇床设备制造厂是主要的企业类型，但多以私人家庭作坊为主，因利润较高，企业主收入颇高。县内农业以白莲、烟叶种植为主，北部乡镇为重点种植区域。农民主要以种植白莲、烟叶创收。近年来，县城大力发展生态旅游与红色旅游，具体以县城南部区域为主。

西县外出工作人员较多，其职业类型有以下几种。一是生产线工人。西县大多数外出打工者集中于东莞、北京、温州、揭阳等地，主要在鞋业及纺织业企业中务工。特别是在东莞厚街镇，西县人具有规模效应，该区域内甚至有许多地道的西县特色餐馆。西县人在北京主要做调料生意。二是从事房地产行业。西县所在市内房地产开发商中，西县人所占比例较高。市内最早的房地产开发商便是西县人。此外，西县人还在温州、云南、湖南等地从事房地产行业。三是小企业主。西县人在东莞、广州、温州等地开设小企业，如东莞的鞋业加工企业、广

[①] 《西县2012年国民经济和社会发展统计公报》，西县人民政府网，2013年6月5日。

州的纺织品加工企业及温州的小商品批发销售店。

西县多低山，交通向来不便。2010年以前，县内仅有2004年建成通车的G206国道。2010年G72高速横穿县内东西两轴及G35高速纵贯县城南北后，县内交通便利程度才有所提高。目前，县内仍未设置火车站。相较于市域其他县，西县交通相对封闭。

（二）西村概况

西村，位于西县南部，隶属西镇，地处该镇西部，距县城30公里，车程40分钟，206国道穿村而过。西村在新中国成立前为乡，即西乡，新中国成立后撤乡，原西乡所在地被政府称为西村片区，包括四个行政村。西村有广义与狭义之分，广义的西村指该村村民仍然将西村的范围定格于原西乡的地理范围，其主要包括小西村、南村、北村、东村四个行政村（见图1-2），即西村片区。西村片区整体长大于宽，呈现椭圆形姿态，是典型的丘陵地形。至2012年年底，小西村辖14个村民小组，共486户、2160人，耕地面积1440亩；南村辖16个村民小组，共866户、3006人，耕地面积1525亩；北村辖13个村民小组，共537户、2560人，耕地面积1451亩；东村辖11个村民小组，共368户、1350人，耕地面积1168亩。西村外出人口较多，占总人数的60%。村内常住人口主要以白莲、烟叶、小米椒为重要的农民致富作物，每年每户平均种植的白莲在2亩左右，总种植面积在800亩以上，烟叶主要由神农氏种养专业合作社的成员种植，每年种植面积在150亩左右。近几年发展的小米椒、芋头种植面积也在扩大，成为该村的主要种植作物，目前该村已经形成白莲、烟叶传统作物种植和小米椒、芋头新兴作物种植四驾马车齐头并进的格局。脐橙为赣南优势农产品，在该村也有少量种植。

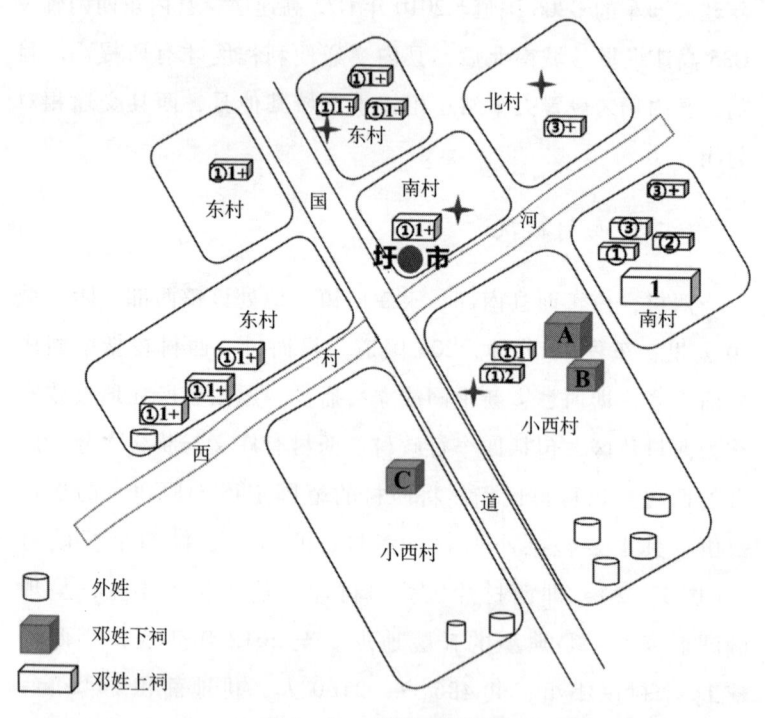

图 1-2 西村姓氏分布

村内习惯上将西村定义为自然村概念，由四个行政村组成。村内主要以邓姓为主，占 80% 之多，此外还有陈、邱、曾、黄、魏、张等姓氏。村内邓姓以祠堂为标志，划分为上祠与下祠（见图 1-2）。上祠邓姓占 80%，总祠为南阳堂（位于图中标号 1 处），供奉宗佑公；下祠邓姓占 20%，总祠为明盛堂（位于图中标号 A 处）。虽然上下两祠成员在街道两旁有杂居，但总体上各房分呈聚居状态。南阳堂宗佑公生了三个儿子，称为长房（位于图中标号①处）、中房（位于图中标号②处）、尾房（位于图中标号③处）。长房生了两个儿子，分别建有优公祠（位于图中标号①1处）、秀公祠（位于图中标号①2处）。长房优公后代人丁兴旺（其后代祠堂位于标有①1+处）；中房人丁最少，男丁仅五百余人；尾房后代建有祠堂（位于图中标有③+处）。由图1-2可见，下祠明盛堂后代部分留于村内（其中一脉后代祠堂位于B处，B的后代祠堂位于C处），其他支脉大部分则迁居外地，其范围涉及隔壁村庄、隔壁县甚至隔壁省。西村的上祠、下祠被划分为四个行政村，以西村河及国道为界，河北面国道西面及国道东北处为东村，上祠长房后嗣大部分居住于此；河北面国道以东及河东南面部分为南村，上祠长房、中房、尾房后嗣均有居住；河北面南村以东为北村，上祠尾房后嗣主要居住于此；河南面近国道两旁则为小西村，上祠长房二子后嗣及下祠后嗣主要居住于此。平日习俗活动往往分祠进行。西村的赶集日子为逢农历的双日，即逢农历二四六八赶集，年关的赶集日子从正月初四开始。西村村民的信仰以道教与佛教为主，有显应庙、江东庙、张皇庙、观音堂、罗云禅寺等寺庙。其中，显应庙内供奉华光菩萨、案神及玉皇大帝；江东庙供奉项羽、虞姬及范增；张皇庙供奉张皇；观音堂为佛教寺庙；罗云禅寺为罗祖教宣传道场。西村的有神信仰者大多是上了年纪的老人，许多西村的无神信仰者将老传统习俗以一种传承的姿态来运作，而非以信仰待之。西村的春节活动主要集中于西村显应庙及西村下祠，其中显应庙为上祠活动场所。西村逢双为圩，自清代便有圩市。西村圩市原位于老街，沿河不足百米，有单面店、合面店，且街面十分狭窄。1993年，政府组织在206国道旁边开发新街，是年秋开市。2004年新农村建设以来，西村中心的楼房建筑日益增多，街区面积不断扩大。西镇信用社、农业银行均在西村有分社。小西村、东村、南村及北村均设有村委会。

（三）田野对象的匿名化处理

最后，需要交代本书写作中涉及的田野对象匿名化处理事宜。基于学术伦理以及保护研究对象隐私的目的，本书中的市、镇、县地名及人名均为化名。部分不重要的人物，采用姓氏加××的方式代替，或者直接以姓名首字母简写形式出现。我对相应的镇志、地方性政府资料，亦做了匿名化处理。书中使用的照片场是田野点的照片，以反映田野点的真实情况。但是，在田野点照片中，我基于保护田野点的原则，运用绘图软件对涉及田野点的相关祠堂名称、酒店名称、路名等做了匿名化处理，如图3-1中的"古天""西江源"，图4-1中的"水深"二字，图5-1中右边的"公祠"二字，图6-1中的"邓"字，图6-2中的"南阳"二字，图7-1中的"西村邓"三字，都经过了处理。

第四节　篇章安排

根据前述的研究契机与理论框架，本书分为十章。各章的具体内容安排如下（见图1-3）。

第一章梳理礼物研究的相关文献，并从礼物研究中延伸出互惠研究，接着讨论互惠研究及其变迁。基于互惠持续论与互惠危机论两种解释互惠变迁的理论，剖析其研究局限，提出本书的研究契机与对话点。接着，在相关概念介绍的基础上，运用制度变迁理论勾画出本书的分析框架。而后，对本书的研究方法与田野工作情况进行交代，特别是论述了本书所选个案的代表性问题。

第二章展现双重互惠单重化、有限化之前的互惠制度。以

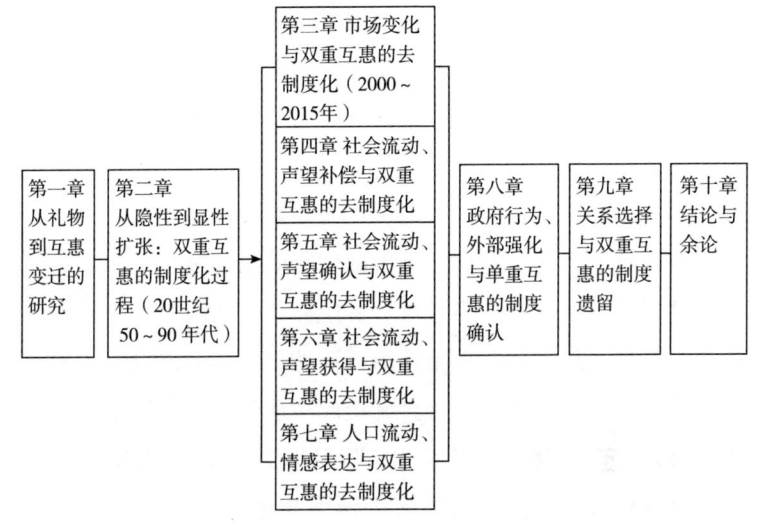

图 1-3　篇章结构安排

新中国成立后至 20 世纪末为时间段，分析从集体化时期到改革开放后西村的互惠变化。这一时期，西村经历了由物资短缺到物资扩张的变化，村民的需求亦发生了变化。然而，人们仍然通过仪式性宴请来获得资助，维持关系。双重互惠发生了由隐蔽到扩张的变化。本章将用制度化理论呈现互惠由隐蔽到扩张的宏观历史过程。

从第三章开始，我将讨论本书的重点：用再制度化理论呈现 2000 年以后双重互惠的有限化与单重化的过程与机制。互惠的再制度化包括去制度化、制度确认及制度遗留三个过程。第四章、第五章、第六章及第七章将呈现资助型互惠消退的去制度化过程。第八章将呈现政府行为从外部强化西县"不收礼"的制度确认过程。第九章将呈现资助型互惠遗留、双重互惠有限化的制度遗留过程。在去制度化、制度确认及制度遗留过程中，"不收礼"再制度化了。

第三章从市场变化的角度分析互惠的去制度化过程，初步呈现资助型互惠的消退历史。去制度化从外部条件的具备开始，市场是西村互惠去资助化的机会创造方。这一章首先将从宏观环境层面分析市场化程度的加深与收入水平的提高如何为去资助化的仪式性宴请提供条件，同时，从微观行动层面分析村庄中的礼金交换如何被异化，人们如何感知到礼金负担。在这两个背景下，初步呈现互惠去制度化的市场过程。

第四章、第五章、第六章从村庄社会流动的角度分析互惠的去制度化，从主体意识领域剖析资助型互惠的消退。去制度化源于主体意识的改变，社会流动成功地开启了去资助化的仪式性宴请。在社会流动过程中，宴请者的地位结构发生了变化。第四章讲述恢复身份的人如何率先通过"不收礼"的宴请方式来补偿声望，由此打开了互惠制度变迁的缺口。在缺口打开以后，不收礼的符号功能渐显，渐渐成为建构声誉的手段。第五章讲述延续地位的宗族精英如何利用这种"不收礼"的宴请来确认声望，引领了去资助化的仪式性宴请。宗族精英的行为是缺口打开以后的第一个连锁反应，其行为具有引领效应。第六章讲述由教育流动引发的第二个连锁反应：获得教育流动资源的人们通过"不收礼"的宴请来表达对流动资源的获得，获得新的声望。

第七章从村庄人口流动的角度分析互惠的去制度化，进一步从主体意识领域剖析了资助型互惠的消退。人口流动为村民表达流动价值与流动情感提供了动力。人口流动引发了"不收礼"的第三个连锁反应。频繁流入或流出村庄的人们通过"不收礼"及消退资助型互惠的宴请方式来表达对村庄爱恨交织的情感，同时获得一定的声望。此外，这一章还简要分析了制度的官方确认过程。

在上述过程中，村庄成为制度变革方，村民"不收礼"

意识渐渐形成。由此，互惠的去制度化过程得以呈现。

第八章从政府行为的角度讨论"不收礼"的外部强化与制度确认过程。由于"不收礼"与国家的公共目标具有高度契合性，地方政府通过肯定与推广新的"不收礼"规则，强调自身的引导与治理角色，以此来彰显自身的治理绩效。地方政府与媒体还将西县视为"不收礼"的典型代表，以树典型的方式为国家的公共目标树立榜样。榜样的树立使得"不收礼"得到了推广，新的制度得到了确认。政府在消费制度变革成果的过程中，从外部强化了"不收礼"的去制度化后果。

第九章从村民关系选择及道义维系的角度分析制度遗留过程。在去制度化的过程中，村民对资助型互惠的依赖降低，声望建构的需要增加。然而，处于核心关系圈中的人们，相互间建构声望的需求较低，以礼金表达情感、维系关系的需求更高，他们在是否收礼上徘徊。需要独立承担宴请成本的人、经济能力较弱的人与遭遇偶然事故的人成为制度筛选者。他们选择保留核心关系圈的资助型互惠。尽管村落共同体的竞争性增强，人们仍然保留着对弱者资助的道义性。在有限的资助过程中，双重制度部分遗留下来。

从第三章到第九章，经历了去制度化、制度确认及制度遗留三个过程，西村互惠再制度化了。

第十章是本书的结论与余论部分。在结论部分，我讨论了互惠制度的变迁机制、非正式制度的变化路径、村庄社会的流动性与价值表达。在余论部分，我讨论了互惠变迁机制的外推与解释、流动中的村落共同体维系要素的变化等问题。

第二章
从隐性到显性扩张：双重互惠的制度化过程（20世纪50~90年代）

本章为西村的双重互惠再制度化提供一个历时性背景，用制度化理论介绍再制度化之前（20世纪50~90年代）的双重互惠状态。在"请客不收礼"之前，西村的双重互惠经历了从隐性到显性，且显性扩张的过程。双重互惠的制度化是一个自我强化的过程：在社会主义革命和建设时期，它是隐性制度，隐藏于禁止办酒席的政策规定之下，禁止办酒席的规定成为一种软约束；改革开放后，国家退出了对仪式性宴请的干预，即退出约束，仪式性宴请及礼物交换成为显性制度，在礼物货币化背景下及功能利用过程中，甚至不断扩张。双重互惠为何隐性存在并在成为显性制度之后扩张？这与双重互惠存在三重功能有关：第一重与第二重功能是双重互惠本身即有资助功能与关系延续功能；第三重功能是仪式性宴请可以成为一种相互帮助的社会资本。集体化时期，人们依赖这三重功能；改革开放后，这三重功能在礼物货币化、生产依赖及利益需求过程中扩张了。本书将用图2-1的框架分析20世纪50~90年代的双重互惠制度化过程。

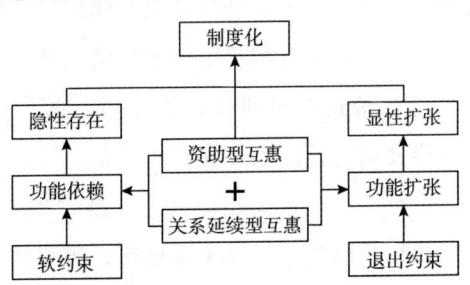

图2-1 从隐性到显性扩张：双重互惠的制度化过程

第一节　隐性存在：软约束、功能依赖与隐蔽式互惠（20 世纪 50～70 年代）

集体化时期，国家开展了"粮食节约"与"破四旧"的社会运动，对地方社会实行"运动式治理"（吴文兵，2018），禁止村民举办仪式性宴请。社会运动是一种普遍主义化的实践（Vogel，1965），但普遍主义的改造无法消除特殊主义的关系文化的作用，因为特殊主义的关系文化在短缺时代，构成了一种相互帮助的社会资本。所以，在禁止摆酒席的情况下，村民偷偷摆酒席，禁止摆酒席的正式制度成为一种软约束。然而，由于粮食短缺，村民需要相互帮助，赴宴者所送的礼物具有资助性质。可见，集体化时期的宴请者依赖礼物的资助功能与宴请的关系延续功能，坚持宴请的人保持着对仪式性宴请的功能依赖。此时，仪式性宴请中的双重互惠制度隐蔽地存在着。

一　禁止摆酒席：一场普遍主义运动

（一）禁止摆酒席：社会运动

集体化时期，国家为了推进社会主义建设，开展了一系列社会运动。禁止仪式性宴请与礼物交换被纳入社会运动实践中（吴文兵，2018）。禁止农村的仪式性宴请与两个运动紧密联系：一是节约粮食运动，国家要求节约粮食，号召农业支持工业，仪式性宴请与节约粮食是相悖的；二是"破四旧"运动，礼物交换被视为封建思想、资本主义思想，遭到禁止。

首先，仪式性宴请及礼物经济在粮食节约运动中被禁止。

1953年,《人民日报》发表了题为《为着社会主义工业化的远大目标而奋斗》的社论,社论指出要在当年最后一个季度"加紧开展增产节约运动"。

> 增产节约运动不但是解决目前的问题所必需的,而且也是今后长期建设所必需的。为要实现工业化,为要发展重工业,我们需要有不断增加的大量资金;而为要得到这个资金,我们只能从生产的增加和财政上、生产上的节约来逐渐积累。苏联社会主义工业化资金积累的经验,完全证明了这一点。(《人民日报》,1953)

国家增产节约运动的号召得到了地方政府的响应。西县也特别关注粮食节约运动,在节约粮食运动的号召中批判礼物经济,礼物经济被视为一种影响粮食节约的浪费经济。

> 节约方面主要号召农民节约不必要的开支,如迷信送礼等,争取每户节约一万元。(中共西县县委宣传部,1953)

> 党团员宣传员应带头做好增产节约……不迷信送礼……用自己的模范行动来宣传,来推动全体群众……再次,要掌握增产节约并重的原则,我们农民是有增产的打算和决心的,也有节约的优良习惯,但由于缺乏文化……有的迷信鬼神……此项迷信费用,吃起来是很大的,其他如婚丧喜庆、做寿等浪费数目也是蛮大,如只注意增产不注意节约……(西县县委宣传部,1953)

在1953年国家要求增产节约后,西县政府对做酒、请客及送礼持否定态度。礼物经济中的互惠被视为与国家粮食储备甚至国家工业化建设相违背。甚至在粮食丰产时期,也只能用少量的粮食来做小吃，而不能将其用于大规模的宴请做酒。1963年，西县县委宣传部与西县财贸办公室更是强调了禁止礼物经济与粮食经济之间的互补作用。

> 粮食是人人需要、天天需要的，节约粮食也应该是人人注意、天天注意。粮食丰收了，适当地改善一下生活是可以的，也是必要的。但是不宜过分……更不能抱着"吃了再说，用了再讲"的打算，大肆做酒、请客或搞粮食副业造成浪费。（西县县委宣传部、西县财贸办公室，1963）

在提高粮食存量的生存需求与粮食预算制度下，礼物经济因需要宴请、送礼而影响着粮食节约运动，进而成为一种浪费经济。1976年，西县农业学大寨经验交流会上，礼物经济的浪费性被反复提及。西镇公社的一个生产队代表就对不浪费行为予以了肯定。

> 我们队是个人多田少的生产队。以前……封建迷信等歪风邪气刮得很凶……去年却不一样了……生活提高了，没有出现乱盖房子、大办酒席、铺张浪费的歪风[1]。

其次，仪式性宴请与礼物交换还在"破四旧"运动中被禁止。1967年，《人民日报》刊载了一篇题为《致全国革命造反派和全体革命同志倡议书——破除旧习俗，春节不休假，展开群众性夺权斗争》的社论。

---

[1] 《西镇公社烟坊大队水口生产队学习大寨根本经验：认真办好政治夜校》，载西县农业学大寨经验交流会秘书处主编《西县农业学大寨经验交流会汇编典型材料之七》，1976年2月9日。

在《人民日报》的呼吁中，礼物交换被视为封建思想、资本主义思想，遭到禁止。西县县委宣传部亦在宣传中将礼物经济视为一种迷信。如在前引西县县委宣传部1953年的材料中，送礼就被视为一种迷信活动。在农业发展经验交流中，公社干部亦将礼物交换视为封建迷信。张汉贤在农业学大寨经验交流会结束时对此总结如下：

> 现在有些地方"三封四旧"严重，婚丧喜庆搞封建仪式，铺张浪费，搞迷信活动等①。

干部领域的礼物经济还被视为"资产阶级思想"。西县农业学大寨学习材料中就有如下论述：

> 为了抵制资产阶级思想侵蚀，掌握阶级斗争的主动权，我们支部通过学习订了三条守则：一，请客不到，送礼不要；二，红白喜事请酒，概不参加；三，捞油水的事不干，集体财物不占，软工分不捞，小便宜不贪，处处注意防微杜渐②。

可见，在"节约粮食"与"破四旧"的社会运动中，国家将仪式性宴请与礼物交换视为与节约粮食、"破四旧"对立的行为。禁止办酒席成为一种普遍的社会运动。

---

① 《紧急动员起来，以阶级斗争为纲，狠抓各项工作的落实，为夺取一九七六年更大跃进而奋斗——在全县农业学大寨经验交流大会结束时的讲话》，载西县农业学大寨经验交流会秘书处主编《西县农业学大寨经验交流会汇编》，1976年2月。

② 《中共珠坑公社良高大队支部，班子革命化，跃进步子大》，载西县农业学大寨经验交流会秘书处主编《西县农业学大寨经验交流会汇编典型材料之十》，1976年2月。

（二）"挑肉丸"：农村干部的运动实践

"禁止做酒"的号召与宣传不仅仅是"纸上谈兵"，仅存于纸质的政策文件中。在西村，村民们都分享了以往民兵连长、红卫兵跑去"做酒"人家里"挑（收缴）肉丸"的事情。南亭是西村文化名人。农业学大寨前，他在西县采茶剧团任职。农业学大寨初期，他被抽调至县"学大寨抓基层"工作队，后被分配到公社大队抓农村工作。到公社大队后，他被派驻到一个生产小队，日常工作中的一项便是监督请客办酒之事。他在自己的自传式回忆录中写道：

> 按中国人情风俗，青年结婚乃人一生中之大事，其时必要庆贺。因有亲戚朋友前来祝贺，主人必办数席酒饭予以待客。此乃数千年来人之常情。然而按当时"文革"中的规定，婚丧庆吊都不准请客办酒席，如有违反者，派民兵上门将其抄没。[①]

南亭年近79岁，据他回忆，集体化时期禁止办红白喜事宴请，各公社的民兵、各生产队的队长及工作人员负责监督事宜，特别是民兵，主要负责抄没做酒的菜品。

民兵是禁止仪式性宴请的监督者，他们会在村民办仪式性宴请时收缴食物。在被收缴的食物中，肉丸是必被收缴的食品，人们称收缴肉丸为"挑肉丸"。肉丸是西村红白喜事宴请必备的一道菜，这道菜主要由剁碎的猪肉及红薯粉以一定的比例混合而成。肉丸是西村的上乘菜品，也是逢年过节及招待贵

[①] 见邓南亭的自传《南亭回眸》中的"河田十月"一节。我于2015年12月拜访了南亭，他将尚未出版的电子稿分享给我。这段引文为自传原文。

宾的必备菜品。猪肉的占比越大,肉丸的口感越细腻。然而,因为猪肉本身紧缺,肉丸中猪肉的占比通常很小,集体化时期的肉丸通常放大量的红薯粉以产生膨胀效应。红薯粉含有大量的淀粉,具有较强的饱足感。在粮食紧缺时期,红薯是充饥的重要食品。西村人一直强调没饭吃的时候可以吃红薯渣充饥。猪肉的可贵性与红薯充饥的重要性,使得肉丸成为珍贵的菜品,仪式性宴请中的肉丸也就成为这一时期重要的食物收缴对象①。仪式性宴请最需要的就是猪肉。通常做一次酒至少需要半头猪的猪肉。猪肉是肉丸、鱼丸、棋子块(东坡肉)等重要宴席菜品的主要原料。因此,民兵和生产队队长把肉丸和猪肉用箩筐挑走,即"挑肉丸"(挑走肉丸)和"挑猪肉"(挑走猪肉),它们亦成为人们回忆集体化时期禁止做酒的俚语。

二 隐蔽式摆酒席:正式制度成为一种软约束

尽管国家及地方政府强烈要求"禁止做酒",这种规则却没有构成有效约束。禁止办酒的正式制度缺乏应有的约束力,成为一种"软约束"。在西县,各地仍然存在宴请做酒的情况。在这一时期摆酒席的人,通常不称自己摆酒席,而称"在家里做了几桌",意指请了少量的人。邓古天是1974年结婚的,他那个时候摆了酒,还收了礼金。他回忆道:"'文革'收礼收了1元礼,不能做太多桌酒席。在家里做了几桌,厅堂里打桌自己请厨师。不能做酒……收了百来块钱。那时候没有排场讲,每个人就摆几桌,也没有什么。"(20141204 - DGT - M)

---

① 此外,肉丸以个计算,既方便收缴,还可保存。蔬菜等菜品在当时不珍贵,也不易保存,更不易收缴。

为了在"禁止做酒"的规定下仍然做酒,人们会"饼饼式做酒"(偷偷摆酒)。在隐蔽式摆酒席时,各生产队及村民有不同的实践策略。

第一种策略是"藏肉丸"。莲婆说:"那个时候(队里来人的时候)社公脑姑姑家有亲戚关系,把肉丸提到她家去藏起来。"(20170808-莲婆-F)村民们会借助自己的亲属关系网,应付民兵的做酒检查。因此被民兵收缴猪肉及肉丸的情况较少。第二种策略是"请队长",即做酒的时候请生产队长坐上席。需要做酒的人家,首先便会邀请生产队长。村民们强调,请队长是一种非常重要的策略,既可以尊重他,又可以让队长护佑,不致被民兵收走肉丸。请队长有两种类型:一种是请生产大队队长及生产小队队长,另一种是只请生产小队队长。村民通常会采取第一种方法。但是,也有部分被村民称为"老实巴交"的人,不请生产大队队长,只请生产小队队长。

实际上,大部分做酒的村民会请生产大队队长,甚至大队的其他干部。这些干部在处理是否禁止做酒的事情时,或者"睁一只眼闭一只眼"去参加,或者"假装不知道"地回避。西村的南亭去农村做工作的时候,便遇到村民嫁女要不要去制止的工作困境。他在自己的回忆录中指出,自己是采取了绕道离开,假装不知道的回避办法。

然而,并非所有西村人都在"禁止做酒"的规定下依然做酒。事实上,在物资紧缺的情况下,做酒也是基于经济条件的。邓古天指出:

> 一般水平家里就会摆7~8桌或5~6桌酒,穷人家就摆2~3桌,不请客,一般是自己家里人摆,不办仪式,

不请先生选日子。穷人家里不请先生，所以一般在小年日或者花朝日。因为小年日百无禁忌。花朝日是古历二月十五、十二月二十五。届时直接把新娘接进房。富裕的人家一般是村干部或大队干部，他们的桌数更多、肉也更多，杀猪也方便。（20141204－DGT－M）

绝大多数家庭因为粮食短缺、猪肉不足，无法做酒。虽然穷人家会摆2~3桌，但这种摆酒在村民眼里并不算"请客"。那些"饼饼式"（躲藏式）做酒的家庭，主要是家中有人任公职的。有人任公职或与公职沾边（如在大队工作或家中有在上高中的学生）的家庭，家中有人吃商品粮，每月可以分配到国家的粮票与肉票，无须在生产队分粮食、猪肉。这种家庭或者会将平时的肉票积累起来，或者会通过其他方式获取肉票买肉。景昌的父亲那时候在大队里打油，自己也可以有些额外的油。景昌回忆道：

> 小时候我家里不会很苦，我父亲在大队里打油，可以说我家在洪甲楼家里的粮食不会少，还有剩，那时候有九个人吃饭，我父亲原来会做手艺，会去外面，打油的时候他不在家里吃饭，去做手艺的时候不在家里吃饭，所以他的口粮就留在家里了……再加上我读书的时候，读了三年的书，有补粮食，补了我四十五斤米一个月，吃不了那么多，那四十五斤米我五斤米就带回家，有时还能拿到六十斤米，有时候粮食剩下了我还拿去卖，卖了去县里看电影，那个时候我们高中生有证，只要5分钱。（20170803－邓景昌－M）

可见，尽管国家与地方政府三令五申，甚至专门让民兵负责监督，以禁止仪式性宴请与礼物交换，西村人却依然在摆酒。在这里，社会运动并没有普遍化，从实践效果看，它也没有成为一种普遍运动。事实上，普遍主义的改造并没有消除特殊主义文化（Vogel，1965）的作用，仪式性宴请与礼物交换的特殊主义文化依然存在。

三 生存需求、功能依赖与双重互惠的隐性制度化

为何普遍主义的社会运动没有消除特殊主义文化？为何西村人在禁止做酒的背景下依然做酒、送礼？因为特殊主义文化在短缺时代依然有效，人们依然依赖特殊的亲友关系。亲友关系可以构成一种相互帮助的社会资本。因此，在禁止做酒的情况下，村民偷偷做酒。村民们对特殊主义关系的功能性依赖，使得双重互惠制度隐性地存在着。

在田野调查中，当我问及为何国家禁止办酒席的时候村民依然要偷偷办酒席时，邓景昌指出，这是周朝以来一直存在的礼俗，凡有婚丧嫁娶必依礼表达。然而，这个解释并不充分。富裕家庭内部总能因身份而获取"公家"分配的食物，这种能获得"公家"分配食物的人享有较高的地位，会受到亲友的羡慕。莲婆解释为何做酒时说："总话（说）她教书的，是老师，他们家是有在工作的人，有食（吃）公家粮的人。"（20170808-莲婆-F）届时，普通亲友在即使送礼的情况下，依然想要与这种具有较高地位的人保持联系。

为何要与这些人联系？这种联系的目标仍然是围绕着生存需要展开的。由于村民的生存资源均是分配或按照指标获得的，这就意味着掌握分配权、了解指标信息异常重要。亲戚是掌握信息资源者告知信息的主要对象。兰姐老公的姓氏被村民

视为外姓，因为他的父亲是上门女婿，其四个儿子两个上门随邓姓、两个随外姓，村民总因其家中有外姓人而排挤他们。尽管受到排挤，兰姐老公的大哥却被分配了"赤脚医生"的指标。这是因为兰姐老公的大姐夫曾来村内驻队，将有指标一事告知了他。躲藏式宴请、送礼的主要目的在于维持亲戚关系，即维持关系延续型互惠。关系延续型互惠可以在指标分配的场合中转换成社会资本，这种社会资本的获得有利于保障基本的生存需要。通过亲戚的协助获取分配指标是那一时期村庄中的常有之事。

仪式性宴请之所以能隐性存在不仅仅是因为它可以通过关系延续型互惠获取工具性资源，更是因为宴请互惠本身具有资助性，是一种资助型互惠。邻里是主要的日常资助、帮助关系圈。通常，"有工作"的人家里，主要劳动力由国家分配粮食，没有正式工作的家人通过生产队记工分获得的粮食不多。许多有公职者的家庭，只有1~3个农业劳动力，若是只有1个全劳动力，生活便会相对紧张，因为这个劳动力还有照顾小孩的义务。邓古天是公职人员，他老婆在家照顾小孩，虽然她是全劳动力，但因她要照顾小孩，工分经常不够，因而家里粮食缺乏。这一时期，邻里成为防御生存风险的主要帮助者。邓古天说："我老婆当家时都拿不出稻谷来过年。做了一年的工分不够，还跟村里来的驻队干部吵架。后来到邻居家借了几块钱，那时候9.05元一百斤稻谷，借了几块钱，就拿了谷子。"（20141204－邓古天－M）邻里互惠的原因在于整体经济条件差，村民需要抱团取暖。邓景昌指出，"文化大革命"的时候，借钱是常有的事情，由于大家都苦，这种苦时常会威胁到生存，爆发生存危机。届时，你帮助我、我帮助你便成了防御生存风险的重要方式。他回忆道："那个时候大家都很苦，你帮一下

别人，别人也来帮一下你。"（20170803－邓景昌－M）

除了通过宴请维持关系，保证日常生活中的资助，宴请还有另一层资助，即赴宴所送的礼金亦具有资助性。邓景昌说："总家（公社）的时候是物资紧张，拿的那个钱也有点帮衬一下。'文革'的时候呢，他包几角钱，吃了他一块钱，包了五角钱，就相当于出了五角钱一样啊，就像他是亏了五角钱啊。"（20170803－邓景昌－M）五角钱在现在看来不是大礼，但在当时是一笔大的花费。这五角钱能够抵消宴请者的开支。

集体化时期，资源紧张，经济发展受限，西村处于总体性物资短缺时代，基本的粮食问题都无法得到充分的解决。从表2－1可见，土改初期，年人均口粮维持在450～470斤。"大跃进"后，年人均口粮骤减，农民的劳动日值亦有所降低。特别是1959～1961年的三年困难时期，农民年人均口粮由450～470斤减至320～340斤，农民的劳动日值为0.5～0.9元。1962～1965年，农民年人均口粮仍徘徊在330～410斤，人均收入为50～60元，农民劳动日值为0.65元。1966～1976年"文化大革命"期间，农民年人均口粮在400斤左右，人均收入为70元，农民劳动日值为0.7元。（西县西镇人民政府，1993：245～249）集体化时期，由于肉类等其他补充能量的食品缺乏，粮食是主要的能量来源。特别是村民还要从事生产劳动，对粮食的需求量大。2～3岁的小孩，每年至少需要180斤谷，而青壮年，则至少需要420斤谷。《西县粮食志》曾将年人均口粮不足360斤谷、每人每月低于30斤谷的人家称为缺粮户（西县粮食志编写组，1987：105）。可见，360斤是当时西县最低的粮食保障线。而在1959～1965年，西县年人均口粮均在最低粮食保障线上下徘徊。

表 2-1 土改初期至 1980 年西镇年人均口粮、
农民劳动日值与人均收入

时间段	年人均口粮（斤）	农民劳动日值（元）	人均收入（元）
土改初期	450~470		
1959~1961 年	320~340	0.5~0.9	41~50
1962~1965 年	330~410	0.65	50~60
1966~1976 年	400 左右	0.7	70
1977~1980 年	500 左右	0.7~0.8	41~50

资料来源：西县西镇人民政府编印《西镇镇志》，1993。

粮食短缺、收入水平低不仅塑造了稀缺的礼金，还使得宴请的食物亦具有稀缺性。亲戚们那时是乐于赴宴的，因为赴宴可以吃到平常不可多得的肉丸、鱼丸及棋块（五花肉），宴席食物可以满足味蕾的需要。这一时期，由于粮食短缺，但村民仍然要摆酒席，所以衍生了一系列约束客人吃宴席的规则。宴请的主人通常只用两斤猪肉备一桌菜，还要求前来赴宴的客人每人每餐只能吃一个肉丸、一个鱼丸、一个棋块。客人要赴宴三天，但每天只有一餐，三餐下来，也只能吃到九个这类食物。在吃菜时，还规定了每人只能夹三次菜，而且只能上一个菜吃一个菜，吃完再上下一个菜，对晚来者也不预留。由于物资短缺，那个时候的宴席蔬菜多，肉丸红薯粉多，酒也不浓厚（多水）。资源的短缺使得赴宴具有满足生存需要的功能，人们很期待在宴请中吃上一顿稍好的饭食。

由此可见，仪式性宴请与礼物交换在集体化时期依然存在，人们仍然需要借助关系延续型互惠与资助型互惠来满足基本的生存需求。与 Vogel（1965）提出的普遍主义关系（同志关系）不同，人们依然对特殊主义关系有功能依赖。这种功能依赖表现在他们可以借助关系网抵御粮食紧缺时的生存风险，获得资源分配信息与指标性的生存机遇。而仪式性宴请就是维持关系网的重要途径。因此，集体化时期，仪式性宴请中的双重互惠制度隐蔽地存在着。

第二节　显性扩张：退出约束、功能扩张与扩张式互惠（20 世纪 80～90 年代）

改革开放初期，国家退出了对仪式性宴请的干预，仪式性宴请与礼物交换对应的管理部门是"文明办"。文明办通常只是在移风易俗中倡导不大摆宴席的精神文明风气，并没有提出要禁止仪式性宴请。随着家庭联产承包责任制的实施，由于单个家庭无法完成并未高度机械化的农业生产，村民们在生产中形成了功能上的相互依赖关系。村庄的生产领域衍生出许多非正式的互惠规则，与生产相关的互惠功能得以扩张。由于村民在生产上存在相互依赖关系，因而从情感上维系这种关系就显得更为重要。礼物交换可以维系这种关系。相较于集体化时期，这一时期仪式性宴请的频率与次数都增加了，宴请的关系网扩大了，关系延续型互惠得以扩张。在礼物货币化的过程中，礼金标准提高，资助型互惠的资助程度也在增强。这一时期，双重互惠制度持续并扩张着。

一　复苏的经济与退出约束

十一届三中全会后，党的工作重点转移至经济建设上。国家退出了节约粮食运动及"破四旧"运动中对仪式性宴请与礼物交换的干预，不再对办酒席进行强约束。从 1981 年起，西村实施了家庭联产承包责任制，各生产队开始分田到户。村民们在分到田后，不再给"队里种田"，而是"私人种田"。

私人种田提高了生产的积极性。村民除了种基本的粮食作物，渐渐开始种经济作物。莲、烟等新的经济作物的种植流行起来。20世纪80年代，镇政府将白莲引入西村。据邓达喜回忆："当时百姓还不愿意种，因为担心种不成，会没有利润。所以在逼迫之下，大家都种。种了以后大家觉得效益还可以啊，显然比种水稻等划算。"（201501270902－邓达喜－M）1998年，政府引进了新的白莲品种"太空莲"，白莲的亩产量由以往的100斤提高至300斤，产值由1000元提升至3000元。

新经济作物的出现不仅改善了以往农业经济的方式，还重组了家庭内部的劳动分工。以白莲为例，白莲的种植、加工及售卖重组了整个家庭的生计分工。在白莲种植上，男性主力与女性主力、小孩、老人之间形成了明确的分工合作。男性与女性都是主力。在白莲育苗、施肥及打药时，男性与女性主力均有参与；莲子的采摘主要由男性负责；采摘莲子后的相关手工活（剥莲蓬、剥莲壳、割莲子、做莲子[①]）则主要由女性、小孩（莲子收成期恰好在小孩放暑假期间）及老人负责；晒莲子由男性与女性共同负责；卖莲子由女性负责。在重组劳动分工的过程中，家庭内部劳动力采取工资或者犒劳的市场制度，家庭外部劳动力则采取纯粹的市场工资制。在有女性、老人、小孩等劳动力的家庭，莲子的加工主要是内部消化，但是有些家庭会将白莲的收入分给小孩及老人，以激励他们参与做莲子这个过程；有些家庭则将抚养小孩与赡养老人的开支作为其参与做莲子的劳动成本。此外，在劳动力缺失的情况下，种莲子的家庭会将莲子承包给未种田的开店家庭。这些开店家庭通常是兼职做莲子，在定点性的生意之外再挣点其他收入。做莲子的单价一直在上涨，从2角一

[①] "做莲子"指剥开莲壳，把莲子外层的白色透明物处理掉。

斤"草莲"① 到5角一斤再到现在的1元一斤。通常，一个成年人一天可以做30斤草莲；小孩一天平均可以做10斤草莲。一个家庭的劳动力越多，承包的数量就越多。通常，一个家庭在暑期一个月，通过做莲子就可以有500~1000元的收入。小孩通常就是在这个时候为自己的新学期挣零花钱。

新型经济作物还刺激了新型生计模式的产生，西村出现了各类专业户。这些专业户家庭也成为村内的经济精英。由于种烟与种莲需要煤作为烤火原料，村内便兴起"做煤"，如王大民书记家。由于莲藕、莲子需要销售，村内也出现了莲藕与莲子的收购者。收购者既有女性，又有男性。收购方式有两种：一种是收购莲子成品，另一种是收购"草莲"这种半成品。村内的收购者有流动的收购者与定点的收购者两种，前者到农户家里收购，且以女性居多，后者则等农户送来销售或者向流动的收购者收购。这些新的生计模式扩大了西村人进入市场的渠道。

在非农业领域，外出谋生成为新的生计方式。20世纪80年代，西村出现了打工潮，西村人的家庭生计结构发生了变化。中老年人在家种田，青壮年则外出打工，不少打工仔在打工过程中成为大款。他们有的兴办企业，有的经营小卖部，多种经营，各业发展。在外的西村人呈现大杂居、小聚居的特点。他们外出务工的地域范围广，北至北京，东至长三角及福建，南至东莞、深圳与广州。外出的西村人在有些地方因人数多、行业性质类似而形成小聚居。前屋②全组人早年在家从事鞭炮制造业，后因危险性高被公安局制止，后前屋组内零星有人去往北京新发地做调料生意。90年代的时候生意特别好做，

---

① "草莲"指未剥开莲壳的莲子。
② 前屋是西村村民小组名称。

刚出去的邓大荣看准了市场，便邀请前屋组的堂兄弟一起到北京做调料生意。村民生动地形容道："他们一天到夜要用蛇皮袋装钱，一天到夜点钱要点2个小时。"（20150308-邓大民-M）除邓大荣外，还有12位前屋组人在北京做调料生意。有些西村人给这些人帮忙，有些则从事与调料生意相关的其他行业。小聚居的特点使得这些在外经商的西村人之间往来相较于在西村时更加频繁。以往西村人是各屋、各组、各生产队之间相互交流，现在在外地相遇的西村人则是跨越屋组交流的。

此外，西村内部的商业亦日渐繁荣。改革开放前，西村店铺甚少，公共设施极其简陋，商业系统并不发达。虽然西村有清代以来自发形成的老圩，但其沿河不足百米长，且街道狭窄，为卵石街面，步行亦不方便。1993年，西镇政府重新改造了西村圩，在新的国道旁开辟了一条大井字型街，新街的街道变宽；圩数由原来的一个演变为四个；圩日亦由原来的一个月六次（逢三八日赶集）演变为隔日逢双，一个月十五次。圩市的改造、道路的修建为西村增加了许多商业性店铺。

在经济复苏后，国家不再对仪式性宴请及礼物交换进行干预。以往国家禁止办酒的政策主要服从于粮食节约，而禁止办酒的话语也是以增产节约为背景的。改革开放初期，政策对仪式性宴请及礼物交换的话语不再与粮食联系起来，相关政策建议亦不是由与粮食相关的部门提出的，而是由文明办、宣传部门提出并纳入精神文明建设中。1991年，西县宣传部发布的《移风易俗宣传标语》中就有"实行移风易俗、反对大操大办"的提议。

二 扩张的双重互惠制度

（一）"打伴"：生产中的资助型互惠

改革开放后，联产承包责任制改变了以往以粮食为主的生产体系，扩大了市场的作用范围。首先，在农业生产上，一方面，粮食生产由以往的集体生产转变为家庭自己承包，生产的私人化使得私人之间的生产互惠变得异常重要。20世纪八九十年代，生产队中关系较近的家庭会商量着共养一头牛，各个家庭轮流看护照料这头牛。每到需要犁田时，大家便隔开时间共同用牛。打谷机刚开始流行时，也是关系较近的家庭共同出资购买并轮流使用。这种资源共享式的圈内互助在改革开放初期特别流行。事实上，实施家庭承包后，西村的农业机械化程度并不高，许多如打谷机类的农具是半自动化的，仍然需要大量的人力。这一时期，生产领域的互惠反而扩张了，最典型的就是出现了生产中的"打伴"（帮换）制度。

> 刚分田到户的时候，家里不会犁田，就喊会犁田的人来帮忙犁田，再让我们这些小孩去帮忙插秧、种稻谷。有些人家是，你帮我摘禾，我帮你割稻谷；你帮我割几天稻谷，我帮你割几天稻谷。就是打伴。像运荣叔，他家有两三个人来我那帮忙割，他那割完了就我们几兄妹去帮忙。摘禾可以打伴，割稻谷的时候也可以打伴。很多人家里不会犁田，像大家都喊米样伯去帮忙犁田。打伴的话，你帮我，我帮你，就不得钱。不打伴的话，就会拿工资给他。刚开始的时候普遍打伴，很少的人家里开工资，除非是家里没时间，才会给工资。小时候是经常和别人打伴，犁田、割禾、摘禾都会打伴。割稻谷是要很多人，我们就去帮忙卢我扎（音，意为传递稻苗），别人就来帮我们打稻谷，扛打谷机。（20170803-芳姨-F）

"打伴"就是一种相互帮忙，"就是帮忙做事，今天你帮我，改天我再去帮你"（20170901-邓昌栋-M）。集体化时期没有打伴这种帮助行为，它是改革开放初期因生产需要而出现的。打伴行为时有发生，如建造猪栏、犁田、割稻谷时村民都会相互帮忙。当然，生产中提供的劳动力帮助也是有人力成本的。人们的帮忙相当于抵消了受助者的人力开支，减轻了双方的劳动力负担。从这种意义上说，生产中的"打伴"也是一种资助型互惠。只是与礼金不同，它资助的是劳动力，而不是礼金。可见，资助型互惠在生产领域也是扩张的。

（二）扩张的双重互惠制度

由于改革开放初期西村的农业机械化程度不高，村民在"私人种田"时免不了需要关系网中的亲友前来帮忙，生产领域的资助型互惠就变得非常频繁。村民在生产劳作中存在功能上的相互依赖性，从情感上维系这种关系就显得很重要，而仪式性宴请与礼物交换就具有维系这种关系的作用。因此，改革开放初期，不仅生产领域的互惠扩张了，仪式性礼物交换中的互惠也得以扩张。一方面，相较于集体化时期，仪式性宴请的频率增加了，宴请的关系网亦扩张了，关系延续型互惠得以扩张。另一方面，在礼物货币化的过程中，礼金标准提高，资助型互惠的资助程度也在增强。这一时期，双重互惠制度持续并有所扩张。

首先是仪式性礼物交换场合——宴席类型的扩张。集体化时期，宴席的类型只有婚宴、丧礼酒宴、满月酒及80岁寿宴[1]。改革开放初期，宴席的扩张包括已有宴席类型的变化以及出现了新的宴席类型。一是以往只有满月及80岁的寿宴，

---

[1] 满月酒宴仅指婴儿出生后满月的宴请。

现在变成年轻人有10岁、20岁生日宴，成人有50岁、60岁、70岁寿宴。集体化时期禁止建房，改革开放后房屋搬迁频繁，乔迁酒宴亦有扩张。二是新出现了升学酒席、周情酒席①及当兵酒席等。

其次，礼物开始向货币及商品转变，而且货币化及商品化的范围逐渐扩大。一是原本只送实物的部分向礼金及商品转化。西村人嫁女，男方第一次见女方家庭成员时，要给货币化的见面礼；订事时会商定聘金及聘礼，但是鱼肉、银圆、花边等物都被统一化约为恩养钱（感谢女方父母养育的钱）、买金银首饰（三金或五金）的钱及做衫钱。女方的嫁妆则商品化了，有电视机、洗衣机、冰箱、空调、沙发、摩托车、热水器、金银首饰、床上用品等，郎衣被装也"变得更高档"了。男方送的糖果也礼金化了，称为糖果钱。糖果钱替代了花饼，于出嫁前由男方送给女方，以示通知女方亲友，出嫁时要来送嫁与回压腰礼。女方出嫁时，收到糖果钱的亲友则会回压腰礼。丧礼中以食物为主的礼物，如三牲或五牲也被转化为钱。二是原本既需要送实物又需要送礼金的部分，转变为只送礼金，而且礼金的数额增加。从表2-2可见，1989年西县一户人家儿子结婚时所收的礼物就是"物+礼金"的形式。宾客前来吃酒席，会送布与礼金。其后，赴宴宾客的礼物转变为只送礼金，从表2-3中可见该户人家二儿子升学宴中出现的礼物均为礼金。礼金为何会替代实物？实物礼物可以满足宴请者的具体需求（如送布可以用来做衣服），但这只有在物资短缺的情况下适用。在克服了短缺以后，送礼者很难把握收礼者的具体需求，所送的实物也未必

---

① 指病人病好出院后摆酒。

是收礼者真正需要的。而用"普遍化"的金钱作为礼物，就消除了送实物礼物不能满足收礼者的具体需求，反而误送多余实物的尴尬。此外，送礼金还可以减少送礼者购买物品的程序，为收礼者节约放置实物的空间。可见，实用性与方便性为礼金替代实物提供了动力。

表2-2 1989年西县一户人家儿子花烛之夜礼簿[①]

关系类型	与户主关系	礼物
内亲	侄子5人	布一只；炮一对；20元
		炮一对；32元
		画一片；炮一对；30元
		炮一对；30元
		画一片；炮一对；30元
	侄孙	炮一对；25元
外戚	姐夫	炮二只；90元
	女婿3人	布三只；450元
	外甥3人	炮一对；30元
		布一只；30元
		炮一对；30元
	侄女婿1人	布一只；炮一对；20元
	侄子（妻）2人	布一只；炮一对；20元
		布一只；炮一对；12元
	表弟（妻）	布一只；炮一对；17元
	侄女婿（妻）	布一只；炮一对；50元
	姐夫（妻）	布一只；炮一对；15元
	妹夫（妻）	布一只；炮一对；50元

---

① 礼簿中的量词，如只、对、片等，均依据田野调查中收集到的礼簿记录保留原文。

续表

关系类型	与户主关系	礼物
朋友同学	朋友6人	对联一副；炮成双；10元
		对联一副；炮成双；15元
		布一只；炮一对；16元
		布一只；炮一对；16元
		炮一对；布一只；16元
		炮一对；15元
	妻子朋友	布一只；炮一对；10元
	儿子朋友2批（1批4人，1批3人）	1批画二张35元；1批30元
	儿子同学12人	床单一张；被套一床；台灯一盏；布袋二只；123元
同事	父子同事46人	热水瓶一个；电饭煲一个；花瓶一对；毛毯一床；茶具一套；画二片；61.7元
邻居	邻居等3人	布一只；炮竹一对；12元
		布一只；炮竹一对；12元
		布一只；炮竹一对；10元
	邻居兼房族等2批（1批25人，1批49人）	布一只；炮一对；热水瓶一只；果盒一只；床单一张；毛毯一床；保温杯二只；26.55元
		布一只；炮二只；195.1元

资料来源：西县一户人家礼物变迁笔记。

表2-3 1995年西县一户人家二儿子升学贺礼礼簿

关系类型	与大儿子关系	礼物（元）
内亲	堂弟	59
	堂弟	59
	堂弟	37
	堂哥	50
	侄子	45
	侄子	40

续表

关系类型	与大儿子关系	礼物（元）
外　戚	表哥（父）	60
	表哥（父）	20
	表哥（父）	60
	表哥（父）	60
	表哥（母）	30
	表哥（母）	30
	舅舅（母）	50
	大姐夫	290
	二姐夫	290
	三姐夫	290
	姑父	30
	岳母	40
	内姐	50
	三内哥	50
	大内哥	90
	二内哥	50
朋　友	朋友（母）	29
邻　居	邻居	40
		40
	邻居兼房族	280

资料来源：西县一户人家礼物变迁笔记。

丧礼中的礼物往来仍然保持着玉烛、纸钱、显香部分，以往送的三牲则变成了礼金。回赠时依然保持着谢巾[①]部分。此外，丧礼中开始流行送花圈，届时宾客自行带花圈前往或者去

---

① 谢巾指送给吊唁者的毛巾。

吊唁时当场扎花圈（通常，主人会请纸扎行到吊唁地扎制）。

总体而言，在这一时期：一是食物类的礼物逐渐被摒弃，如鱼肉、猪肉、三牲、糖果等；二是仪式性用品，如鞭炮、蜡烛、纸烛、显香等依然被保留，但这些仪式性用品不是生活必需品，并非由家庭自给自足，而是一直源于市场，本是商品；三是半商品类的礼物逐渐被摒弃，如布料（以前送的布料是半商品，布料由送礼者在市场上购买，收礼者将其制成衣物）等；四是新的礼物需求不断衍生，这些新需求都是市场上供应的新商品，如电视机、洗衣机等新嫁妆需求的增加。由此可见，部分由物承担的礼物开始由货币——礼金承担，货币互惠的频率增加了。

礼金逐渐替代礼物、礼物逐渐货币化不仅是中国现象，也在韩国、日本等其他亚洲国家流行。甚至在西方社会，也曾经出现过一段时间的送礼金。Zelizer（1997：72）展示了20世纪前20年美国社会出现的将礼金视为礼物的现象，那时用正式的包装（formal disguises）包礼金（gift money）。这一变化源于1880年后圣诞礼物的礼金化现象，而商业化与市场广告是这一变化的关键助力。美国快递行业首先打出了一条"钱是合宜的圣诞礼物"的广告；Woolworth公司于1899年第一次将现金红利送给员工，即服务一年送5美元，不超过25美元；1902年，摩根银行给员工的圣诞礼物是一年工资。市场与公司成为圣诞节礼物货币化的原动力。19世纪时，礼金只在近亲与关系亲近的朋友之间流行；至20世纪初，礼金在同事等其他成员中普及开来。尽管后来美国因为集体运动淘汰了礼金（Zelizer，1997），但礼金确实曾作为礼物流动过。无论礼金是否合适，礼物交换的货币化都增加了礼金互惠的次数与场合，提高了互惠的频率。

三 互惠扩张的动力：利益需求与功能扩张

为何双重互惠会扩张？这与改革开放后人们的经济利益需求增多息息相关。村落中的人们在生产上、资源共享上、仪式宴请上都需要依赖他人出力、出钱或出物，而仪式性宴请与礼物交换有利于使人们在相互依赖中获得利益。仪式性宴请保障了人们的利益，双重互惠的功能也扩张了。

（一）资源共享中的利益依赖

杨美惠将改革开放后中国城市社会礼物经济的扩张、礼物价值的抬高视为一种关系策略：通过礼物打开关系交换的大门，与干部拉上关系，获取工具性利益。在她看来，礼物经济在城市主要表现在关系学上，而农村的礼物经济则集中反映在灵活的仪式性礼物经济中（杨美惠，2009：69）。然而，她没有注意到，改革开放后，农村中的仪式性礼物交换也增加了工具性的利益考量，即 Kipnis 所述的"关系生产"（Guanxi Production）（Kipnis，1997）。然而，与集体化时期仪式性宴请旨在维系保障生存的亲属关系网络不同，改革开放后扩张的礼物交换更多是基于经济利益的考量，这种经济利益不是斯科特式的危及小农生存线的道义经济，而是波普金式的理性小农的经济利益。

经济利益的考量与仪式性宴请中的互惠有何关系呢？西村的王大民书记从分田到户后人与人之间利益联结的角度阐述了其要义：

> 我们社公脑有鱼塘、山田等土地转让收入。这些出租费在每年交春的时候都会分红，然后每队都会举办大团

圆。就是因为我们有共同的利益，大家不会把关系撕破，反而像一个大家庭。名同享，资金共同负担。我们即使再有深仇大恨，也不会在做酒的时候不请人家。你可以调查一下，说如果你跟别人吵架了到做酒的时候你还会不会请人家？就是因为大家是一体的，涉及利益分配，你依赖我、我依赖你。上田的水要下田过。因为有田，你的山要在那里落脚。所有的这些都离不开乡意，像离不开的一家人，像集体。每年年中或春季要结年中分红。所以一个小组就是一个大家庭。集体（时期）还是好的，只是没有提高劳动效率，后来虽然分田到户了，但是做酒等人情往来还在持续。就是因为涉及水坑、水田等的利益分配，共同享受的资金要共同体维护，维修管理离不开集体的力量。（20150307－王大民－M）

改革开放初期，虽然外出务工成为新的趋势，但是留在西村务农的仍然大有人在。这一时期的农田反而得到了充分利用，一些小组的成员自种白莲、烟叶等经济作物。然而，农田种植也牵涉了对村庄共同资源的分配，最典型的就是山塘水库。在私人领域，农户家的田都需要引水灌溉，争水便成为常有的事。在争水的过程中，也有一系列的合作，比如因为引水灌溉而形成的"邻田互动"，即你家田在他家田隔壁形成邻居。生产互动中形成的利益关系，从另一个层面强化了村民的社交关系。在仪式性宴请中，村民是经济利益相关的共同体，村民之间即使吵架，也依然会宴请对方。甚至通过宴请，还可以修复之前因吵架而破裂的关系。村民之间有关公共资源的利益关系，通过仪式性宴请得到梳理并强化，村庄内部共同体那种生动的感情由此生成。恰如信物组组长刘大仙所说的：

这些人是共一条水路的。都是一条溪啊,前面一座小桥,那条溪就是从那边下来的。上中坑、社公脑是水头,腊子坑、新屋是水尾。一条河可以孕育一个地方人的感情,为什么啊?我也说不清楚。不过因为以前吃水是一起的,以前没有自来水,是去河里挑水,大家都是从曹溪挑水,共一条河生活,共一条河生产灌溉,自然而然形成了一些接触,见面的时候也聊聊天。我们做水引田,相互之间就要商量吧。这些就慢慢地形成了。(20150312 - 刘大仙 - M)

在分田到户之后,一些公共性的资源被留给各村民小组,有些公共性资源得到充分利用的小组还会有收益,这些收益的分配也联结着小组中的村民。以信物组为例,小组的共有资源是三口鱼塘,每年每人可分 11~12 元的红利。虽然红利不多,但也是一种收入。此外,信物组有两个姓氏,但是两个姓氏只有一个供奉牌位的香火堂,因此,两个姓氏在丧礼、结婚时共同使用这个香火堂。

(二) 资助宴请者:提供礼金与劳动力

在改革开放初期,虽然西村的农业经济向多元化发展,市场经济亦逐渐发展,流动的机会逐渐增加,但总体来说,这一时期,西村的经济仍然处于奋斗期。对于在村的村民而言,务农的收入依然有限。特别是这一时期农业税尚未取消,农民无论是否种田,每年都要上交公粮与人头税。1982 年中央一号文件规定,上交的公粮实行"30% 按统销价,70% 按统购价"折征。在征收时,则规定按人头计算各家所需上交的公粮、购粮。芳姨家有三口人。1998 年,她家上交了公粮 96.5 斤、购粮223.7斤；1999年，上交了公粮76.5斤、购粮223.8斤。她家有13担谷田①，每年可收1300斤粮，其中近300斤需要上交。虽然上交的粮食占比不高，但依然是一种负担。不仅种田的人需要上交粮食，外出务工没有种田的农民也需要上交粮食。

不仅要上交农业税，白莲经营等小生意也要交税。部分村民收购白莲后到城里去卖，还有被工商所收缴罚款的风险。由于那时候小生意的利润不高，许多村民选择逃避各类税款、不办营业执照等方法来增加所得。然而，一旦被抓，则需要上交大量罚款，或者需要用送礼等方法来减免罚款。此外，外出务工人员的收入虽相对村民来说较高，但当时的整体经济环境才刚刚起步，即便是后来成为西村首富的家庭，在20世纪80年代初期也处于尚未十分富裕的磨炼期。

除了生产性的支出，村民亦有教育类的额外支出，如教育附加费、上小学的学费及劳动稻穗。芳姨家有两个小孩，小孩上小学时每年要向村里上交教育附加费40元，还要上交小学学费（1986年至1999年，小学学费由2.5元上升至30元，初中学费由3元上升至40元）。小孩每年的劳动教育课还要向学校上交"稻穗"，即让小孩去田间拾稻穗，而后上交至学校。

这一时期，村庄"不收礼金"的慷慨性仪式宴请还未出现，相反，村民送出的礼金越来越高。送给普通邻居的礼金渐渐从集体化时期的5角、1元上升至10~30元不等。礼金在当时仍然可以大比例地支撑宴请开支。那时，村内仪式性宴请仍然在自己家里办，而不是像现在一样在酒店办。自家办宴请

---

① 1担谷田相当于4亩田。

时，猪肉、菜品都会自给自足，宴请成本一桌以100~200元为主。因此，10~30元的普通邻居礼可以大大地资助宴请者，补偿宴请开支。部分村民甚至不放过各种办宴请的机会，试图借助做酒来收礼金挣钱。对于赴宴的村民来说，他们比较在乎自己所送礼金与宴请菜品的一致性。他们前去参加宴席时，还要带上小孩去多吃宴席的菜品。吃完酒席的村民，甚至会打包些肉丸、鱼丸、烧鱼回家。虽然当时基本的粮食需求已不像集体化时期那样急迫，但是物资尚未达到充裕状态。

不仅礼金可以资助宴请者，生产小组内的邻居更是宴请成功的重要劳动力来源。由于酒席通常在宴请者家里置办，置办的时候需要请邻里亲友前来帮忙准备各项事宜。承担这些事宜的主要角色有总管、文曲、礼曲及厨曲。其中，总管负责管理文曲、礼曲及厨曲，文曲主要负责文字工作，礼曲主要负责接待及礼俗事宜，厨曲主要负责厨房相关事宜。正常的寿宴需要邻里前来帮忙扮演总管、文曲（1~2人）、礼曲（1~3人）、厨曲（10人以上）及伙堂杂工等角色，负责寿堂布置、用菜用料、经费准备及管理等事项（谢望春，2012：389~390）。可见，邻里间不仅送礼金来资助宴请者，还要付出劳动力来资助宴请者。

总体而言，这一时期的礼物交换逐渐扩张，互惠的频率加快、互惠范围扩大。礼物交换的扩张主要在于邻里、朋友及同事关系部分。礼物往来频率的加快及范围的扩大可以满足村民的社交需求，满足村民获取资源分配利益、资助利益的需要。双重互惠在保障这些利益需要的同时，功能作用的范围也有所扩大。

改革开放后，国家退出了对仪式性宴请的强约束。仪式性宴请是一个显性的非正式制度，它存在于地方文化习俗中。然而，它不仅显性地存在，还发生了扩张。在家庭联产承包责任制下，村民在生产领域的资助型互惠扩张了。村民在生产中存在功能上的相互依赖性，因此，从情感上维系这种关系就显得更为重要，而礼物交换就具有维系这种关系的作用。因此，仪式性宴请中的关系延续功能扩张了。因为它既是营造和再生产社会资本的方式，也体现出既有社会资本的功能。可见，20世纪50～90年代，仪式性宴请中的双重互惠一直在制度化。在制度化的过程中，它不仅持续存在，还有所扩张。

第三章
市场变化与双重互惠的去制度化（2000~2015年①）

---

① 我于2015年12月结束了田野调查。2017年，我回西县档案馆查询资料时，又重访了西村。虽然本章利用了2017年调查时所获得的资料，但是这些资料仍然用于分析西村2015年12月以前的状况。

第二章分析了双重互惠再制度化之前（20世纪50~90年代）的状况。从本章开始，我尝试分析2000年以后的状况。2000年以后，西村出现了"请客不收礼"的变化。"不收礼"意味着仪式性宴请中的互惠去资助化了。在"不收礼"规则渐渐形成的过程中，资助型互惠渐渐消退，原有的双重互惠渐渐去制度化了。本章至第七章将呈现资助型互惠去制度化的过程。本章主要讨论市场变化如何为互惠去制度化创造了条件，并勾勒互惠去制度化消退历史的初步概貌。

去制度化是从外部条件的变化开始的，市场变化就是西村互惠去制度化的外部变化因素。市场是互惠去制度化的机会创造者。从宏观环境层面来看，21世纪以后，西村经济得到发展，物质逐渐充裕，市场逐渐扩大。村民的消费水平、收入水平及购买水平较之前有了更大的提高。随着市场化程度的加深，仪式性宴请的商品化程度加深，市场中衍生出一系列可以替代关系网的商品与服务，关系网内的互惠不断有了市场替代品。从微观行动者层面来看，这一时期，在经济转型前期积蓄了流动资源的西村人，陆续办着不同于以往的仪式性宴请。在市场选择增多时，宴请者走向了市场化的仪式性宴请，如去酒店包餐、请需要付工资的仪式先生等。社会关系网内的出力资助渐渐被宴请者淘汰。甚至是宴请中的礼金交换，也被宴请者视为麻烦，在"不收礼"的过程中渐渐退出了仪式性宴请场合。对村民而言，礼金的资助性功能不那么重要了，由宴请所建构的社会声望更为重要。特别是仪式性宴请在礼金标准不断提高的过程中出现了异化，人们感到了礼金的负担。因此，"不收礼金"的去资助型互惠变得可以接受。

第一节　市场变化：物资充裕与购买力的提高

市场变化为互惠去制度化提供了物质与经济基础。一方面，市场化程度的加深使得村庄的物资来源有了较大的保障。2000年以后，西村的商店数量增加，特别是为仪式性宴请提供服务的市场类型逐渐多样化。不仅出现了具有替代功能的酒店与饮食店，还新增了额外的仪式服务项目。另一方面，改革开放初期的市场变化拓宽了就业渠道，增加了人们获得收入的方式，提高了人们的收入水平。而近20年来，出生于20世纪六七十年代的村民基于30年的奋斗，积累了市场能力与存款资金，消费能力与购买能力都上了一个档次。

一　市场化程度的加深与物资充裕

进入21世纪，西村的市场化程度加深，提供物质与服务的商店数量增加，物质逐渐充裕。市场化程度的加深源于圩市的恢复与扩大。1993年，西镇政府重新改造了西村圩，在新的国道旁开辟了井字型商业街，新街的街道变宽了；圩数由原来的一个演变为四个；圩日亦由原来的一个月六次（逢三八：初三、初八，十三、十八，二十三、二十八）演变为隔日逢双，一个月十五次。圩市的改造、道路的修建使得西村增加了许多商业性店铺。目前，西村的商业性店铺种类齐全，有乡村信用社1个，卫生所1个，医疗站5个（其中小西村有2个），移动营业厅2个，邮政及申通、圆通等快递门店5个，纸扎店3个，肉丸加工处2个，棉被加工店1个，雨伞厂1个，碑刻店1个，零售杂货店10个，学习用品店2个，童装店1个，摩托车修理店2个，饮食店14个（其中有5个承包大型宴席的酒店、6个小吃店、1个西餐店、2个早餐店）。

商店的增多不仅使得物资供给来源增多，而且使得许多传统的生活方式被市场化了，许多手工生产的物件被市场提供的服务替代。传统消费品的供给通常来源于自制，现在则转变为由市场提供。在饮食方面，食物制作的机械化程度提高。肉丸加工工具由以往石头制作的料钵演变为电动式肉丸加工机。在街道上以及各个屋场内，有个体户专门提供肉丸加工服务。在穿衣方面，以往的衣服或者是基于半成品自己缝制，或者是让裁缝师制作。这些半成品通常是礼物交换过程中收到的布料。但现在的衣服则是去商店购买成品。在房屋建设方面，以往土木结构的房屋逐渐被淘汰，新的砖房成为市场新潮流。房屋的室内装修讲究上档次，建卫生间，并安装洗澡用的热水器等。住房要求宽敞、明亮。不少人甚至以到县城、西市及外省市买房为荣。红家坡小组组长在介绍组中成员的家庭情况时，便具体分析了该家庭是否有小孩或亲戚在城里或外地有房，以此来评判其家庭的富裕程度。日用器具也由低档向中档高档发展，且需求不断与市场更新齐头并进。在饮食服务方面，以往只有零星的饮食店提供餐饮服务，没有提供"包餐"服务的酒店，但至20世纪90年代末，提供"包餐"服务的酒店开始出现。西村甚至还出现了西式的炸鸡店与奶茶店。

市场不仅替代了旧的仪式方式，还制造着新的物资与服务需求。村内开始出现化妆服务店、现代饰品店与现代文具店，以提供更时尚的装饰用品与文具，还有专门的婴幼儿用品店提供婴幼儿用品。现代科技亦发展起来，手机成为新的消费工具,人们的手机从普通的通讯手机演变为智能手机,西村圩市内开设了移动营业厅。随着微信等科技软件的兴起,村内的年轻人渐渐用起了新软件,许多家庭还建立了由三代人或四代人组成的微信群。村民的生活方式与消费方式渐渐多元化。每晚七点,圩市街区周边的妇女们便聚在一起跳广场舞。

二 收入水平与购买能力的提高

村民的收入水平也有了很大的提高。收入水平的提高首先源于多项负担的减轻。这一时期,农业税取消了,教育部门开始免收小学的学费,学生入学无须上交附加费,学生也无须上交劳动教育的"稻穗"粮。对于务农的村民而言,务农的收入也有所提高。国家以多种政策鼓励粮食作物、经济作物的种植。种田者不仅无须上交费用,还能得到国家的各种补贴。

收入水平的提高还源于新生计模式的出现。在村村民的生计方式多种多样。随着邻县的白莲经济兴起,有一部分村民去收购邻县的白莲生产、销售。除了已有的杂货店,餐饮业、酒店业逐渐兴起。近5年来,许多以往在外经商务工的村民回乡从事酒店业及餐饮业,特别是承包宴请的餐饮业,收入较高。此外,还出现了下乡包餐的流动宴席承包者。2013年,村内还办起了雨衣厂,厂内员工达50人,解决了部分村内女性就业的问题。许多原本外出务工的女性为了照顾家里回乡,亦能轻松地找到相应的工种就业。不仅女性大量回乡就业,许多在外收入不高、经济流动效果不明显的村民也开始返乡谋取生计。留守在家的妇女甚至做起了微商,为西村制造了新型消费供应链。由于微商的操作简单,只需要通过互联网平台即可以建立虚拟店面,因而微商销售者可以在本地,也可以在外地。邓小花结婚前在广州工作,生了小孩后便回家带小孩。带小孩的时候她发现微信朋友圈里有朋友开始做微商，她便有了投入微商行业的想法。通过网络咨询，她选择了做女性卫生巾生意，品牌名称为女神，她便加入了一个女性卫生巾销售的微信群。入群后，她每日在朋友圈分享卫生巾的销售信息，以走心的方式吸引自己的圈内朋友关注。在线下，她最先动员了自己的亲戚与朋友成为她的首批顾客，还说服了自己的好友邓近也加入了这个销售行业。邓近也是留守西村的妇女，平时主要在家里带两个小孩。起初，她也使用这个新的产品，后来加入到产品的销售中。她有八个姐妹，这八个姐妹成为她最早的销售对象。后来，她的销售对象扩展到她的妯娌、母亲及姨妈。她以产品具有治疗性功能作为卖点吸引亲友购买使用。

由于生计模式日渐多样化，部分在外务工多年的西村人开始陆续回乡。一部分人搬到县城居住，在县城找工作、购房。另一部分人则在村内寻找新的生计，比如开设流动餐馆与酒店。在外务工、经商的村民亦在这一阶段积累了一定的财富，进而回乡消费。以在北京做调料生意的西村人为例，不少村民这一时期开始将积累的财富转化为消费品，即回乡建房与回乡捐赠。2005年，国家提出新农村建设的工作目标后，西村许多小组都被确定为新农村建设点。邓景东承包的新农村建设点就在西村中心村新村点中。西村中心村包括西村、东村、南村3个村16个村小组，涉及1.2万人，其中有街头、前屋、彩光、下王屋、上村、营背前、西村圩、富珠、松树岗及三角塘等10个拆旧建新的新村点。为配合新农村建设，村民建房有一系列政策优惠。许多外出谋生的村民，都在这一时期建造了新房。特别是2011年，西村进行了土坯房改造，国家为改造户补偿1.5万元。许多村民借此机会搬出偏远的山区，搬离旧有的土坯房，修建了一批新房。

西村人收入水平的提高带动了消费水平的提高。事实上,这一变化也是整个县域的变化。以2013年为例,西县社会消费品零售总额为80631万元。其中,城镇消费品零售额60680万元,同比增长13.2%,乡村消费品零售额19951万元,同比增长13.3%。无论是城镇还是乡村,消费品零售额都增长较快,整个县的居民消费水平渐次提高。以服装为例,过去街边地摊和白莲城的廉价服装非常畅销,品牌服装店少,顾客少,而现在,人们对服装的需求是追求高质量、大品牌。汽车亦成为新的声望消费品。西县工商局发布的《西县2013年商贸市场运行简析》一文指出,国家取消养路费和减征购置税,以及商家优惠、银行按揭贷款促销等,刺激了汽车消费需求,也刺激了西县居民的购车欲望,私家车现在随处可见。西县人对于汽车及品牌消费的档次要求甚至高过其他县。公路修建,使西村村内与村外的交通状况得到了改善,物资运送也更方便了。快递服务的兴起和发展,保障了人们的物资获得。村里的许多年轻人开始使用淘宝购物,快递行业的兴起也为人们消费水平的提高提供了保障。

市场变化为互惠去资助化提供了物质与经济基础。随着市场化程度的加深,村内的物资供应渠道拓宽。随着村民就业渠道多样化和收入水平的提高,人们的购买力水平也得到了提高。这就为西村人在仪式性宴请中购买市场化的物资与服务提供了条件。

第二节 市场替代与仪式活动的去资助化

随着市场化程度的加深,仪式性宴请的商品化程度增加,市场衍生出一系列可以替代关系网的商品与服务,关系网内的互惠不断有了市场替代品。不仅传统的互助被新的商品替代，而且以往以"礼"相待的帮助演变成以"工资"结算的生计方式。在这个过程中，传统的互惠领域不仅去资助化了，而且遭遇了市场的侵蚀。

一 仪式用品的市场替代

仪式性礼物交换的载体是宴请仪式。近20年来，西村仪式支持系统由以前的相互帮忙、礼仪馈赠演变为市场支付与市场替代。在市场化过程中，以往的仪式场合渐渐市场化了，许多仪式活动与仪式用品都有了相应的市场替代物。卷烟与土烟向"现代"烟的演进就是典型。在仪式性宴请中，有一个重要的环节是亲戚前来撑场面"表烟"。通常，"表烟"是由主人的兄弟、姐夫、妹夫家中的男丁负责。届时，男丁们要在宴请场合中将买来的烟轮流分发给客人。家中的男丁，若尚在襁褓或是幼儿，则由父亲替代；若已十几岁，则要亲自在宴席上分发烟。分发烟的数量以自己家中男丁的数量为据，家中有1个男丁则给每个来宾分发1根烟，家中有2个男丁则给每个来宾分发2根烟。烟的数量与等级代表着人丁的兴旺程度与家庭的经济水平，它也是面子竞争的重要环节。集体化时期，西村宴席上的烟主要是价值几角钱的卷烟与土烟；改革开放初期，主要以西市最好的烟为标杆，西市比较有名的烟是西市桥（仅3.6元一包）。但到2000年以后，西村烟的消费水平已向全国层次看齐，以全国最有名的软"中华"烟为标杆。通常，分发"七品金圣"与"芙蓉王"烟是一般水平，若要获得面子，则需要分发"中华"烟。在宴请场合，"中华"烟成为面子的符号象征。"表"的"中华"烟数量越多，表示家中男丁越多，也越有面子。

不仅代表宴请者地位与面子的烟升级了，仪式性宴请中还出现了许多以往没有的仪式用品。如村民购买专业哭丧的光盘，替代丧礼中的人工哭泣。市场不仅替代了旧的仪式方式，还制造着新的物资与新的服务需要。以往只有传统的旧式仪式，如伴奏音乐由传统的唢呐队吹奏，2000年以后新增了西洋乐队。以往唢呐队只为丧礼服务，而新增的西洋乐队不仅为丧礼提供音乐服务，还为村庄中的各类喜事提供音乐服务。宴席中出现了以往没有的海鲜菜品。婚宴开始出现主持司仪。丧礼中也有专业的充气式宣传用具。仪式性宴请中必备的肉丸开始由人工制作转向机械生产，村中有专门用于加工肉丸的机器，圩市中有专门的肉丸加工服务。在各类仪式活动中，市场都生产了可供替代的环节。

二 "出力"的市场替代与工资结算

除了出现市场替代的仪式活动与环节外，许多原来由人工相互帮助的环节也变成需要向市场购买结算。原本宴请是需要由宗族中的大房或小房成员前来帮忙的，帮忙时有分工，如厨曲分为主厨、搬凳子和碗筷的人、上菜者等，礼曲需要安排人负责接待、提供包车服务等，文曲则有先生前来帮忙写字。这些劳动都是以相互帮忙、资助的形式完成的。然而，在市场化的过程中，仪式性宴请中的许多"出力"环节都被市场替代了。在"出力"的范围上，帮助范围逐渐缩小，市场承包的范围逐渐扩大。以往通过"下次帮你"来回馈的"出力"环节渐渐由"工资结算"替代，也可以说，以往的延期回礼转为即期结算。延期回礼指下次再帮回，即期结算指当次用货币支付并结算。即期结算的市场计算性与汲利性增加。

西村出现了一系列承包仪式性宴请的酒店，以往延期互助的宴请直接转变为酒店一次性承包与当次结算。不仅仪式性宴请商品化了，主持仪式的先生也变成了一种特定的职业。我与邓景东及邓大平专门针对先生变成一种职业并实行即期结算制度进行了一次讨论。邓景东将以前的先生帮忙视为一种"亲朋化"的制度。在他看来，亲朋化"就是帮下忙，包个红包就可以了"（20151125 - 邓景东 & 邓大平 - M）。亲朋化其实就是一种帮忙系统，先生在仪式性活动中前去帮忙写字主持，结束后会受到主家的答谢。邓大平说："那个时候是接红包。那个时候做先生受人尊敬，你没得工资嘛。因为做了之后，他总得感谢我们，哎呀，打招呼就特别热情，还喊去吃饭……因为以前是送年、送节，都会喊你呢，都会跟你打招呼。"（20151125 - 邓景东 & 邓大平 - M）

  邓大平是村内很有名气的主持仪式的先生。他回忆道，早年他做仪式先生的时候，很多人请他，最多的时候一天做过九场：六家人过伙①，三家人做生日喜庆宴。仪式先生如果无法参加主人的宴席，主人会打包菜品给他送去。一天九场仪式那次，他便收到了 6 份主人打包的菜品。他回忆道："那个时候如果你没有去他家（东道主家）吃饭，东经（表示东道主）还要送鸡腿去你家。菜没来吃还要打包送去吃。比如你今天做了六场，不是六场都去吃饭的，你家没来吃，那我就得把菜打包好，还得增加一个鸡腿、六个肉丸送去他家里，以补偿他没来。做一场好事，还得送一个头年，一个头节。一场好事就有一个节，一个年。②六场好事就有六家人要来送年送节。五月

---

① 过伙意指乔迁。
② 意指做完东道宴后第一次过节与第一次过年都需要给仪式先生送礼物。仪式先生主持一场红白喜事就能在过年与过节时分别得到东道主家的拜访。

节，就是端午，还有过年，还要送六斤猪肉呢，年三斤、节三斤。送完就表示告一段落。"（20151125 - 邓景东 & 邓大平 - M）主持仪式的先生在村内很有名望。不仅在无法参加主人的宴席时能享受主家打包的菜品，还能享受主家的一次年节拜访。平日在村庄中，他也能得到村民的问候与尊重。

然而，20世纪末以后，先生的这种延期回礼模式渐渐演变为即期结算模式，受到的尊重也少了很多。先生被请去主持丧礼，由东道主偿付其工资。一方面，以往给先生送年送节的程序被略去；另一方面，结算的工资性元素越来越多。邓大平回忆自己所得工资的变化时说："1993年，那个时候是开工资了。20元或30元一天的工资开给你。跟着泥水的工资一起涨起来的。25、30、40元慢慢涨啊，到现在120、130元啊。"（20151125 - 邓景东 & 邓大平 - M）邓大平用手艺来比喻先生行业的市场化。在他看来，主持的手艺是一种商品，故才实行即期偿付工资的结算方式，类似于水泥工。然而，邓大平觉得，主持仪式变成手艺降低了先生的地位。一方面，先生的工资比水泥工低，目前水泥工的工资是150元、170元、180元、200元不等，远高于先生；另一方面，以往先生具有一种文化地位，先生的书写能力、写作能力及主持能力都展现着先生在村内的文化地位。以往先生能得到主人的尊敬，其回报是名利双收。但是当主持仪式变成一门手艺，特别是这门手艺成为挣钱的活路之后，先生就变成了只得利而无名的工种。

不仅担任文曲的先生在市场化，宗族、小房"出力"的范围也由红白喜事萎缩到了"丧礼"中。然而，要在"丧礼"中获得他人的帮助，必须在日常生活中就能赢得声望与他人的尊重。由于市场变化，人们可以从商业服务中获得帮助，而遗留下来的需要帮助的环节则是无法由市场替代完成的。这就意味着仍然需要他人的帮忙。但是，在市场化过程中，市场原则开始渗入社会领域。人们越来越理性，甚至出力的时候也开始用理性去计算和考量。不是人人都愿意主动帮忙。只有那些能赢得村民尊重的人才能获得他人的帮助与认可。由此可见，不仅发生劳动资助型互惠的宴请场合减少了，支撑劳动资助型互惠的机制也在重构。以往基于房族内约定的"出力"规则提供的劳动资助，现在越来越依靠宴请者本身受他人尊重的程度。然而，如何获得他人的尊重与认可呢？这就需要在日常生活中给予他人经济上的慷慨，而这就为仪式性宴请中以慷慨的"不收礼"来获得声望的行为提供了铺垫。

三 声望建构与"不收礼"的开启

不收礼首先源于宴请者的声望建构需求。资助型互惠的淡去与村民的声望需求息息相关。马斯洛将人的需求分为五个层次，从低到高依次为生理需求、安全需求、爱的需求、尊重的需求和自我实现的需求。在西村的互惠变迁中，隐蔽式的互惠主要在于防御生存风险，其所满足的是基本的生存需求。在互惠扩张的过程中，互惠被用于维持组内成员之间形成的利益共同体，所满足的是经济利益的需求。在"不收礼"的过程中，又出现了声望建构的需求，即人们举办不收礼的宴请，其目的在于以慷慨性宴请的方式获得社会声望。声望建构的需求既包括马斯洛所说的尊重的需求，也包括自我实现的需求。

随着西村经济由短缺向复兴再向充裕发展，村民不再满足于基本的物质需求。在对待宴席的态度上，物资短缺时，宴席上的食物是规定性的稀缺性食物，它可以满足村民的生存需求。在经济复苏时期，村民的收入水平有所提高，礼金标准亦随之提高。但是，这一时期，经济还没有达到充裕的程度，许多村民甚至觉得自己是花钱去吃酒席的，因而尽可能地去消耗酒席上的食物，故食物满足的仍然是村民的生理需求。在物质充裕时期，村民不屑于去吃酒席上的食物，甚至有人认为去赴宴还不如自己花钱买猪肉在家里吃。特别是随着市场机会的增加，村民们的闲暇时间变得越来越可贵，村民们认为赴宴既消耗时间又消耗礼金，因而对宴请产生了不屑的态度。以往还有村民将酒席上的食物打包带走，现在村民则只是消耗部分食物。此外，宴请中提供的食物档次越来越高，由以前只有有限的肉丸、鱼丸到现在鸡、鸭、鱼均有，甚至出现了许多海鲜食物。宴席中用的烟酒档次亦越来越高，"中华"烟及红酒、高档白酒成为供应的标配。宴席档次的提高意味着宴请从以往旨在维持生存需求、利益需求转向了建构声望需求。

为何不收礼金可以建构声望？拒绝礼物的逻辑在于它可以将双重互惠转变成单重互惠。双重互惠包括即期互惠（宴请-送礼）与延时互惠（宴请-回请、送礼-回礼）两重，单重互惠则只有延时互惠。在不收礼的过程中，双重互惠演变成单重互惠，即期互惠被取消，减少了宴请者对送礼者的依赖，为宴请者带来了短期的道德制高点（成为人情债权人），从而获得声望。由于他人不甘陷落在道德洼地，也会在随后的宴请中不收礼。因此，当有第一个建构声望者不收礼金，第二个人不想处于道德低点，也会模仿他不收礼，即被宴请者的模仿。由此，宴请变成了一种炫耀性慷慨或慷慨好客精神的竞赛。

声望需求体现在不收礼可以使村民获得面子与声望，而面子与声望的获得是村民日常生活中必不可少的需求。在进入西村初期，我在小西村年终总结会上开了一次座谈会，在参与座谈的党员及小组组长关于不收礼的论述中，仪式性宴请去资助化转变的一个地方性解释是攀比："互相攀比，你不收礼，我也不收礼,你办了更大啊,我办得更大一点。实际都是铺张浪费。不接礼了还更大的酒席。至今是晒攀比呢。以前是攀比酒席中用的烟酒菜样、晒酒席的数量、请人的规模,至今的攀比是不收礼人的攀比。"(20150205-座谈会-邓美发)这种由以往"收礼做酒"的攀比演变而来的"不收礼做酒"的攀比,是一种通过慷慨性宴请获取声望与面子的竞争。村民认为,人活在西村,生活的意义就是维持自家在村庄中的面子与声望。面子与声望是村民生活于村中的非物质性需求,是外出者回乡时需要维护的价值意义。

村内的各种公共事务都能体现村民对于面子、声望获得的高需求。村民热衷于村内的各种捐赠活动,还要求留下名字。人们会对小额捐赠者进行评价,将其视为小气的人。我在下祠祠堂调研时,下祠理事会成员正在讨论花丁钱。他们一直在找只捐了10元钱的人,觉得包10元钱的人很是小气,这些小气的人多是不太愿意给钱但又不得不给,所以才象征性地给了10元。而对于捐钱较多的人,理事会会将捐赠者的名字和数额往高处写。2015年正月初八案神①贺寿当日,作"二花丁"②的家庭需要捐赠。当时作"二花丁"的是军已家。在落款是福德会的公榜单上,军已家捐款的数额写了8890元,但实际上他只交了609元。我问理事会主任及其他理事成员为何写这么多,主任说给他写多一点是给他戴高帽,"戴了高帽以后会捐更多嘛"。实际上,戴了高帽不仅给捐资者军已增了面子,而且对下一届二花丁活动也有帮助,也可以让他们捐得更

---

① 案神是民间信仰,当地有信奉刘邦的传统,案神即指刘邦。
② "二花丁"指第二个花丁,与头花丁有关。村内认为头花丁就是神,而二花丁则指人中之王。每年为案神贺寿期间会选出1~2名男孩作为二花丁,以期村内有人中之王来保佑村民。

多。主任说:"这样写落处、写花丁钱①的都更多。"上祠的二花丁公榜也是以这种虚高的方式写成的。

为何声望建构的需求会增加呢?这种需求其实是社会流动的价值表达需求。随着西村社会流动机会的增加,村民的价值追求与互惠方式均发生了变化。村庄内部的精英与弱者,通过不同的实践表达自己在社会流动过程中的位置,呈现各自不同的声望需求。对于声望需求的不同表达,我将在第四章、第五章、第六章及第七章中继续讨论。

第三节 礼金负担与去制度化

声望建构只是"不收礼"宴请开启的原因之一。"不收礼"的宴请之所以能得到大多数人的认可,还在于礼金本身会给人们带来负担:一方面是收礼金烦琐带来的负担,另一方面是礼金标准提高及宴请名目增多导致的礼金的异化。礼金带来的负担使人们普遍接受了"不收礼"。在"不收礼"普遍化的过程中,西村的礼物规则经历了去资助化和去制度化。

一 礼金负担与去资助化

在村民普遍接受"不收礼"规则的过程中,礼金本身给村民带来的负担使得村民主观上产生了减少收礼环节、使宴请简单化的动机。人们普遍支持"不收礼金",认为这一规则不仅免去了"赠予-回礼"的麻烦,还省去了书面记账与内心

---

① "写落处""写花丁钱"均指民间募捐行为。"写落处"指登家门请愿募捐;"写花丁钱"则指为花丁钱征集募捐,花丁钱是为举办案神贺寿活动募集的资金。

盘算的复杂环节。礼金往来是一个复杂的过程，人们不仅需要记录下礼金的数额，还需要在下次回礼的时候重新回忆以往所收的礼金。一旦记录礼金出错，或者记忆出错，就容易送错礼金，影响礼物往来者的关系。

不仅如此，礼金为频繁送礼者带来了负担。改革开放初期，礼物渐渐货币化为礼金，在礼金标准提高的过程中，宴请的资助性功能也增加了。礼金的攀升，使较少办宴请的人及处于婚龄周期的年轻人感到了送礼的负担。一些刚成婚的年轻人及村里的老师、村干部，甚至生动地将请客单称为"红色罚款单"。一个小学老师如是说：

>那个时候大家还互相问："哎，你收了多少罚款单了？"那个时候，如果你在单位，你就少不了要送礼。在一个单位，就见个面也请。不过有些理性的人没送，罚款单来的时候，单位里的人就说："哎呀，没有我的呀，这样少了一张罚款单。"但是收到的人就说："哎呀，又收到一张罚款单。"真的是，别人来送请帖，单位一起坐下来在那一个劲地调侃讨论，别人对你笑着说："哎，你家罚款单来了。"那个时候到了国庆啊，元旦啊，五一啊，重大节日啊，我们就担心：我们算得到的罚款单就三张、五张，这个是少不了的，还有两三张是算不到的。那如果有人家里只收到了一张，他们心里就高兴："哎呀，只收到了这个认识的人的。"那些收到三张的，就说："哎呀，至少有三张。"收到三张的人就痛苦，收到一张的人自己安慰一下自己。那个时候有人国庆就收到了八张还是十张单子。他那个人又好说话，跟谁都有话说，认识他的，见过面的，都喊他去吃酒。那个时候经济条件又不是很好，

真的是这些罚款单会穷人的。那个时候年轻的在单位上的，工资就几十块钱。你一个月收了四五张罚款单，就没了。你说同学关系比较好的，多送一点就更没了。（2014-邓世华-M）

部分年轻人甚至为了赴宴送礼金，向银行贷款。曾驻队的景昌为了送礼金就曾向银行申请过小额贷款。

总之，在"不收礼"普遍化的过程中，礼金的烦琐、负担使得人们逐渐接受了新的"不收礼"规则。当"不收礼"为人所普遍接受时，仪式性宴请便去资助化了，资助型互惠的消退进而使互惠去制度化了。

二 去制度化的过程

一系列由市场带来的变化促成了互惠的去资助化。西村的互惠去资助化就是"不收礼"的变化过程，具体有以下几个过程。

第一个过程是部分村民在寿宴中不收礼金。这一时期，村民大规模举办寿宴，在寿宴中将所收到的礼金退回。退回的礼金存在两种情况。一种是退回部分具有等级关系与伦理关系的礼金。阎云翔在分析非对称性礼物时指出，下岬村等级性社会关系背景中存在单向送礼行为，如村民单向送给村干部、低层干部单向送给上级、村民单向送给城里亲戚（阎云翔，2000：148）。西村也存在干部与村民间的非对称性礼物，前来赴宴的村干部若送礼，村民会直接退回。老师与学生、师傅与雇主之间的礼物往来也是非对称性的。学生会退回老师的礼金，雇主会退回前来家里帮忙建房子的师傅的礼金。这种退礼并没有引发大规模的"不收礼"，而是如下岬村一样作为非对称性礼物存在于村庄层面,是村庄层面的官僚文化与传统伦理关系对村庄礼物制度产生影响的结果。尽管这种"退礼"没有示范效应,但是这种非对称性礼物的存在使得"退礼"的观念与行动得到了村民的认可。村民们并不会认为被"退礼"是一种冒犯。另一种是退回部分道义层面上属于弱势群体的礼金。随着经济水平的提升,西村寿宴的举办频率增加,以往高龄才办的寿宴,开始向50岁、60岁及70岁的低龄化转变。宴请频率的增多增加了送礼人,特别是村中被频繁宴请的老人的经济负担。老人们通常是村中长辈,是赴宴的重要群体。为了减轻这些老人的负担,一些主家在寿宴中先行退回了老人的礼金,对老人采取了"不收礼"的做法。老人是处于相对弱势地位的群体,即使部分退休的老人有退休金,但他们仍然是伦理道义上需要关切的群体。退老人礼金是西村在宴请中的一种道义支持行为,在村内得到了效仿及普及。

　　我:哪些类型的不接礼?

　　邓大国:一是做房子的师傅,二是老师,三是村委会,四是上了花甲的老人家。但是,有工资领取又很亲的亲戚上了花甲会要礼,比如我亲叔,以前是农机站的计分员,有退休金,所以接了他的礼。家里穷苦的亲戚,且是老人,更不接。比如细外公,家里穷,就不应该接。那时细外公家里苦,外公家里也苦。但是外公还是得接,因为外公要给家里神坛做神匾,且竖上外公的名字。[1]

　　第二个过程是其他宴席类型中普及不收礼金。继寿宴之后,不收礼金先是扩展至其他不重要的宴席,如汤饼宴、升学

---

[1] 资料来源:我在邓大国家访谈时,就邓大国专门解释他家礼簿所做的笔记。

宴、周情宴等。而后继续向丧礼、婚宴发生转移。丧礼中礼物的部分被保留，礼金的部分则取消了。不收礼的关系圈范围亦逐渐发生变化：关系远的最早开始不收礼，如邻居、一般朋友、家族中的大房；关系近的稍晚，如家族中的小房；关系最近的则最晚，如亲戚及好朋友。有些宴席类型中，关系最近的礼甚至还保留着。从表3-1可知，邻居与大房是主家最早不收礼的关系圈。2005年，邻居与大房的礼早已直接不送。大房是指主人上一代（不含父母）的所有同房族的人，小房是指主人父母（含父母）以下所有同房族的人。在2008年的升学宴兼寿宴中，虽然大儿子与二儿子的朋友都携礼金前来，但主人都没有收礼金。通常，不收礼与送礼者送礼时间一致，主要有两种：一种是在宴席开始之前，另一种是在宴席开始之时。送礼者的送礼地点也有两种：一种是宴请者家里，另一种是宴席发生地。因而直接拒绝礼金的时间和地点有二：一是在宴席开始之前主人的家里，二是在宴席开始之时的宴席发生地。

表3-1 西县一户人家各关系圈收礼的变迁

宴席类型	亲戚	大儿子亲戚	二儿子亲戚	小房	大房	朋友	大儿子朋友	二儿子朋友	邻居	同事
乔迁宴"文革"时期	收受礼物	无	无	收受礼物	无	无	无	无	无	无
婚宴1989年	收受礼金礼物	无	无	收受礼金礼物	收受礼金礼物	收受礼金礼物	收受礼金礼物	无	收受礼金礼物	收受礼物
满月酒1990年	收受礼金礼物	收受礼金礼物	无	收受礼物	无	无	无	无	无	无

续表

宴席类型	亲戚	大儿子亲戚	二儿子亲戚	小房	大房	朋友	大儿子朋友	二儿子朋友	邻居	同事
满月酒 1992年	收受礼金礼物	收受礼金礼物	无	收受礼物	无	无	无	无	无	无
升学宴兼寿宴 1995年	收受礼金	收受礼金	无	收受礼金	收受礼金	收受礼金	无	未收礼金	收受礼金	无
寿宴 2002年	收受礼金	收受礼金	无	收受礼金	无	收受礼金	无	收受礼金	无	无
乔迁宴 2003年	收受礼金	收受礼金	收受礼金	收受礼金	收受礼金礼物	收受礼金	收受礼金	无	收受礼金	收受礼金
婚宴 2005年	收受礼金	收受礼金	未送礼金	收受礼金	未送礼金	收受礼金	无	无记录	未送礼金	无
寿宴 2006年	收受礼金	收受礼金	未收礼金	未送礼金	未送礼金	收受礼金	无	无	未送礼金	无
升学宴兼寿宴 2008年	收受礼金	收受礼金	未收礼金	未送礼金	未送礼金	收受礼金	未送礼金	未收礼金	未送礼金	无
寿宴 2013年	未送礼金	未送礼金	未送礼金	未送礼金	未送礼金,收受礼物	无	未收礼金	未收礼金	未送礼金,收受礼物	无
周情宴 2013年	收受礼金、礼物	未收礼金,收受礼物	未送礼金,收受礼物	未送礼金,收受礼物	未送礼金,收受礼物	无	未收礼金	收1人礼金,其他未收	未送礼金,收受礼物	无

资料来源：我的田野调查笔记。

第三个过程是不送礼,即参加宴席不送礼金。从表3-1中可见,2013年主人家在办寿宴及周情宴时,已有很多人未送礼金。不送礼的原因有二。一是习俗变迁,自然不送礼。在"不送礼"成为默认的规矩之后,邻居间率先实践。由于村民共地而居,很多邻居还是同一宗族姓氏的大房成员,当邻居不送礼后,大房成员也开始不送礼。二是内部协商,集体约制。在2005年的婚宴中,由于二儿子妻子的娘家人常在外地,故而较早商量统一不送亲戚礼。2013年寿宴时,小房之间商议不送礼。调研时,这户人家的主人告诉我,2012年清明时,他哥哥的儿子在挂清(清明仪式)时提出小房内(叔叔伯伯之间)不再送礼,故而2013年寿宴时小房成员亦开始不送礼。大媳妇亲戚不送礼则是大媳妇的哥哥牵头协商达成的。大媳妇的哥哥很早就针对亲戚往来定了规矩。大媳妇有四个哥哥、三个姐妹,由于人数众多,往来特别不方便,因而很早就定了每年正月初一与正月初二分别于两个地方统一拜年,拜年只带鞭炮蜡烛以显礼仪,其他物品一概不送。一次拜年期间,大媳妇的三哥提议以后亲戚之间免去送礼金及拜年送礼。三是主人提前告知不收礼,提醒来宾不要送礼。2013年,主人80大寿时,大儿子与二儿子商量后决定全宴不收礼,因而事先提醒主人的女儿不用送礼。

当然,西村宴请还有部分送礼、收礼的情况,主要有三种情况:一是从不送礼金转为送礼物,二是有部分核心关系圈及好朋友们依然保持礼金往来,三是贫困者仍然收取部分亲戚的礼金。

虽然西村的礼物规则经历了上述不收礼—不送礼—部分收礼的变化,但是,村民对于礼物规则的总体性形容是不收礼——"唔(不)接礼"或"唔(不)收礼"。主人在请客时,会用

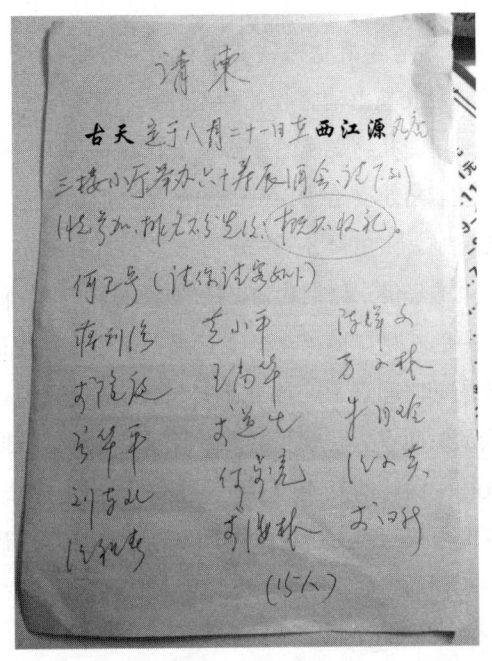

图3-1 注明"概不收礼"的请柬（交给帮忙请客的人）
（郑姝莉摄，2014年12月5日）

"概不收礼"（见图3-1）或"现场不收礼，免手势"来提醒客人。在不收礼后，会用"挨（我）是思尼（谁）给礼都唔接"来表达自己的行为，用"自家人的都没接""女的礼都毛过手"来表达不收礼的慷慨。客人亦会用"葛（他）是都毛接礼啦"、"退还挨郎（我们）呢"及"手都没过"来表达对主人不收礼的评价。客人去吃酒席，会形容自己去吃的是"白食（吃）酒"。需要注意的是，西村仍然有部分非主流性的规则，即会收礼的部分。具体而言，主人会用"接了一点亲戚的""只接了亲戚的""玩得蛮好的才会收"来形容接礼。客人则会用"估计自家人的接了一点"来表达对主人收亲戚礼金的推测。总体而言，礼物交换规则的变化显示的是主人收礼或不收礼的逻辑变化,而不是送礼者的变化。因此,本书将这一变迁总结为请客由收礼到不收礼、部分收礼的变化。

仪式性礼物交换由请客收礼到不收礼、部分收礼的变化,其实是互惠的变化。礼物交换的核心在于存在一种关于赠予的交换规则,即通过馈赠使得给予、接受和接受之后回赠这一链条持续发生的互惠机制。多重义务回馈的存在使得礼物经济成为一种受多重互惠约束的经济,约束礼物交换的规则是一种多重互惠制度。仪式性宴请中的礼物交换存在多重互惠:第一重是宴请-送礼的互惠(在相同的时间点上完成互惠),第二重是宴请-回请的互惠(在不同的时间点上完成互惠,回请发生在延迟的时间点上),第三重是收礼-回礼的互惠(在不同的时间点上完成互惠)。在一定关系范围内相互出力帮忙举办的宴请中,还存在出力-回力的互惠(在不同的时间点上完成互惠)。这四重互惠都体现了交往功能(communicative value)(Molm et al.,2001),但在客观效果上,第一重及第四重互惠中的"礼"与"力"具有资助(aid 或 endowment)功能(Wilson,1997;Cheal,1988;Chen,1985;阎云翔,2000;Crow et al.,2002),是一种资助型互惠。集体化时期,物资短缺,礼物交换以物的形式满足人们的物资需求。如一匹布足够做一件衣服。改革开放后,它以礼金的形式出现,资助宴请者举办宴请,抵消一部分宴请成本。宴请中的力则是一种劳动资助。第二重与第三重互惠中的"宴请-回请"与"收礼-回礼"则更多地体现为交往关系的延续功能,宴请与礼金体现的是两人间的关系。有鉴于此,本书将第一重和第四重互惠称为资助型互惠,将第二重和第三重互惠称为关系延续型互惠。在仪式性宴请中,资助型互惠可分为两种:一种是前来出力帮忙的劳动资助型互惠,另一种是送礼物或送礼金的礼物资助型互惠。在宴请与礼物交换过程中,人与人之间的交往关系或者得到确认并再生产，或者程度加深且范围扩大，或者引发冲突受到影响。由此可知，仪式性宴请中的礼物交换内部存在双重互惠：资助型互惠与关系延续型互惠。在"请客收礼"向"不收礼"及"部分收礼"变迁的过程中，"出力"的帮忙逐渐被市场替代，"收礼金"逐渐转变为"不收礼金"，货币化的礼物资助型互惠与劳动资助型互惠均逐渐消退。当部分关系开始完全不收礼时，双重互惠单重化了；当仍然有部分关系会收礼金时，它发生了有限化的变化。

第四章
社会流动、声望补偿与双重互惠的去制度化

上一章讨论了市场变化如何为去制度化创造了条件，同时描绘了西村"不收礼"及双重互惠去资助化的初步概貌。互惠的真正变化源于主体意识的改变，主体意识的变化则源于村落内在结构的变化，即村落社会结构的变化。村落社会在改革开放后渐渐发生了转型，这一转型是由社会流动与人口流动带来的。社会流动成功开启了去资助化的仪式性宴请。在社会流动过程中，宴请者的地位结构发生了变化，而仪式性宴请则成为表达地位结构变化、建构社会声望的最好工具。从本章开始，我将从社会流动及声望建构的角度讨论去资助化互惠如何直接诱发了去制度化的变化。

"不收礼"与去资助型互惠的产生和声望建构是紧密联系的。早期研究者将礼物经济与权力、声望联系起来，分析礼物交换中到底谁获得了声望。以往的研究大抵有两种观点：一种观点认为礼物交换中送礼者获得了社会声望，因为送礼者在交换过程中成为债务人，具备了优越性，礼物总是沿着社会地位向下流动，送礼者的地位优越于收礼者（Befu，1966；Befu，1974；Befu，1977；Gregory，1980）；另一种观点认为，在身份等级体系中，是收礼者而不是送礼者获得了社会声望，礼物发生了从下层向上层的单向流动，这一现象在中国最为典型（阎云翔，2000）。然而，这两种观点都无法解释西村"不收礼"的声望建构情况。上述两种观点其实都只看到了仪式性礼物交换中"礼"这一重，而没有将"礼"与"宴请"结合起来，没有注意到仪式性礼物交换的多重性。在西村，既不是送礼者，也不是收礼者获得了社会声望，而是不收礼的宴请者获得了社会声望。凡勃伦（T. Veblen）将炫耀性消费视为建构声望的一种方式（Veblen, 1979），但是他所分析的炫耀性消费更多是讨论在陌生人社会中获得声望的方式。坎贝尔（C. Campbell）批判他没有区分炫耀的对象到底是熟人还是陌生人（Campbell, 1995）。而本书的讨论，将分析熟人社会中的声望获得。熟人社会中声望获得的途径不是个人消费品的消费，而是在集体仪式场合中的消费；不是通过个人的消费来获得声望，而是通过为他人谋利的慷慨来获得声望。在仪式性宴请中"不收礼"就是借助集体仪式场合中的慷慨来获得声望，这种方式可以为他人减轻送礼负担，是一种道义性炫耀、一种慷慨性炫耀。由此可见，在熟人社会中，声望主要通过道义性炫耀来获得。

熟人社会中的人们为何要用道义性炫耀获得社会声望？探讨这一问题能展现互惠去制度化的机制。任何变迁都要有契机，以扭转原来的共享规则。村落互惠制度的变迁契机要从更宏观的社会转型讲起。在改革开放的过程中，村庄发生了社会流动。社会流动直接制造了人们建构声望的需要，使得社会声望的获得者由收礼者变成了不收礼的宴请者。社会流动者的声望建构行为有三类表现：第一类是原来身份较低的人在恢复身份并成为精英后通过不收礼宴请进行缺失的社会地位补偿；第二类是原来有身份的人通过不收礼宴请再次确认其地位；第三类是原来身份普通的人脱颖而出，通过不收礼宴请获得新的地位。本章、第五章、第六章将对这三类表现进行具体的论述，并通过这些分析，找出互惠制度变迁的机制。

本章讨论第一类，即原来身份较低的人，在恢复身份并成为村庄精英之后如何通过炫耀性仪式进行身份补偿。身份群体的社会流动引发了其补偿社会声望的需要，他们利用"不收礼"补偿其社会声望。这些人不收礼，会对原来共享的收礼规则造成冲击，"不收礼"的宴请也被赋予了符号意义。可见，恢复身份的家庭率先通过"不收礼"来补偿其声望，这种声望补偿行为打开了互惠去制度化的缺口。在缺口打开以后，"不收礼"的符号功能渐显，渐渐成为建构声望的手段。

"补偿"（compensatory）在心理学中指个体借助其他领域的成功，来弥补自身在某一方面的心理劣势感（Adler，1917）。移民社会学中用社会地位补偿来指那些跨空间性的补偿：在某一国家地位较低但享受很高的待遇，可以补偿其心理失落感（王春光，2000：161；黎相宜、周敏，2012）。社会地位补偿更多被用来解释空间性的、跨国性的行为。本书将补偿与社会声望联系在一起，从历史的维度，强调过去的遭遇对现在行为的影响。社会声望补偿是指通过某种行为补偿以往较低的社会声望。在本书中，声望补偿的方式是"散出性"及"消耗性"的慷慨行为。当"不收礼"在慷慨行为中以消费的形式呈现时，它直接指涉了一种补偿性消费：宴请者为弥补以往缺失的自尊或以往缺乏的自我而做出的消费行为（Gronmo，1988）。

集体化时期，西村有一批人"受到了批判"，沦为村庄中的底层身份群体。在改革开放后的30年间，以往受到批判的家庭不仅恢复了身份，还利用各种流动机会，获得了新的财富与地位，成为村内的崛起型精英。为了证明自己崛起的社会地位，他们通过摆"不收礼金"的丧礼宴席与寿宴，补偿其曾经的社会遭遇，以期在村庄中重新获得社会声望。西村最早通过仪式性宴请来宣告社会声望恢复的是一个侨属。摆寿宴时，他的儿子以"不收礼"的慷慨性炫耀来表达其对父亲恢复工作的"高兴",这是西村资助型互惠消退的早期雏形。他们也成为村内社会声望补偿的早期实践者。而未恢复工作的家庭则由崛起的下一代通过仪式性宴请行为,来补偿因家庭受压未被尊重的创伤经历。虽然早期的声望补偿行为只是零星出现,并没有被其他人模仿,但这种以"炫耀性"仪式消费来建构声望的行为,却对后人起到了示范作用,即后期西村"不收礼"的开启是有迹可寻的。

第一节 身份下降、身份恢复与成为精英

一 身份的下降

集体化时期,西村有一批人被定为四类分子,这种身份的下降给当事人带来了较大的伤害。在熟人社会,身份下降带来的最大伤害在于声誉与声望上的伤害。

集体化时期,村庄中的社会地位具有较明显的等级结构。阎云翔笔下的下岬村有四类身份群体:干部、四属户、普通村民及四类分子(阎云翔,2000:33)。然而,这种划分排除了体制内工作人员。事实上,部分体制内工作人员或者在西村地域范围内工作,或者其父母、老婆、子女尚在西村,因而仍然与西村有紧密的联系。特别是父母、老婆、子女尚在西村的体制内工作人员,他们仍然会被纳入村民的地位、声望评价体系中。因此,本书将与西村有关联的体制内工作人员也纳入村庄的社会结构中。村民依据不同人员的工作类型及阶级地位,将村内的身份群体划分为四类,分别是"有工作的"、"大队干部"、"普通种田的"及"有成分的"。其中,前三类是村内正

常的人，在教育上享受相对平等的待遇。"有工作的"人员是村庄内社会地位最高的人，他们是体制内成员，享受着商品粮待遇。这类人包括国家干部、公社干部、教育部门人员、集体经济企业（如供销社、国有林场、食品公社等）职工等。由于西村包括四个行政村，在西镇内算大的片区，因而供销社、食品站及粮管所都在西村设点，国家林厂也位于西村的隔壁——洋乡。除了在西村设点的单位工作外，许多有工作的人不在西村范围内工作，待遇亦不由村庄内部供给，但他们依然是西村人，会在遇到红白喜事时回乡宴请或者赴宴。"大队干部"指在生产大队中任职的人员，包括大队长、保管、会计、驻村干部四类。西村在集体化时期有东村、西村、南村及北村4个生产大队，共计16个大队干部。"普通种田的"即普通村民。

最后一类"有成分的"人是遭遇了身份下降的身份群体。他们是村内"不正常"的底层身份群体，不能享受与"正常人"一样的教育机会，还会被以"批斗"的方式特殊对待。在西村，"有成分的"人主要指地主、富农、反革命分子、坏分子及右派分子五类人员。

景升的父亲广城生于1916年，他是西市师范的毕业生。"文化大革命"期间，他因批评粮食归集体所有不能充分激励农民的积极性而被定为右派。

有宝的父亲水深生于1922年，新中国成立初期曾在西村当老师，1957年时因建议警惕美国的原子弹而被定为右派停职，后以养鸭、种田为生。

邓火是我进入西村时的一个指引者。他的父亲也曾是村里的教师，在"文化大革命"期间因言语不当被定为右派。此外，邓火小公①的地主身份也影响了邓火的父亲。地主以及右派的双重身份，使邓火家成为西村中身份下降的群体，即村民口中"有成分"的家庭。

在集体化时期的四类身份群体中，"有成分的"在村人员属于村内的底层弱势群体。在政治上，他们是各种政治运动中批判的主要对象。在工作安排上，他们被安排以最低等级的工种，如养鸭子。在资源获得上，他们无法获得向上流动、习得知识的条件与途径。一方面，他们无法上学；另一方面，他们连书和报纸都无法获得，只能借助其他途径偷偷阅读。邓达喜曾在邓水深被定为右派时偷偷给他拿过报纸，他俩也因此成了忘年之交，后来邓水深甚至将自己的丧礼交由邓达喜全权操办。

二 身份的恢复与精英的形成

1978年，全国范围内打开了落实干部政策、平反冤假错案的局面。西村的平反工作也在其后得到了开展，曾被打为右派的人陆续恢复了身份。恢复身份后，曾经处于社会底层的身份群体，也能与普通百姓一样享受正常的学校教育。在国家的各类开放政策下，部分"有成分"的人抓住不同的政策机遇，实现了社会地位的向上流动，大致有以下三种。

第一种是在国家侨务政策环境下因侨属身份崛起。邓小平复出后，不仅为"四类分子"恢复了身份，还提出了要联结海外关系的政策。1977年，他指出"海外关系是个好东西"，要求各地对侨务战线进行拨乱反正。届时，地方政府开始重视侨务工作，组建侨务工作队伍。曾被打为右派的邓广城因哥哥在美国而成为侨属，被县里选为侨务代表，后来还当过县人大

---

① 小公指爷爷的弟弟。

代表、县政协委员。恰恰是因为广城的侨属及侨务工作身份，在恢复身份两年后，他还恢复了原来的教师工作。恢复工作后，广城一直在村内任教师，退休后，他还在宗族理事会中任职，在村内的社会声望一跃而升。广城的儿子景升，"文革"时期因"有成分"未能读完初中，恢复身份后读完了初中，毕业后便留在西村当了教师。因为侨属的身份，在父亲当完第一届侨务代表后，他便接替父亲成为侨务代表，还担任了六届西县政协委员，使整个家庭的社会声望得到了较大的提高。

第二种是在市场机会逐渐增加的过程中，恢复身份家庭的子辈借助关系资源、市场机会，凭自身能力崛起。西村邓有宝就是在改革开放后的市场环境中，借助亲属关系资源，基于自身能力成为西县首富的典型代表。有宝的父亲曾被打为右派，平反之后父亲并没有恢复工作，那时有宝过继给伯父水波当儿子，后跟随伯父去往广东某市，被安排在粮食局工作。当时他的月薪才30元，他经常在码头兼职做搬运工。有宝后来辞去了粮食局的工作，下海经商。他将家乡的白莲卖到广东的岐江酒家，一下子挣了2000元。发现这一市场机遇后，他后便开始销售白莲。到1992年有宝36岁时，他便成立了自己的食品有限公司，担任公司董事长。那时，有宝已成为西村首富。其后，他又将公司业务扩展至进出口领域，不久公司便成为集生产、仓储、包装、运输、冷藏、烘干、食品研发于一身的企业。目前，该公司已改名为香港某食品有限公司，成为大型食品进出口企业，主营月饼、蛋卷、曲奇、桃酥等产品。由于公司规模较大，有宝成了身价上亿元的西县首富。除了企业身份，有宝还是广东某市政协委员、某商会会长。有宝的崛起关键在于伯父曾在粮食局任职。虽然有宝后来下海了，但是伯父及他自己在粮食局及该市工作时积累的资源成为他成功的关键。他充分利用市场开放的流动机会，基于自身的能力在20世纪90年代末迅速崛起。崛起之后，他捐资为西县修建了医院大楼。西县人都特别尊重他。村民对他的评价亦由"有成分的人"变成了西村首富。

第三种是在教育资源开放的条件下，利用教育平台，基于自身能力在教育系统任职，成为村内有声望的教育工作者。教师属于西村内"有工作的人"，在西村的社会地位比普通百姓高。集体化时期，西村许多"有成分的人"都曾是教育工作者，这些人恢复身份后，其后辈亦大部分进入了教育行业。邓火在集体化时期因为父亲的身份问题，小学只上了一半。父亲恢复身份后，他继续完成了学业，初中毕业后便留在村内小学当民办教师。后来，他抓住了民办教师转正的机会，成为村内的正式教师。因为他能力较强，又擅长组织与交际，后来升为小学副校长，成为当地很有名望的教育工作者。而他的父亲在恢复身份后，因擅长笔墨，进入了宗族理事会，为村内的宗族事务付出了努力，提升了自己的名望。

可以看到，以往的弱势身份群体在改革开放后恢复了身份，他们以自身能力为基础，借助国家政策、亲属关系、市场机会、宗族理事会平台等社会资源在村庄中崛起。崛起后，他们有的进入了村庄社会结构的顶层，如有宝；有的则从原来比普通百姓低的地位升至更高的地位。虽然崛起的方式及程度不同，但这些人都在崛起后，用慷慨性方式表达了自己社会地位的变化。

第二节 "寿丧不收礼"：崛起的价值表达与声望补偿

改革开放后，村庄中的弱势身份群体通过各种途径在社会中崛起。然而，由于在集体化时期曾居于劣势地位，他们在崛起后试图以各种方式宣告自己的崛起价值。寿宴及丧礼便成为重要的宣告平台。寿宴与丧礼的针对者都是父辈，通过办炫耀性寿宴与丧礼，可以弥补以往父辈因身份劣势而缺失的尊重。为了提高寿宴与丧礼的炫耀性，社群内的"不收礼"便成为声望补偿的一个重要方法。西村最早通过"不收礼"宴请来宣告社会地位恢复的是景升家，因为他父亲较早恢复了工作。崛起为西县首富的有宝，则为自己的父亲操办了当时西县最大规模的丧礼。邓火当了副校长后，获得了比普通村民高的社会身份，虽然经济条件依然有限，但他还是"咬紧牙齿"为父亲办了寿宴与丧礼。

一 恢复工作的"高兴"

最早通过慷慨的仪式性宴请来宣告社会地位恢复的西村家庭是景升家。景升的父亲广诚恢复身份时，他已经60岁了。两年后，他恢复了工作。为了庆贺这件事，景升在父亲70岁（1985年）生日时办了一场对所有人都"不收礼"的慷慨性宴席。

> 我：2005年的时候，你那个时候酒（景升父亲90岁寿宴）收了礼吗？
>
> 景升：没有。我跟你说，说起收礼的事，我爹70岁的时候，就平反昭雪，恢复工作。自从那个时候开始，70岁开始，我们家里就没有接礼了。我们是最打前。80岁就去罗云村打了念佛集①，花了5000多块钱。那就活到

---

① 客家地区老人生日时，为了使老人更长寿，流行请佛教人士前来念佛。届时，不会大规模宴请，只请核心亲属及附近小范围的邻居吃个简单的斋饭。

了90岁了呢就做了生日。(20150205－景升－M)

为何景升在父亲70岁的时候不收礼？景升说，他们家被定为地主后，除了他结婚没有办过其他的宴席。父亲50岁没有办寿宴，60岁也没有办寿宴。但是到70岁的时候，他便办了一场20多桌的大寿宴。提及为何不收礼，他说：

> 那个时候为什么不收礼？我们是感觉高兴啊这样。原因是这样，我爹原来是右派、受过压迫的人才啊。后来共产党恢复了他的工作嘞，我们就觉得高兴，就不要他们的礼了嘞。那我还参加工作的时候，他们舞灯的来了，那个时候的钱是多少啊，30元，我老伯、嫂子、我、我的爹，我们一起接过四个灯。接一个就给一个（包）。那个时候七几年的票子啊。你说舍得，120元的舞灯钱，就是因为高兴，恢复了工作。(20150205－景升－M)

对于景升全家而言，不收礼，甚至灯彩队上门的时候全家人大方地赠出120元，都是为广诚恢复了身份和工作而"高兴"。这种以慷慨为表达形式的"高兴"有两层含义：第一是为社会地位恢复而高兴；第二是通过宴请向亲朋好友表明社会地位得到了恢复，重新获得了社会声望，由此补偿以往不受人尊敬的经历。当然，景升家并不是在炫富。一方面他家的经济条件并不是非常富裕，另一方面在父亲80岁的时候并没有摆设寿宴，而是到90岁的时候才摆了寿宴。当时是念佛的时候，景升跟父亲说："念了佛说如果活到90岁，那我就做生日。"后来父亲90岁了就做了生日。对于父亲90岁那场寿宴，景升的朋友和他自己都认为那场宴席既慷慨又有面子。他特地强调："我爹90岁的时候，县领导也来了。政协、人大、侨办来慰问。他们说对我爹表示尊敬。我爹是人大代表，横江镇的，又是侨办的。"（20150205－景升－M）当我问及宴请规模是否很大时，景升受邀的朋友LY说："蛮大。"景升也谦虚地回答："祠堂下就说反正30多桌还是40多桌，打了40桌就不好听，抽了一桌，就坐了39桌。父亲说打40桌不好听。我本来说打在那个下祠堂，他说不用了，就打在里面。在良公祠里面打了39桌。那个时候天气很热，也没有装吊扇。"（20150205－景升－M）就西村而言，39桌的生日宴请已算是大宴。在宴请中，景升没有收礼。这种慷慨既是履行他对父亲80岁生日时的承诺，也是体现其尊老孝义的方式，还是增添家庭面子的一种途径。

二 花钱买名声

与景升通过"高兴"的仪式性宴请来补偿父亲以往不受尊敬的声誉不同，邓达喜觉得首富有宝家更多是通过"不收礼"来花钱买名声。1999年，有宝的父亲水深去世。去世前，住在城里的水深将自己的六个儿子叫到跟前，要求他们将自己的骨灰送回老家，让初中校长达喜负责主持他的丧礼。达喜是村内有名的"抬场面"的人，当他接到主持邀请后，认为"反正他有钱，我就帮他办了一场西村有史以来规模最大的丧事"（20150127－邓达喜－M）。规模有多大？邓达喜回忆道："在西村甚至西县，直到1999年水深先生去世的时候，还没有办过那么大的规模。"那场丧礼出了几个"亮点"：第一，是全村最早开始给普通百姓送花圈的丧礼；第二，是全村花圈数量最多的丧礼；第三，是全村最早开始用西洋乐队的丧礼；第四，是全村当时桌数最多、参加人数最多的丧礼，摆了80多桌，共有600多人参加；第五，是改革开放后全村最早通过送五个旌来表彰死者的丧礼；第六，是全村唯一一个整个学校学生都来帮忙扛花圈的丧礼；第七，那场丧礼没有收礼。当我问及为何不收礼时，达喜的解释如下。

达喜：没什么礼收。那个时候他已经十分有钱了，那个时候他已经是亿万富翁了。

我：那个时候他都没有收礼？

达喜：没，没。

我：你没帮他写礼吗？

达喜：社会上请的没有接礼。

我：亲戚的呢？

达喜：亲戚的没有接。

我：没收礼，那是提前通知的还是……

达喜：提前通知的。会提前告诉他。会提前出传单，会派人去请客啊。

我：那个时候别人不会接受不了吗？那下次我做酒还要请你回来啊。

达喜：怎么能跟他比呢？不能跟他比啊。比如说不要说我给他理事，即使我没有给他理事，他请我，我也去暗（表同意参加）他，他请我就是尊重我们，他尊重、请了我们，那我们也去尊重他，去送他上山（表送行），那至于以后，我们要请他吗？不要考虑，我不能做和你比啊，你都那么有钱，我一般的人回得了啊，回不了，没什么回的。

……

我：那你觉得他办这个丧事有点炫耀的意思吗？

达喜：当然。一就是表示这个子孙后代啊，尊敬长辈，尊敬父母喽，这是一个意思。再一个，也就是有点炫耀，没钱的人肯定做不到这种事情，他其实就是花钱买名

声啊，花钱买名誉啊，实际就是这样。西村随你红喜事还是白事，西村都是不接礼。（20150127－邓达喜－M）

这场西村规模最大的丧礼给西村人留下了极其深刻的印象。我在西村调研的时候，1985年出生的学生都回忆了当时整个学校停课，组织学生帮有宝家扛花圈、送花圈的情景。达喜说，因为有宝许诺会捐资建学校，所以他动员了所有的中学学生参加。但凡问起西村的丧事，村民们都会跟我谈起那场声势浩大的丧礼。在达喜看来，有宝家的丧礼是一种炫耀，这种炫耀有点"花钱买名声"的味道。为何花钱买名声？因为有宝富裕之前，父亲曾受过打压。花钱可以弥补父亲被打压时所受的歧视，其实是一种历时性的声望补偿。在田野调查时，火根曾同我谈起水深平反、儿子成为西村首富后他的变化："他以前走路，都是弯腰躬着背。后来富裕了，他是挺着背走路。"（20141209－火根－M）从躬着背到挺着背，体现的正是家庭社会地位由被打压到恢复的变化，而"不收礼"的炫耀性丧礼，则是对以往不受人尊重的声望补偿。

三　"咬紧牙齿"送了三个旌

水深的丧礼创造了西村的几个"最"，也影响着西村丧礼礼俗的变化。自那场丧礼后，许多人开始效仿：一是送大量的花圈；二是开始大规模办丧礼、开追悼会；三是在丧礼上送旌表彰死者被建构成一种新传统，亦成为死者是否有名望地位的关键。恰如达喜所言：

> 送这个旌字在西村是比较有作用的，比较多。其他地方有是有，但是很少。西村比较有作用这个东西，也是受1999年水深家的影响。从有宝的父亲过世后，做一场斋饭

的钱是没问题喽。所以老人过世以后规模都比较大。就是他那一次送了旌，整个县都开始兴送旌，特别是西村，整个老人过背（去世）规模都比较大。（20150127-邓达喜-M）

邓火的父亲因一幅老虎画被定为右派，平反后恢复了身份。当时，父亲是宁县师范专业毕业的，文化水平在西村算上层，在学校里当老师。被打成右派后，邓火家的经济与社会地位瞬间降低。一方面，邓火无法继续上学；另一方面，弟弟因家贫而夭折，妹妹则被送去别人家里寄养。平反后，父亲因是文化人，便去当先生（专门给人写字、主持红白喜事），同时还在祠堂理事会任职。上祠邓姓的第一届谱箱就是由邓火的父亲牵头完成的。

在父亲被定为右派后，邓火家的社会地位一直较低，也不受人尊重。直到父亲平反，后来又去祠堂理事会任职，他家的声望才有所提高。邓火崛起为西村小学的副校长后，虽然经济地位不高，但在西村有一定的社会声望，无奈小学教师的经济能力有限，他家在宴请上一直比较低调。邓火带我去景升家访谈时，他老婆听到景升帮父亲办寿宴，便说："我爹是一直都没做过什么。就只有前年行嫁的时候，我们家帮我女儿做了嫁女酒。"（20150205-邓景升*邓火老婆-F）确实，邓火父亲50岁、60岁、70岁时都没有办寿宴。直至2001年父亲81岁时，他们才给父亲办了一场寿宴。问其为何做酒，邓火老婆说他们家里一直没有办过大酒席，所以那一次办了是希望父亲长寿。但是没有想到，父亲在同一年就去世了。

为了办寿宴，邓火家也花了不少钱，特别是不收礼之后，宴请的经济负担更重。但是，当父亲在同一年去世后，他们依然坚持为父亲送旌。自有宝家为父亲送了五个旌后，西村就兴起了送旌表彰死者的做法。送旌成本高，送旌的数量越大，要接待的送旌人数越多，宴请的桌数也要增加。就西村上祠而言，若送一个旌，即房旌，南阳堂每个谱箱都得参加，共40个谱箱（通常实到的人数有差异）。如果送两个旌，则有房旌与族旌，族旌指除了南阳堂每个谱箱及本房外，还得再请另外两房，至少得请二十几个宗族代表。如果送三个旌，则除了前述两旌，还要加上外姓人，即乡旌，届时还得请至少二十几个乡旌代表。下祠邓姓与上祠邓姓之间互称乡旌人。通常，送一个旌意味着要增加6桌吃饭的人，就要多6桌宴请成本。如果送三个旌，则需要增加18桌的成本。以2001年的情况来看，菜品成本以60元每桌计算，送一个旌则增加360元的成本，送三个旌则要增加千元的成本。这对邓火家来说着实是个负担。邓火的老婆说，那一年一是他们家刚办了寿宴，二是儿子在上小学、女儿上初中需要花钱，可以说家庭条件已经十分困难了，但是她与老公还是商定为父亲办丧礼，而且送旌。我在参加完村内大星母亲的丧礼之后来到邓火家，邓火的老婆对我说："虽然大星母亲送到二百多个花圈，但是她只送了一个旌。但是我家家公送了三个旌。"（20151120-邓火老婆-F）

为何在家庭经济条件如此差的情况下他们还要送旌？邓火的老婆说，这三个旌不是孙叔[①]要求送的，而是他们自己要送的。邓火的父亲既有学历，又曾当过老师，还是祠堂理事会成员，为祠堂做了贡献；其儿子、儿媳也是村内的文化人，因而本身是足够孙叔提送旌的。当我问及他们自己为何送旌时，邓火的老婆说："因为觉得家公一世辛苦，曾被打为右派。所以他去世想给他点荣耀。虽然家里困难，而且只有一个儿子负担

[①] 对同一姓氏的长辈的统称，是一种能体现尊重的身份称谓。

葬礼，但是他们还是咬紧牙齿（表示忍受痛苦）送了三个旌，以彰表他这一生。"（20151120－邓火老婆－F）这种"咬紧牙齿"送旌的丧礼，既是邓火家在邓有宝家办丧礼之后的应对性炫耀，也是邓火夫妇期待通过丧礼为父亲增添荣誉的声望补偿。景升与有宝家的寿宴及丧礼"不收礼"是早期行为，邓火家则更多是一种效仿。他知道其他曾受过打压的家庭给父亲进行了仪式性的声望补偿，所以他也希望在寿宴与丧礼中为父亲及自己赢得社会声望。这些"不收礼"的宴请，是西村请客不收礼的早期雏形。

第三节 声望补偿何以必要：建构新的社会记忆

社会声望补偿是指借由某种行为补偿以往未受尊重的经历，进而重新获得社会声望。崛起的西村新精英为何要通过这些慷慨性行为，借助"不收礼"的宴请来重新获得社会声望呢？声望补偿的必要性与弱者的遭遇是紧密联系在一起的。首先，身份下降的遭遇已成为个体的创伤记忆，上一代的创伤记忆亦会传递给下一代，个体创伤记忆的存在为社会流动者的炫耀性行为提供了创伤补偿的动机；其次，在仪式性效应下，弱者传递的个体创伤记忆已然成为村庄的社会记忆；最后，声望补偿行为可以为崛起者打破以往"不受人尊重"的社会记忆，建构一种"有名望"的新的社会记忆。

一 创伤的代际传递

集体化时期，"有成分"的人不仅沦为村庄结构中最底层的群体，还因地位弱势而被人羞辱、歧视。这些境遇不仅给遭遇者带来苦难，还演变为遭遇者下一代人的个体记忆。曼海姆认为一代人共同经历的事件会使这代人共同进入一个代内单元，经历过的那些事件会积淀在意识的底层，进而形成最坚固的观点（Mannheim，1975）。当我进入西村时，"有成分"的那一代人已逝，但是下一代人却传递着上一代人的创伤。进入西村调研初期，我本不打算了解与"文革"相关的事情，但是邓火、邓景升及邓会计都主动向我讲述了他们父辈"被打压"的经历。普拉格（Jeffrey Prager）曾指出，上一代人的痛苦经历会影响他们及下一代，他用创伤传递来描述上一代人的创伤经历对下一代人的影响，认为父母创伤影响着下一代人的身份认同（Prager，2003）。父辈的经历伴随着下一代人的童年，在时间过程中渐渐形成了他们的回忆认同。虽然他们的父辈后来都恢复了身份，但是以往因特殊身份遭遇的"特殊待遇"却成为他们一辈子的创伤性回忆。创伤是心理体验与社会情境互动的结果，集体化时期的弱者所遭遇的创伤就是那一时期革命运动带来的苦难。邓火在回忆这些特殊待遇与苦难时说：

> 实质上是一种污辱。有宝的父亲被打了右派，没工作了，别人看不起他啊，那个时候养了鸭婆，那别人就看他不起。景升老师的父亲也养了鸭婆。

仪式性的打压是父辈遭遇的第一种特殊待遇，成为父辈及子辈印象最深的仪式性创伤。仪式性活动因特殊的场景、特殊的装扮、特殊的仪式给遭遇者留下了难以磨灭的记忆。这些身体上的待遇即普拉格所说的"压制性经验"（overwhelming experience）。在邓火的叙述中，这些画面成为永久性的记忆。

弱者被安排最低等级的工作是父辈遭遇的第二种特殊待遇，这种最低等级的工作安排以非仪式性、日常性的方式出现，强化了人们对创伤的认识。通常，"有成分"的人被安排去养鸭子，这是西村那时最低等级的工种。不仅家中的男主人去养鸭婆，家中的妇女也被禁止参与一般的日常劳作。

弱者的连带责任是上一代的创伤被传递至下一代人的直接记忆来源。集体化时期，"有成分"的家庭缺乏社会流动的机会。家中的下一代人被禁止接受教育，通常上完小学后就不能再读书。在这种连带责任中，下一代被剥夺了属于他们的社会位置，以及将自己从前一代人中独立出来的能力。像邓火、景升及有宝一样崛起的弱者还是少数，许多"有成分"的家庭，其后代因未完成学业而无法进行社会流动。邓晨在描述邻居邓复隆一家时，便认为"因为他成分不好，所以两个儿子邓颖芬、邓颖芳均小学未毕业，一生在家务农"。邓火、景升及有宝都曾因为成分问题被禁止上学。尽管邓火及景升在恢复身份后继续完成了学业，但有宝却没有上完小学。虽然他是西村首富，但是村里人都知道他小学未毕业。西村很多村民都曾对我提起有宝虽然是首富，但是文化水平比较低。正如普拉格所述：创伤，就像一个从未愈合的伤口，成功地使下一代的世界带着原先的影子，加固其重现远古的威力；创伤成功地将经历从一代人传递到下一代，让受害者感觉活在当下就如同活在过去（Prager，2003）。

二　个体记忆成为社会记忆

集体化时期的弱者遭遇不仅仅是个体记忆，它甚至成为整个村庄的社会记忆。被批斗是一种仪式，特殊的时间强化了公众对于操演这一仪式的习惯性记忆。特别是仪式暴露于公共场合使得这种记忆具有广泛的观看效应，个体的创伤记忆在仪式过程中演变为村庄的社会记忆。

恰恰是因为个体记忆已经成为社会记忆，所以崛起者一旦做出异常行为，村民就会主动回忆崛起者的苦难史，进而对崛起者的行为做出与创伤有关的评价。当有宝答应全额资助重修上祠族谱时，要求族谱上的每一页都要印上他父亲捐修的字样。然而，这一要求遭到了许多村民的反对。村民一致认为，族谱是公共事业，而非有宝一人的财产。所以，九修族谱第一次重修就因村民的反对中断了。在我与邓火的一次对话中，邓火评价有宝的这种行为是一种"责怪"——"有点怪这地方的人斗了他父亲"（20120205－邓火－M）。许多村民认为，有宝并没有为家乡做过实事。他的很多行为都是一种"责怪"式的炫耀。在他父亲去世办丧礼时，他承诺为西村捐资办学校，所以达喜动用了全校的学生帮他扛、送花圈，但在办完丧礼后，他并没有兑现修建学校的承诺。村民不认可此举，并将他的行为与他因为父亲曾被打压"责怪、记恨西村"联系起来。达喜也认为，尽管改革开放后有宝家得到平反，但在此之前他们一家人已受尽歧视。父亲被批斗的情景一直被他记在心中。恰恰是因为这种"责怪"与"记恨"的情绪，所以他才会提出在新修族谱的每一页上都要打上父亲的名字。我没有去访谈过有宝对于这件事的看法，但是村民在向我讲述这件事时，普遍认为他对于"文革"的经历是有情绪的。"记忆的直接认知难度较高，借助村民们的解释与叙述，可以获得他们对那段经历的理解。"（卡拉奇，2001）我们虽然不能直接了解有宝心里的想法，但至少可以看到，对于他家的遭遇，村民们已经形成了一种社会记忆。

三 声望补偿：建构新的社会记忆

集体化时期的弱者遭遇造成了一种创伤，投射到个体的内心，成为一种个体记忆。这种个体记忆经由代际传递，将创伤从上一代传递至下一代，并在仪式效应下成为村庄的社会记忆。为了改变这种旧时的社会记忆，崛起的下一代在仪式性宴请场合制造新的亮点，创新仪式要素，以建构新的社会记忆。"不收礼""规模最大""以父辈名字命名的路""送旌"这些具有声望补偿功能的仪式性宴请要素，都是建构新的社会记忆的重要组成部分。

"不收礼"是景升为父亲办70岁、90岁宴请时强调的新亮点。这种新亮点并不一定会被赴宴者记住，却成为他自己永恒的记忆。建构新的社会记忆要从建构新的个体记忆开始。景升的父亲恢复了工作，景升一家需要用一个亮点来表达对恢复工作的"高兴"。这个亮点就是一种慷慨以及一种施予。慷慨与施予能够让主体强调自己的价值，"不收礼"即强调了一种不向他人索取，反为他人付出的道义性价值。为了类比他的这种道义性行为，景升甚至列举了他们当年给舞灯者的红包[①]。西县的民间灯彩是一种道义经济，届时，舞灯者以募捐为名向家家户户集资修桥或修路。对捐赠者而言，他们认为这是一种慈善的道义经济。景升将自己"不收礼"与慷慨地接过四个龙灯并给予120元进行类比，意味着"不收礼"也是一种只求付出的道义经济。由此，景升以"不收礼"为其声望补偿建构了一种新的个体记忆。当他向他人表述这种个体记忆，他人口耳相传时，新的社会记忆自然而然地建立起来。

"规模最大""西村首富""水深路"是有宝办了丧礼之后人们对那场宴请及他的新的社会记忆。在村民旧的社会记忆中，有宝不过是父亲曾经养过鸭子，自己小学没毕业的普通

---

① 见在前文中提到的景升对"不收礼"的解释。

人。然而，通过那场轰动西村的丧礼，人们一改过去的记忆，有宝成为全新的"西村首富"，树立了"最有钱的"人的形象。当他在经济上崛起时，他为父亲操办的那场有声望补偿功能的丧礼便建构了一种新的社会记忆。不仅如此，他还在不断为父亲建构新的社会记忆。1996 年，他捐资 60 万元修建西县人民医院时，便将门诊大楼——水深楼以他父亲的名字命名。2000 年，他捐资修建西县中医院时，亦将住院楼——水波水深楼以他伯父及父亲的名字命名。2005 年，他捐资 30 万元修建了西村老家的水泥路后，也用父亲的名字命名了那条路，还专门设计了牌坊，上书"水深路"三个大字（见图 4-1）。他以这种方式，让整个村庄都记住他的新地位、新财富及新声望，在村庄中重构了关于他和父亲的社会记忆。

图 4-1 有宝以父亲的名义修建的西村"水深路"
（郑姝莉摄，2015 年 11 月 15 日）

"送旌"在有宝、景升及邓火父亲的丧礼中都存在着,也是他们强调的记忆亮点。送旌是对死者生平的一种总结,它的存在本身就是一种记忆新亮点。一是送旌本身是由他人提出的,这一仪式建构的是他人的记忆。这里的他人指孙叔等宗族精英。二是旌本身就是一种表彰,是一种声望建构。送旌前一天,孙叔们要基于死者一生的贡献对死者进行总体性评价。若死者儿子多、社会声望好、是党员、曾为官、为人善,都会用一个"字"来进行总结表彰,如用"善"字概括死者的一生,则会在做旌的布上写上"善"字。三是人们对旌的记忆关键在于其数量。当丧礼进行时,村民会问"他家送了旌吗?送了几个"?于是,没有送旌、一个旌①、两个旌②、三个旌③便成为人们对这场仪式的社会记忆。在村庄中,当我问及某人去世时送了几个旌时,村民基本上都能回忆起来。邓火妻子看到广明家只送了一个旌,就会对我提起她家送的三个旌。可见,"送旌"在有声望补偿功能的宴请中,也是组成新的社会记忆的重要元素之一。

为何崛起的弱者如此重视具有声望补偿功能的仪式性宴请?这是因为这种声望补偿有助于为村庄建构新的社会记忆。在村庄中,与村民密切相关的活动就是红白喜事这些仪式性活动,这些活动以集体纪念或集体庆贺的仪式方式,为赴宴者建构了一种仪式记忆。对于村民而言,去过谁家吃酒席,是他们记忆最深的事情。因此,仪式最具有价值表达功能,也最能建构新的社会记忆。当崛起的弱者通过"不收礼""送旌""规

---

① 一个旌通常指房旌,即房人所送的旌,收到房旌意味着得到同房人的认可。
② 两个旌通常指房旌与族旌,收到族旌意味着得到同族人的认可。
③ 三个旌通常指房旌、族旌、乡旌,收到乡旌意味着得到全乡人的认可。

模最大"等获得声望补偿时,也建构了一种独特的记忆,并在村庄中口耳相传。由此,这种具有声望补偿功能的仪式性宴请,便将宴请者恢复的社会声望内化于赴宴者心中。同时,宴请者也以这种方式告知村民,父辈与他童年的时代已经过去,新的社会属于崛起的他们。

第五章 社会流动、声望确认与双重互惠的去制度化

上一章从社会流动及声望建构的角度讨论互惠去制度化，呈现了第一类社会流动者——恢复身份且成长为精英的人——是如何率先通过"不收礼"来补偿声望的，这种声望补偿行为打开了互惠去制度化的缺口。缺口一旦打开，原来共享的收礼制度，就具有了转变为共享的"不收礼"制度的可能性。而其他契机的出现，加剧了这种可能性向现实的转变。本章继续讨论互惠制度变迁的契机问题，重点讨论另一个社会流动的契机，呈现第二类社会流动者——宗族精英——如何引领了用"不收礼"来确认声望的行为。既然有人打开了"收礼制度"的缺口，进一步打开就不会受到制裁。与原属底层身份群体的人不同，宗族精英原本就具有在村地位。这种地位是双重的：一方面，他们多是退休干部，原本就在村庄中有较高的社会地位；另一方面，他们在退休后又成为宗族精英，延续了其在村中的声望和地位。在这里，"不收礼"的目的不在于声望补偿，而在于声望确认。通过寿宴上的"不收礼"，宗族精英可以使自身已有的社会声望再次强化。这种声望确认真正引发了互惠去制度化的变化，成为去制度化缺口打开后发生的第一个连锁反应。

本章主要讨论西村中身份地位原本较高的人，通过"不收礼"的寿宴表达其身份地位，确认其社会声望的过程与动机。

确认（reconaissance）是莫斯提出的一种权威的认可行径（莫斯，2005：73）。确认针对的是已有某种社会身份的人群。

这些人如果没有通过一定的行径确认自己的社会声望，他们的权威便无法在村庄中维持，更不能保住原有的身份声望。这种确认即通过散发财物，证明他在村内的社会声望，以及他被财富之灵所附、所宠、所罩，即证明他在村内被其他身份所罩的时候还有财富（莫斯，2005：71）。将财富进行分发与挥霍就是证明其拥有财富的唯一办法。当人们接受因他人慷慨而分发的财富时，便会确认并认可对方的声望。莫斯笔下夸扣特尔人的夸富宴就是一种社会声望确认的行径。本书借用莫斯的"社会声望确认"概念，分析已在村内获得社会身份的人群，即那些本来在村庄内就具有较高社会声望的人群。西村原本具有社会声望的人群有两类：一是体制内人员，体制内干部的声望高于体制内教师的声望；二是宗族精英。由于经济精英多在外地，且并非原本就具有在村社会声望，因而放到后面的章节讨论。宗族复兴以来，村庄中本来就有干部身份的人又成为村内的宗族精英，将其本来拥有的地位延续到宗族身份中，这是精英身份的转换与延续，本章即讨论精英身份的延续及其价值表达。

本章尝试呈现声望确认机制是如何使得原有的精英们率先"不收礼"的。"不收礼"的引领者是村内"孙叔"这类的宗族精英，他们通过"不收礼"的宴请——去资助化互惠确认自己的社会声望。20世纪90年代末，西村的宗族渐渐复兴。以往具有体制内身份的人通过参加宗族事务，再生为村内具有较高声望的宗族精英。这些体制内的宗族精英试图在退休后参加宗族事务，将自己在村庄中原有的社会声望转移至宗族中，这其实是一种权力与社会声望的延续。为了确认其较高的社会声望和地位在其退休后依然可以延续和维持，他们率先举办了"不收礼"的寿宴。因此，"不收礼"的寿宴便成为宗族精英创造的一种社会声望展演平台，资助型互惠的消退亦始于此。

第一节 宗族复兴与精英延续

在客家地区，宗族精英是较有身份的群体。通常，宗族精英在村内的声望仅次于干部，然而，西村的宗族精英与干部身份有所交叉，一些退休的干部将其对村庄的影响力延伸至宗族事务中。在本节中，我将讨论村庄宗族精英是如何产生进而在村庄中发挥作用的。我尝试以宗族复兴为社会背景，以宗族精英的选择为切入点，分析体制内的人员如何在退休后将权力延伸至宗族领域，进而对村庄的社会事务产生影响。

一 宗族复兴

西村是典型的客家宗族村落，村内虽然有曾、刘、李、黄、张、魏等姓氏，但村内邓姓占比达 90%。因为人口数量多，居住亦聚集，邓姓成为村内的最大姓氏。邓姓宗族势力庞大，西村是其所在县中最大的聚居区。西村内的邓氏主要有两个不同的宗脉：第一个宗脉是下祠邓姓，第二个宗脉是上祠邓姓。下祠邓姓始祖邓选郎自隋唐时迁至此处，其子七四郎后代迁出后，其后代源重公又于北宋年间迁回，成为下祠明盛堂开基祖，其后代又迁出，至世高公始后代世居西村，繁衍至今；邓选郎的另一子七五郎后代迁回原居地虔化县，其后宗祐公于南宋时期迁回，成为上祠南阳堂开基祖，其后代繁衍至今。自下祠祠堂与上祠祠堂建立后，昭明祖训，谱以伦理，兴族谱，各分支香火堂亦逐渐兴建起来，村民受宗法制度约束。新中国成立后，特别是集体化时期，土地改革与"文化大革命"以各种方式消解了宗族社会存在的基础（王沪宁，1991）。

改革开放后，客家地区的各个宗族姓氏均开始复兴宗族，以竞相修建祠堂、成立宗族理事会及续修族谱为标志（图5-1就是西村新修的香火堂）。在他族修祠修谱的影响下，西村人以凝聚宗族力量、提高子孙认同感为动机，开始了宗族复兴工作。村内最早的宗族复兴工作是上祠于1990年开始重修南阳堂。在重修南阳堂时，宗族理事会成员又提议续修族谱。1992年冬，南阳堂祖牌复位时，族长邓碧涛倡议八修族谱。此后，村内拟定了《八修议案》，着手修谱活动。事实上，上祠南阳堂自1942年七修族谱至1992年，已有50年没有续修族谱了。1992年冬成立八修族谱理事会后，修谱活动即始，至1994年修成。下祠明盛堂听闻上祠修族谱后，亦成立了理事会，于1994年修成了十二修族谱（自1942年断修）。2012年，上下

图5-1　西村新修的香火堂
（郑姝莉摄，2015年3月3日）

两祠又分别续修了九修族谱、十三修族谱。在九修族谱与十三修族谱修订之时，两祠各制订了明晰的祠堂管理办法。此外，还定期举办春分祭祖、重修祖祠、游神等活动。宗族复兴之后，许多其他村庄事务也染上了宗族色彩。村内的案神[①]信仰也分上下两祠进行。神像分别供奉于显应庙与观音堂，于每年正月十五接至祖祠内供奉。除了与民间信仰有所重合，上下两祠亦常开展支持教育事业的各项公益活动，如鼓励学习拔尖奋进，凡考入北大、清华的裔孙，给予奖励1000元等。宗祠下分各个香火堂，各个香火堂在重修时亦建有分支理事会。如上祠重恩堂下设三个分支脉络——长房、中房及尾房，分别有彦宽公祠、彦忠公祠、彦襁公祠，彦宽公祠下又有孔良公祠、孔李公祠，孔良公祠下又有大屋场香火堂，孔李公祠下有上村香火堂等。这些香火堂均有相应的组织与理事会。下祠则有世高公祠守先堂、积善堂等。这些小型香火堂成为举办红白喜事的重要公共场所。除了邓姓，西村其他较大的姓氏，如王姓、曾姓、魏姓、张姓亦于21世纪陆续与祖祠联系，部分人口较多的宗族亦重修了村内的香火堂。

二　宗族精英的产生：干部的权力转换

"孙叔"是房族内对长辈与晚辈关系统称的地方术语，涵盖共房、各房及小房三个层次的关系。宗族复兴使得宗族内的理事成员地位崛起，"孙叔"一词也成为有名望老人的代名词，在总祠堂理事会任职的"孙叔"亦成为村内的宗族精英。

[①] 案神，是对刘邦神化的一个职称。案神信仰在整个西县地区比较普遍，但是给案神过寿的活动，只有少数几个村还保留着。正月初八给案神过寿，究竟起源于何时没有确切的记载，村民们也不知道具体是什么时候开始的，只知道是上古流传下来的。

宗族精英的地位与祠堂和香火堂的级别紧密联系，祠堂的级别越高，任职人员的地位也越高。总祠的理事会成员资质要求最高，其成员多是从各分支祠堂负责人中筛选出来的。《南阳堂管理办法》规定，理事会和顾问由民主选举产生，理事会由9人组成，各房派均有兼顾。宽房4人、忠房2人、间房3人，其中三大房各1人分别担任主任、会计、出纳职务。实际上，宗族精英并不是任何人都可以成为的，而是体制内干部权力的转换。村民们将体制内人员都视为某种干部，在国家机关中任职的人是干部，在国有企业、事业单位中任职的人也被他们视为干部。干部权力的转换分为两种情况：一种情况是干部权力的时间性转换，即干部在退休后从事宗族活动；另一种情况是干部权力的代际转换，即家中儿子是干部的老人从事宗族活动。这两类人掌握着影响村庄宗族事务的权力，权力的转换使得精英延续，再生了村内的宗族精英。

首先来看干部权力的时间性转换，即一些体制内人员在退休之后投身宗族事业的复兴，成为村内的宗族精英。退休干部是宗族复兴开始时的主推手。20世纪90年代的退休干部主要是集体化时期的体制内人员。上祠族长邓碧涛便是供销社职工退休后担任宗族要职的。1992年，他成为改革开放后的第一任南阳堂族长，主动牵头重修祠堂。任职期间，他还组织修建了太祖祠、建昆烽公厅堂门廊、焕南公厅堂。在上祠八修族谱理事会成员中，主修邓汉英是西村小学的校长，副主修邓大盛曾是小学教导主任。在2012年的九修族谱理事会中，总编邓达喜曾任西中初中校长，副总编邓道涵曾为县政府办公室副主任，副主修宏楼是供销社会计，监修邓南亭曾为县志办主任。温广曾任东村支书，退休后亦成为上祠理事会的成员。在复兴后的下祠理事会中，第一届会长曾是医生，第二届会长则在农业银行任职，现任会长曾为公社干部。在十二修及十三修族谱理事会会长中，在村的美发曾任龙乡副乡长、龙乡人大常委会副主任，美长曾任镇广电站站长、民政所所长，新根曾任西镇人民武装部部长。总体而言，这些退休的干部，虽然部分已在县里或者市里置业，但仍热切关心着村内事务，影响着村庄的宗族活动。

其次来看干部权力的代际转换，即子代是干部，其父投身宗族事业，成为村内的宗族精英。上祠九修谱理事会会长兼族长邓宏林是上祠中房中辈分最高的人，也是西村邓姓中辈分最高的人。事实上，他所在的中房人数在上祠中最少，不到500人。而且相较于其他退休干部，除了辈分，他本人的经历及职业并没有为其任会长加分。但他儿子在大县公路分局任局长，这为他在理事会任职增加了不少砝码。儿子的局长身份对于提高其父在村中的社会声望具有非常重要的作用。九修族谱副主修邓大保虽然只是一名普通教师，但他儿子邓日华在南村任支书，这为他进入理事会增添了砝码。儿子在村中的地位能为父辈的身份与地位加分，父辈的身份与地位也能为儿子在村中的地位加分。小西村的会计能在小西村任职，与他父亲曾是镇武装部部长，还是祠堂理事会成员息息相关。

三 村庄事务与社会声望

进入宗族理事会后，宗族精英们要承担起宗族对内、对外的事务，包括每年正月初一理事会去祠堂拜年，上祠的春分祭祖与下祠的清明祭祖、扫墓，管理宗族的财产，修葺祠堂与组织新修族谱，管理族内的宗祧传递，为相关人士上挂牌匾，组织捐资事宜等。相关的理事同时还是小的香火堂负责人，届时还需要负责香火堂事务。邓达喜便曾倡议并参修过明德堂，重修过秩序堂，主持简修过庄栗堂。祠堂内还有庙宇活动，上祠庙宇显应庙原属上祠，后被独立出祠堂，但庙内理事会成员仍是上祠人员。下祠的庙宇事务则与祠堂事务融合在一起。每年正月初一至正月初八，理事会成员要去收集春节活动期间所需支出的红丁钱。正月初八，下祠祠堂要给案神贺寿，还要选出二花丁①为其贺寿。正月十一需要接社公②至祠堂过寿，正月十五则需送社公回社公庙，途中要游神闹元宵。除了宗族内的事务外，还有一系列对外的宗亲活动。如邓达喜曾是西县邓氏宗亲会副会长、西县邓氏九族祠委会成员、《客家邓氏联修族谱》常务副总编，参与过全县甚至全国的邓氏宗亲活动。

宗族精英还是村民举办仪式性活动的重要参与人与评议人。许多宗族精英都会参与到普通村民的仪式性活动中，他们或者作为祠堂代表，被村民请去赴宴；或者作为主持人，为村民主持仪式性活动；或者作为丧礼的先生，帮忙主持丧礼的各类仪式；或者作为"孙叔"代表，对死者的生平进行表彰评断，进而判断死者是否可以进行送旌表彰，依据死者的成就与为人判定死者的送旌级别。西村举办大型仪式性宴请的人，都会请祠堂里的宗族精英前去赴宴。宗族理事会会长会安排有时间赴宴的成员。丧礼中若要送房旌，只需要请小房里的孙叔前去"议事"。若还要送族旌，则需要请宗族理事会的成员前去。通常，一个谱箱会设置一个宗族代表。若是还要送乡旌，则还

---

① 二花丁，为案神刘邦义弟。村内上祠与下祠每年各选一至两名小孩做案神刘邦义弟，并于正月初八这天公榜于村内。因而正月初八亦为二花丁诞辰之日。

② 社公是客家人普遍信仰的神明，属于乡村级神明，与城隍相对，社公又称沙公，被认为是庇佑一方风调雨顺、人畜平安之神，是管六畜的大神、掌五谷的仙官。

要请"百家姓氏"（指多个姓氏）代表前来。这时，其他小姓的宗族理事会代表便成为重要的宴请对象。关于死者的棺材能否进祠堂一事，宗族理事会成员才有话语权。通常，只有在本村去世的人，棺材与骨灰才能放置于祠堂中，否则，只能放置于祠堂外。

宗族精英与村委会、各村的学校还有紧密的联系。宗族理事会会直接或间接地参与到村委会班子成员的选举中。西村下辖的四个村落均有邓姓成员任村干部，小西村以往都由邓姓任支书，但近两年邓姓未任支书，下祠祠堂理事会成员便要求至少有一个邓姓在村委会中任职。其后，原镇武装部部长的儿子被任命为村会计。南村是邓姓居住最为集中的村落，村内人口以上祠邓姓为主。宗族理事会要求村委会的成员必须平衡上祠的各房势力，长房、中房、尾房均要有人在村委会中任职。南村现任支书的父亲就曾是修谱理事会的重要成员。东村的现任支书虽然是外姓，但是邓姓在村中的势力也不小，村会计也在祠堂理事会任职。北村的邓姓居住也较为集中，村委会的主要成员都是邓姓。另外，一些宗族理事会成员还担任村委会各小组的组长。

宗族精英还会在其他民间组织中兼任职务。新庙理事会成员现有28名，我询问理事长这些成员是如何被选出的，他强调理事会负责人一般为村内名望较高、家庭较殷实无经济负担，且平时闲暇时间较多、年纪相对较大、热衷村内民间活动、责任心强的人。理事会成员一般由各房推荐产生，无须交钱。邓昌栋就是负责人之一，他不仅是新庙理事会成员，也是真君庙理事会成员，他是从林厂退休的，每月有固定的退休工资。各个组织的参与人员也有地位差别。一般而言，祠堂理事会成员对成员素质的要求最高，庙宇理事会、灯彩理事会对成员素质的要求相对较低。邓达喜与我聊天的时候曾提到，他只会去从事跟祠堂有关的活动,庙宇中那些有关信仰的组织他不参加。在他看来,祖先的事业更有合法性,对成员的素质要求最高,成员的社会地位也最高。

宗族精英有时候还在村民日常生活中充当协调人的角色。特别是遇到子女过继、老人赡养等问题时,村民经常要求宗族精英出来协调。宗族精英亦会表彰村内赡养老人的典型事例。在下祠十三修族谱中,就记录了一则我在西村调研时便广为流传的孝子事迹。

  美长、美发、美全三昆来说孝行合志传

  夫孝道之事,词简而又义重,易言实难行可也……然吾族正泰房,于长、于发、于全三昆来说,竟转难为易,以孝义当先,标榜孝风于里间。试从慈母于丙寅岁,忽患沉病,几入膏肓。乃同声合叹曰:父母唯其疾之忧,故不惜巨金,遍全名医妙手,精心治疗,侍奉左右,废寝忘食,衣不解带者匝旬。庶几起死回生,虽增得延续寿命,可慨诸良医均告术穷技尽,难服痊愈。以致变成瘫痪重症,卧床不能起动。迄今甲戌近十载,经久考验,孝行攸著。以致变成瘫痪重症,卧床不能起动。迄今甲戌时近十载,经久考验,孝行攸著。不仅膝前三子之孝,而其闱内涌现三媳媲美孝行。轮流侍奉甘脂美汤,与日食三餐,连大小便轮端、无稍疏忽间断。保持其寝室清洁、被席干净。恒持若是未有倦容。总是温言笑面,怡悦母欢,能使忘其疾苦。奉养得体胖肤润,胜似青壮红颜……莫说当今之世,诚属稀有,就往古之时,颇难多得。倘能广而效之……

        《明礼堂邓氏十三修族谱·卷首》

  美长、美发及美全三兄弟是下祠有名的孝子。前两人都曾在镇上任干部，也都曾在下祠祠堂理事会任职，美全则曾任小学校长。1994年，三人母亲病重瘫痪时，三兄弟及媳妇轮流侍奉左右，使母亲在无法下床之时还能拥有如正常人一样的生活环境，让母亲心情愉悦，精神状态甚好。这一孝子事迹在村内广为流传，下祠亦将其作为行孝典范记录于族谱中。

由上文可知，宗族精英们基本上参与了村内的各项事务，无论是宗族的对内、对外事务，还是村民的日常仪式活动，甚至是村庄内的选举、教育、信仰及道德生活，宗族精英都直接或间接地成为相关的主持人、评说人、建议人与协调人。也恰恰是宗族精英在村庄中的作用，使得他们在村庄内具有较高的社会声望。一方面，他们中的大部分人原本便是体制内人员，本身就具有较高的社会声望；另一方面，作为宗族精英，他们为普通百姓所尊重，在仪式性宴请中被频频邀请，在村民遭遇家庭生活矛盾时也会前来协调。宗族精英在村庄内具有话语权，村委会成员及竞选村主任的备选人员都会争取宗族精英的支持。

第二节　寿宴"不收礼"：宗族精英的价值表达与声望确认

阎云翔曾指出，中国存在一种"无须回礼、单向流动"的非对称性礼物，这种礼物存在的原因之一是中国的孝敬文化。中国的孝敬文化催生出一种自下而上的非对称性礼物，由此长辈不可以不回晚辈礼，老师可以不送礼。这种非对称性礼物再生了社会的不平等关系。（阎云翔，2000：342）改革开放初期，西村的仪式性宴请中就存在针对老人的"非对称性不收礼"，这种"非对称性不收礼"在2000年后却转变为

"对称性不收礼"。在宗族复兴后,宗族精英经常被作为祠堂代表请去村民家中参加仪式性宴请。由于宗族精英年纪较长,他们被视为有声望的长者,人们以对待老师及干部的态度对待他们,在宴请中不收他们的礼金,他们由此成为赴宴无须送礼的人。然而,经常被宴请和不送礼反而使得宗族精英在礼物交换中感觉"欠了人情"。为了表达自己的社会地位和精英价值,确认自己的社会声望,他们开始在寿宴中"不收礼"。于是,西村已经被打开的礼物规则缺口便引发了连锁反应。

一 退礼:非对称性不收礼

由于宗族精英在村庄的各项事务中都发挥着作用,因此他们在村内具有较高的声望。他们经常优先被作为屋里人的代表请去邻居、其他宗亲家吃宴席。当村民想大摆酒席时,会邀请平日较少来往的小组中的代表人物,即"隔花龙"式宴请。而这些年纪较大的有地位的"孙叔"——宗族精英便是被宴请的对象。腊子坑组组长向我讲述了隔壁组请他们组的"孙叔"参加仪式性宴请的情况。腊子坑组原来属于曹溪片。曹溪片有四个组,集体化时期被拆分成两个生产队,后来又拆分成四个组。社公脑做酒有时候会请另外三个组的"孙叔"代表,以示要与其他三个组建立宴请联系。因此,腊子坑组现在有红白喜事都会邀请四个组的宗族精英代表。

在丧礼中,宗族精英亦是仪式性场合中的重要主体。宗族精英与屋里人会有重合,并以屋里人的身份参加丧礼。另外,西村还有为死者送旌表彰死者的习俗,"孙叔"是是否可以给死者送旌的确定者。送旌有三种情况:一是送一个旌,即房旌;二是送两个旌,即房旌和族旌;三是送三个旌,即房旌、族旌与乡旌。送旌时,要请这些旌的代表人物前来参与丧礼,即要从各房、族及乡中选出代表人物。这些代表人物就是村中辈分较高、有名望的"孙叔"。

恰恰是因为"孙叔"是仪式性宴请场合中的重要参与者，故他的礼物负担也是最重的。特别是对于一些没有经济来源的孙叔，宴请次数越多，礼金的负担就越重。邓国民表示，他在宴请中会退回老人的礼，被退礼的老人中就有"孙叔"。在退老人礼时，宴请者践行着"非对称性不收礼"。在一次村内座谈会上，王大民与邓美长都谈到了这种"非对称性不收礼"，指出最早退礼退的就是孙叔等老人的礼，他们30岁、40岁、50岁做生日时都没收孙叔的礼。前屋组全组姓邓，组长邓留敏将他们组不接老人的礼追溯到2000~2001年："从一开始队里分作业组、分田到户，队里就流行凑总礼。后来发展到了这个队有30个人（要请），15个老人，包括老人请30个人，15个老人的礼就不接。"（博士田野笔记本1-P44-邓留敏）他说那15个老人都是一个屋里的人，与组内任何宴请者都是孙叔关系，在送出集体礼时，孙叔的礼被退回是体谅他们负担重。阎云翔提出的孝敬与尊老文化可以解释对孙叔的"非对称性不收礼"。另外，不接孙叔的礼也是因为他们是村中有声望的人，村民们出于尊重这些有声望的人的考虑不接礼，这与阎云翔所述的尊重干部类似。

二 对称性"不收礼"：寿宴中的慷慨与社会声望确认

我在小西小学搭伙食的时候问及做酒"不收礼"的来源，负责食堂伙食的廖大花老师认为"不收礼"最早是从她公公的生日开始的。问其原因，她谈道："公公是南阳堂祠委会的理事，又当过书记，又算老人，所以很多人请他吃，他2002

年70岁的时候就说吃了别人没收礼的酒,自己也不收礼。"大花的公公原来是东村的支书,退休后任上祠南阳堂理事会主任,经常被邓姓请来作为房族代表吃饭,也经常被"不收礼"。当他宴请房族共房①与各房②的人时,就想回一个不收礼的宴请,使自己在新的宴请中获得主动权。

由于大花的公公当过东村的支书,人们都称他为温广书记。下祠祠堂理事会会长景昌与大花老师的公公——温广书记是好友。他也曾提到温广书记的寿宴是西村第一个不收礼的宴席。

> 最打前不接礼的就是温广书记,他过背(去世)了,他接礼的时候(邻居)只凑20元钱,温广书记是上祠祠堂理事会的主任嘛,那我们两个就谈起,他儿子以前跟我同过学,他就跟我说,我儿子说要给我做生日……他就这么说的啊,我听他们(儿子)说了,我都70岁了,那可能要做一次东道。那我就问他嘛,我们两个会聊天,就会半开玩笑嘛。我说你是老书记嘛,又是老主任,做70岁的话都是很大的酒席啊。(他就说:)"我是管他们(儿子们)做不做。我是(我儿子)这么说。我是吃了他们(邻居朋友)那么多,就做一下。但是要做,就不要接别人的礼。要接礼你们不要帮我做。"他三个儿子嘛,三个儿子帮忙凑在一起,他们就说:"你(温广书记)说了算,就每个人的都不要接。"他们就去外面包餐,坐了30多桌。(20170803-景昌-M)

---

① 表示同一个房族支脉。
② 表示同族但不同房族支脉。

温广书记有三个儿子，他的寿宴由三个儿子来承担，宴请有足够的资金来源。他不仅是退了的村支书，还是宗族祠堂理事会的主任，在村内具有较高的社会声望。由于社会声望高，他一直被作为宗族理事会代表请去吃别人的酒席。作为宗族代表，村民们宴请时会像对待村委会干部一样对待他，不收他的礼金。这与阎云翔提到的等级性社会关系中的非对称性礼物交换类似（阎云翔，2000：144）。这使他觉得自己"欠了"别人很多"不收礼"的酒。所以当他的儿子们要给他办寿宴时，他便提出想办一个不收礼的宴请。他最后办了30桌，300人参加完宴席后，对其慷慨性宴请表示了感激。这种寿宴中的"不收礼"便以慷慨的形式确认了温广书记在村中的社会声望。

为何宗族精英的"不收礼"式慷慨性宴请能发生？首先，宗族精英已有的身份地位是慷慨性宴请的导火索。这种身份是在宴请发生前就有的，社会声望的确认是对已有身份的确认。拥有一定社会声望的宗族精英成了慷慨性宴请的最先实施者。不仅温广书记这样做，荣生公也通过摆不收礼的寿宴来确认自己的社会声望。荣生公是社公脑小组中社会声望最高的老人。一方面，他是西镇财政所退休的老干部；另一方面，他是社公脑王姓中辈分最高的人。社公脑王姓人口不多，荣生公一直是王氏宗族在西村的发言人。不仅如此，他儿子还是西村的支书。由于具有较高的社会声望，别人请客都会喊他去。一是社公脑屋里人请他，这些村民请了他，因他是老人不收他的礼。二是他作为外姓代表，经常被其他小组的人请去吃酒。他生日的时候，就说吃了别人那么多不收礼的酒，所以也要求儿子们在他生日办酒席的时候不收别人的礼。从温广书记与荣生公两人的故事来看，不收礼的仪式性宴请的目的是确认他们已有的身份。

其次,慷慨性宴请属于"额外"的宴请类型,这种宴请具有竞争性,最能表达社会声望。在西村的宴请类型中,最早"不收礼"的是寿宴(生日宴)。生日宴是慷慨性宴请最集中的场合。正如达喜公所言:"生日不是一定要做,也不是必要的,你有钱就做,没钱就不做。你既然没钱,就不要做。生日是可做可不做的。但是归亲结婚讨老婆,再穷的也要娶媳妇。所以婚嫁东道是没有人敢说的。做生日东道上有人敢说话,婚嫁东道上没有人敢议论。"(20150127-邓达喜-M)恰恰是因为生日宴请的非必要性,使得生日宴多了许多炫耀性慷慨的成分。

最后,宗族精英的儿子们能为寿宴提供宴请的资金。"不收礼"宴请的承担者是宗族精英的儿子们。在村庄中,社会声望的载体不仅是个人,而是整个家庭。声望不仅仅是个人声望,更是家族声望。家中个人的社会声望越高,家庭的社会声望越高。家中的成年主力——宗族精英的儿子们——社会声望越高,慷慨性宴请的可能性就越大。事实上,由于宗族精英身份本身是干部身份的延续,因而宗族精英的儿子们不可能在村庄中处于弱势地位。温广书记在东村任支书时,得知村内有赤脚医生的指标,便率先让二儿子去学做赤脚医生;当他得知以后国家会让民办教师转为正职时,便让小儿子早早去村小学担任民办教师;当小儿媳妇被娶进门后,他又把民办教师的指标分配给了自己的小儿媳妇。目前,温广书记的小儿子早已转正并成了西村小学的教导主任。荣生公不仅是王氏的宗族精英,也曾是镇干部。他较早鼓励自己的儿子去村内任会计,后来儿子也成了村支书。由此可见,代际资源具有较强的转换性,这种转换性强化了父与子的声望确认需要,也强化了家庭声望的确认需要。

第三节 声望确认何以必要：声望可以转化与延续

在以往"收礼"制度缺口被打开的过程中，恢复身份且成为村落精英的人通过举办"不收礼"宴请来补偿其社会声望。在这个过程中，"不收礼"宴请构成了建构社会声望的来源与手段，具有了符号意义。然而，为何已有社会声望的宗族精英还要通过"不收礼"的宴请来再次确认社会声望呢？声望确认的必要性在哪里？事实上，这种多重声望建构是有功能的。首先，声望确认将债务人转换为债权人。其次，确认后的个人声望可以转化为整个家庭的社会声望。最后，声望确认有利于宗族精英开展宗族事务，将宴请中的声望转化为生产效应，进而延续宗族精英的身份地位。

一 将"欠"转换为"不欠"

由于宗族精英具有较高的社会声望，他们经常"被请且被不收礼"。阎云翔曾用等级尊卑来解释这种非对称性，但宗族精英与村民之间的等级尊卑关系并没有那么强烈。特别是改革开放后，社会流动机会增多，宗族精英更多的是老人群体退休后自己增加的社会性职务。从横向上看，与干部身份所塑造的等级身份不同，宗族精英不是一种强制的、稳定的职业类型，不能提供稳定的等级身份保证。在村庄的身份等级体系中，宗族精英的社会声望比干部、企业家低。特别是随着村民对财富的认可度逐渐增高，他们对宗族精英的财富要求与期待亦有所增加。从纵向上看，中国村庄经历了"文化大革命"与改革开放，村民对宗族精英的认可并没有恢复到新中国成立前的程度。虽然宗族精英的退休干部身份可以增加他们的声望砝码，但是这种声望在宗族理事会的换届选举中容易发生变化。因此，与具有较强等级关系的村民与干部关系不同，村民与宗族精英的等级关系是脆弱的。宗族精英在被邀请吃过不收礼的各类宴席之后，会有"负疚感"，他们会觉得自己"欠了"宴请者。

费孝通指出，在亲密的共同生活中各人多方面且长期的相互依赖，人与人之间的关系无法一笔一笔地清算往回（费孝通，2013：68）。亲密社群成员之间有相互拖欠着未了的人情（费孝通，2013：68）。费孝通所说的亲密社群包括两个层面。第一个层面是血缘性的亲属关系，亲属之间长期相互往来，无法一笔一笔地清算往回。第二个层面是朋友，朋友之间抢着回账，使对方欠自己人情，回礼之时加重一些使对方反欠自己的人情，如此维持着朋友之间的互助合作。而寄籍在血缘性社区边缘上的外边人则是以一次性结清的商业性往来为主。商业里发展出来的社会关系是地缘纽带。（费孝通，2013：73）然而，当村民在宴请中没有收宗族精英的礼时，宗族精英会以费孝通那种"相互拖欠未了的人情"来看待他们与村民之间的关系。恰恰是因为"相互拖欠未了"，宗族精英才在寿宴中回一个"不收礼"的宴请。

在寿宴"不收礼"的过程中，多重相互拖欠（欠酒席与欠礼金）未了的礼物关系开始向单重相互拖欠（只欠酒席）的逻辑转变。我去村中问为何不收礼时，村民直言："欠来欠去麻烦，就请吃饭简单，他有时间或者在家就来，没时间不在家就不来。"（20150308－邓大秀－F）在西村的"不收礼"宴请中，收礼方起着重要作用。收礼方以其处理礼物的原则来决定礼物交换的方式。一方面，"还"的原则指送礼者送礼之后，收礼者以"收了会还"作为收礼的原则。另一方面，"不欠"的原则是指送礼者送礼之后，收礼者渐渐以"不欠"作为处理人与人之间关系的逻辑。特别是不收礼后，什么人的礼可以收、可以欠，什么人的礼不可以收、不可以欠，成为礼物往来中的新型关系原则。主人在办宴席时，以往"反正都要还"的收礼心理已变为哪些"欠"、哪些"不欠"的区分心理，而"不欠"的对象范围也逐渐扩大。宗族精英原本参与的仪式性宴请是一种非对称性不收礼，现在已转变为对称性不收礼，即将别人强加给自己的义务再次转化给了别人，由"欠"或者"要还"的原则转化为"不欠"（莫斯，2005：67）。

由"还"的原则向"不欠"的原则变化后，宴请者与赴宴者之间的债务关系也发生了变化。在以往的"非对称性不收礼"中，宗族精英是债务人，宴请者是债权人；"不收礼"后，宗族精英成为债权人，宴请者是债务人。以往宗族精英处于道德的低点，而"不收礼"后，宗族精英处于道德的制高点。债权人身份与处于道德制高点的优势使得宗族精英不再感觉自己"欠了"他人，赴宴的村民反而感觉自己"欠"了宗族精英。在宗族精英本来已得到村民尊重的情况下，"不收礼"增加了村民对宗族精英的尊重与认可，提高了宗族精英的社会声望。

二 熟人社会的家庭声望逻辑

社会声望是有载体的：在陌生人社会，声望的载体可以是个人，也可以是家庭；而在熟人社会，声望的载体往往是家庭。在西村即是如此。当宗族精英个人有身份声望时，村庄就会对其整个家庭的社会声望做出期待。有社会声望的人不仅会享受因个人地位而带来的尊重，还希望在家庭等其他方面得到他人的尊重。村庄重视宗族精英的个人声望，但更重视其整个家庭的社会声望。"不收礼"的寿宴所涉及的社会声望即不仅是个人的社会声望，而是整个家庭的社会声望。寿宴本身表达的是子女的孝顺，因而子女能在社会中获得孝顺父母的名声；寿宴的主体是父母，故父母能获得"会教育子女"的好名声。因此，"不收礼"不仅能确认宗族精英的社会声望，还能将个人的社会声望转化为整个家庭的社会声望。这种声望转化可以为整个家庭在村庄立足打下坚实的基础。

对于整个家庭的社会声望而言，个人的职业身份、儿子数量多，不足以保障并延续整个家庭的社会声望，延续家庭的社会声望还需要财富。家中有退休的干部，有宗族精英，又有多个儿子，可以获得他人对这个家庭的认可，但要使这个认可延续下去，就得有足够的财力作为保证。社会声望很容易受家庭中微小事件的影响，他人的评价与尊重经常是暂时性的，要保障持续的好评与尊重，就要用更多的宴请"堵"上他人的"恶口"。邓昌栋是在2013年的时候从偏远的小组搬到靠近集市的西村街区的。刚搬来的时候，他家就摆了乔迁宴，赢得了街区人们的认可。到2014年与2015年夫妻俩各自70岁时，街区的人们就对他们的寿宴有了期许。只有完成人们的期许，他们才能证明和延续自己在街区的地位。按道理，昌栋应该能在新街区获得较高的社会声望。昌栋是林厂的退休干部，每个月有退休工资；他在村庄各项公益事业中任职，也是小香火堂的负责人；他生了三个儿子，代表他多子多福；他的大儿子和二儿子都搬进城里，成了城里人，这也足够说明儿子们很有成就。但是，他一旦获得了社会声望，乡邻们就会对他有更多的期待，要延续社会声望，就要满足这种期待。正如昌栋老婆所说的："是啊，个个都说啊。要做啊，要做得像样啊。我就说，过伙的时候做了嘛。（他们就说）那是不行啊，过伙的怎么算啊。"（20151023－昌栋＆老婆－M/F）事实上，昌栋的三个儿子并没有要给他们办寿宴的动机。特别是三个儿子中，昌栋夫妻俩只跟小儿子住在一起，大儿子和二儿子都在城里，与父母在不同的地理单元。但是昌栋夫妻俩在邻里的期许下，希望能得到儿子既在外有能力又孝顺的好名声。为此，他们俩不惜自己掏钱办了两场寿宴。虽然他们自己掏钱给自己办了寿宴，却还要对外面的邻居说是三个儿子给办的，只有维护儿子们的名声，两个老人才会有名声。儿子们的名声与父母的名声紧紧联系在了一起。

事实上，当个体在村庄中获得社会声望时，就会有整个家庭也要在村庄中获得社会声望的压力。对于维持整个家庭的社会声望而言，财富的展示是最有力量的。昌栋夫妻俩自己花钱给自己办寿宴，就是在用自己的财富延续整个家庭的社会声望。在他们看来，自己家在村庄里是有财力的，正如昌栋的老婆所说的："我们又不会比他们更穷吧。"（20151023－昌栋＆老婆－M/F）对已年过古稀的昌栋夫妇来说，宴席是展示经济地位的重要方式，也是延续其家庭社会声望的重要方式。当夫妻俩决定自己掏钱办寿宴时，三个儿子也在维护自己的面子与声望上做足了功夫。事实上，昌栋的三个儿子也参与了宴席的出资，他们承包了表烟的费用。"表烟"是指家庭中的所有男丁在寿宴中有为客人发烟的义务，男丁所发的烟，档次越高，越能证明表烟者的声望与地位。昌栋说，他们寿宴的烟花费较高，光是大儿子的烟就花了4000元。虽然儿子们在为父母办寿宴上吝啬，但是他们在维护各自的面子上显得"慷慨大方"。昌栋说他大儿子家有四个男丁，表烟的时候每个人得表四条，所以他一共买了八条"中华"烟（500元一条）。当被问及为何买这么贵的烟时，昌栋说，"他自己要表，好兴嘛"（2015－邓昌栋－M）。

"好兴"是指让别人高兴,也就是维护自身的面子与声望。可见,在昌栋的寿宴上,是父母与儿子们共同导演了一场慷慨性炫耀的宴请仪式。虽然儿子们与父母在寿宴的花费上没有达成一致,但是在维护整个家庭社会声望的需求上,却达成了一致。由此,我们发现,"不收礼"的慷慨性寿宴有一个转化机制,即可以将个体的社会声望转化为整个家庭的社会声望,并通过财富分享的方式延续家庭的社会声望。

三 宗族精英的社会声望具有生产效应

确认社会声望不仅可以转换义务承担的责任机制,将个人的精英声望转换为整个家庭的社会声望,所获得的社会声望还能转化为宗族精英的生产力。宗族精英具有完成宗族事务的责任与义务,而在完成这些责任与义务的过程中,宗族精英能获得一定的补助。因此,宗族精英确认自己的社会声望,有利于他在村庄内外开展宗族事务,声望确认有助于他更好地推进宗族事务的开展;宗族事务的完成能产生财富,使宗族精英获得其他的收入补助。可见,声望确认也可以转化为经济利益,具有财富生产效应。

宗族精英有一个重要的职责,就是为宗族事务筹集资金,即募捐。如上祠显应庙及下祠每年都要为正月的仪式性活动筹集资金;各祠堂及香火堂还需要为祠堂的重修、重建筹措资金;修族谱时亦要游说族内有足够财富能力的人捐资助修。虽然筹集资金与游说募捐都是为了集体的利益,为了大家共同的宗族事业,但是求他人给钱总是"吃力不讨好"的事情。若是宗族精英在社会上受他人尊重,有社会声望,他们在游说村民捐资时,就相当于给自己准备了一身"好行头"。特别是当宗族精英去外地向企业家们募捐时,他们在村的社会声望能提高其募捐的成功率。下祠的理事会成员在需要修祠、修谱时去北京游说做调料生意的人捐资，被游说的人就会打电话回乡了解募捐的可信度及游说者在村中的社会声望。此时，游说者的社会声望能为其成功筹集奖金加分。可见，声望确认可以有效推进宗族事务的完成。

此外，宗族精英的社会声望还能带来收益。为何宗族精英的社会声望与财富联系在一起呢？这是因为宗族募捐活动是有酬劳的。宗族及庙宇都会为帮忙做事的人提供经济补偿。无论是写落处（祠堂修建时的募资方式），还是写花丁钱（游神活动中的募资方式），他们都要抽取其中的一部分作为提成。西村要建中学，帮助募捐的人都能获得提成。比例则不一定，最近一次是10%。在祠堂修建与族谱修订上，理事会成员及募捐者的工作也有相应的补偿。如1994年修谱时，理事会拟草谱，每人每月有150元补偿，且工作时包饭；族谱修订工作亦有酬劳，修成1人计0.6元。2011年时，修谱者的酬劳以修成1人按3元计算，这个收入是可观的。此外，成功游说捐资者的，亦可得到募捐资金的10%作为奖励。宗族精英们如为宗族事务耽误了一个工天①或者半个工天的时间，能得到30~80元的补偿。宗族精英们去外地募捐，也会报销电话费和差旅费。下祠接社公时，祠堂若没有安排工作人员一起吃饭，则给每个人发30元补贴。正月十五接社公时，会给成人分发50元酬劳。上祠接社公时，会给负责抬神位、扛双波锣、点大香②的人发酬劳。2011年时，酬劳的标准是每人20元；2015年时，

---

① 指劳动日。
② 皆为"接社公"中的仪式活动。扛双波锣就是负责抬双波锣，波锣是方言音译；点大香就是负责点燃祭祀专用香。

涨到了每人50元。虽然这些普通角色的酬劳不高，但是对于退休在家的老人而言，也是一笔经济收入。

在宗族理事会中，职位越高，负责的宗族事务就越多，牵涉的利益酬劳和得到的补偿也就越多。达喜曾说服村内首富全资捐款修族谱，当时给达喜的待遇是族谱修好后以1万元作为酬劳。职位越高的人，越能掌握宗族事务的支配权。就族谱的打印权而言，通常是总编、副总编等人员决定让哪家打印社承包打印工作。由于他们决定了承包方，承包方便会给这些有决定权的人每人2000元作为"辛苦费"。

事实上，很多宗族精英因为了解村中的各类事务，在村庄中有话语权，还会经常被请去兼任其他职务。2015年真君庙重修时，重修庙宇的发起人就游说祠堂及各房的代表加入了庙宇修缮理事会。由于各宗族及各房代表基本上都在村庄中具有话语权，故他们的加入在某种程度上代表了他们房分势力的加入。当宗族精英加入庙宇修缮理事会后，便能利用已有的宗族资源为庙宇筹集奖金，之后又可以得到庙宇所补偿的财富。在宗族中任职的人，许多都有较高的文化水平，他们或者擅长文字写作，或者擅长主持，会经常被村民请去担任仪式主持者。在参加完主持活动后，村民会给他们包个感谢红包。达喜是上祠理事会成员，也是退休的校长，人在赣州居住，但是，村庄中若有婚丧事宜，村民都会请他回村做主持。以一次丧礼为例，他帮主人家主持追悼会，还邀请了村庄领导参加。仅两天丧事，主人家给他包了600元红包。部分宗族精英还会兼做村庄仪式的"礼绅"，社会声望越高，在村庄中的知名度越高，就越容易被村民请去做仪式的"礼绅"与先生，这也能获得可观的收入。可见，社会声望是可以转化为财富的，这也是宗族精英不断强化自身社会声望的原因之一。

第六章 社会流动、声望获得与双重互惠的去制度化

上一章呈现了第二类社会流动者——在退休后延续精英身份至宗族领域的宗族精英——是如何通过"不收礼"来确认声望的，这种声望确认行为是"不收礼"规则缺口打开后发生的第一个连锁反应。连锁反应一旦发生，原来共享的收礼制度就具有了转变为共享的"不收礼"制度的现实性。宗族精英的行为具有引领作用，在其他契机出现时，"不收礼"就会得到进一步推广，去制度化的现实性就会进一步增强。本章讨论互惠制度变迁的新契机与新连锁反应——教育流动与升学宴中的"不收礼"。宗族精英在村庄中具有话语权，他们的行为具有引领作用。当他们实践了新的"不收礼"规则时，往往能引来不同群体的模仿。西村的第一波模仿者就是有升学者的家庭。有升学精英的家庭通过"不收礼"的宴请方式来获得声望，由此引发了互惠去制度化的第二个连锁反应。

　　本章讨论第三类社会流动者——原本身份普通的升学精英家庭是如何通过不收礼获得新声望的。

　　"获得"（attainment）指获取与得到。在社会学领域，地位获得（status attainment）是经常被讨论的问题，它指涉人们在社会流动过程中资源的获得与地位的上升（张宛丽，1996；李春玲，2006）。通常而言，地位获得的研究侧重于分析人们获得社会地位的公平性问题。本章不关注社会地位，也不关注地位获得的公平性问题，而是讨论资源获得的价值表达，分析仪式性宴请中的流动价值表达。改革开放后，地理流动成为西村人实现社会流动的重要方式。地理流动使在村人与在外流动的人变得陌生，仪式性宴请是外出流动人员与在村人互动的重要方式。外出回乡的人们通过操办仪式性宴请感谢乡亲对在家亲人的照顾，以此显示其外出流动的价值。我在西村调研时发现，人们经常在参加宴席时对宴席的等级、水平做出评价，届时必然会继续讨论宴请者及其家庭的职业状况与流动过程。这种流动主要指地理流动。仪式性宴请是否有助于实现地位获得？在西村人的价值观里，只有为官者才有地位可言，非官员只能谈名声、声望，而不是地位。在他们的眼中，仪式性宴请可以为人们获得名声与声望。为了更加契合西村人的价值观，本章不用地位获得的观念，而是用声望获得来分析人们在发生流动后获得某种价值的行为。仪式性宴请就是地理流动者获得声望的一种方式。

教育流动中的声望获得是对获得学历资源的价值表达。西村历来重视教育。民国时期，宗族就曾将农田赠送给有学位的裔孙。集体化时期，由于劳动力缺乏，村民对教育的重视程度有所下降。即便如此，在集体化时期，高中、"共大"① 毕业者都可直接分配工作。这种因教育而带来的分配优势让村民意识到教育的重要性。不少家庭身体力行，为实现子女的教育流动付出了较大的努力。西村宗族理事会亦围绕教育制定了各类奖励措施，参与到推进村庄教育流动的行动中。有考入大学者的家庭，在村庄中往往能获得"子女有出息""父母会教育子女"的声望。在乡邻的呼吁及对升学者家庭声望的抬高中，宴请者不自觉地开始操办"不收礼"的仪式性宴请。以往寿宴中的"不收礼"慢慢在升学宴中扩散开来。尽管实现了教

---

① "共大"全称为江西共产主义劳动大学，1958年由江西省省长邵世平提议创办。西县设有一分校。

育流动并不一定代表实现了社会流动，但教育流动还是被乡民赋予了很多社会期待。当一个普通家庭中既无当官者，也无经济能力时，"他家有个大学生"也能成为这个家庭在乡社会地位不至处于弱势或底层的理由。通过在升学宴上"不收礼"，有升学者的家庭可以彰显价值，获得新的声望。对农村地区而言，教育流动是实现社会流动的隐喻，实现教育流动，有利于实现社会流动。因此，声望获得的必要性源于对人生价值的肯定，即实现父母与子女的阶段性价值。

第一节 教育：宗族重视与家庭重视

改革开放以后，升学宴成为仪式性宴请的新类型。升学宴的普及与高校扩招紧密相关。然而，无论高校是否扩招，西村历来都是比较重视教育的村庄。除了学校重视教育，宗族与家庭也十分重视教育。

一 宗族的教育奖励

西村历来重视教育。民国时期，西村邓姓上、下两祠都专门将宗族的田产拿出来奖励教育。当时西市地区的田地实行"皮骨田"制（当时当地田有"骨田"与"皮田"之分，"骨"是指拥有农田的所有权，"皮"是指拥有农田的使用权，"骨"与"皮"分离有利于出租田的使用权）。邓氏宗祠就将田地与山冈划分为学产和祭产。祠堂将这些学产农田分赠给有功名或有学位的裔孙，供其终身使用，以奖励青年求学。但祠堂只给其"皮"，即使用权，而其"骨"，即所有权，仍归祠堂。"皮田"只供享受者生前使用，死后收回。享受者可将"皮"转卖给本祠有同等享受权的裔孙。邓南亭的父亲是旧制高小毕业生，就曾被奖励了几亩"皮田"。解放前夕，南亭的大哥小学毕业后，宗族又将其父亲去世后被收回的"皮田"转赠给南亭的大哥。事实上，民国时期，西村已有大专、中学毕业生13人：1名毕业于上海中法国立通惠工商学校，4名毕业于豫章法政专科学校，1名毕业于中央陆军军官学校、1名毕业于中央陆军军官学校洛阳分校，2名毕业于西省省立第一师范学校，4名毕业于西省省立第九中学。

然而，尽管西村历来重视教育，但是西村在科举时期并未出过一个举人。新中国成立以前毕业的人最高学历是专科生，并没有出过真正的大学本科生。民国31年（1942年）南阳堂修谱时，祠堂曾悬赏：出一个真正的大学生，祠内奖给皮骨田100石，终身享受。邓氏宗族的这一政策一直延续着，甚至在集体化时期，这一奖励仍然奏效。1961年，南亭考上了西省师范学院，1965年毕业后，他成为村里第一个大学本科毕业生，也是祠堂里的第一个大学毕业生。在他毕业时，祠堂奖励了他100石谷田。

改革开放后，宗族渐渐得以复兴。宗族每年都会进行募捐活动以资助宗族事务的开展。以往对于教育的重视亦在宗族中保持下来。宗族理事会每年会宴请考上一本重点大学者及其家长至祠堂吃饭庆祝。新修订的邓氏上祠《南阳堂管理办法》中有六条资金使用的规定，其中有两条涉及教育鼓励：

第三条　鼓励学子拔尖奋进，凡考入北大、清华的裔孙，给予每人奖励1000元；

第四条　用于祠内特困学生借贷。

不仅考上名牌大学者有奖励，宗族对考上一本重点大学者以及考上一本大学研究生者，亦奖励500元。在宗族复兴过程中，西村祠堂亦复兴了上匾的规矩，规定有学历及文化水平者，可以在祠堂上匾。祠堂规定，有博士头衔者即可立匾一块，对于荣升教授及高级职称者，亦可上职务匾。在2012年新修订的族谱中，就专门开设了"当代人才榜"栏目，记录了西村已参加工作的各行各业精英的学历水平，并将每届大学生与研究生列为后备人才。

为了鼓励学校教育与家庭教育，上祠还专门为与教育有关的典范人物设立了奖励项目。在上祠邓氏族谱中，就有五种与教育有关的典范。在新上谱的人中，有10人被选为优秀教师楷模，2人被选为孀居教子成材典范，2人被选为艰苦教子成材典范，6人被选为勤学成材表率，2个家庭被选为文化家庭典型。勤学成材表率中，有1人为西村的第一个博士生，1人为西村的第一个硕士生，另外4人均为优秀硕士生。文化家庭典型中则专门表彰一家出过4位大学生的巨涛家和由新家。族谱首卷还针对有博士学位的人开设了专门的人物小传。除介绍其求学历程与论文成果外，族谱点评为："博士成就辉煌，而不忘祖恩，闻悉南阳堂修谱及永新堂、孝烈堂修缮，共捐资上万元。孝烈堂匾赠'忠臣风范'，永新堂匾赠'博士教授'。"与邓氏下祠祠堂理事会会长交流时，他经常给我介绍各家的基本情况。对于各家是否有大学生，他亦如数家珍。他在评价一个家庭如何时，也会特别介绍他家是否有大学生。邓大平是村内的白事先生，他经常向我夸耀其子如何免考保送上了研究生，如何在学校的各种比赛中获得了奖励。祠堂不仅重视家庭教育，还重视学校教育。上祠南阳堂每年都会宴请村内三所小学、一所中学的所有老师、退休干部及考到重点大学的家长于祠堂内聚餐，希望他们重视对西村人的学校教育，提升学校的教学质量。

二 家庭的教育付出

在家庭层面，西村人也很重视对子女的教育投入。荣生公有10个孙子孙女，为了鼓励自己的孙子孙女读书，他自退休起就在自己的孙子孙女中设立了奖励压岁钱的规定。若是孙子孙女每年期末考试时拿了奖，则当年多奖励100元压岁钱；若是有孙子孙女考上大学，则奖励1000元。2015年，荣生公的孙子小源拿到了优秀班干部的奖状，爷爷就多奖励了100元压岁钱给他。在西村的老人中，通常自己曾有在单位工作经历的，或者有一定学历的，会比没有学历、没有在单位工作经历的更重视教育。由于西村壮年很多外出务工，留守在家的老人就成了孙子、孙女家庭教育的直接承担者。若是留守的老人不重视对孙子、孙女的教育，孙子、孙女的学习成绩就会受到直接影响。

不仅爷爷辈重视教育，父母也很重视对子女的教育。南亭是西村第一个考上大学的人，他曾在自己的回忆录中指出，自己能考上大学离不开母亲与祖父的支持。

我们家也是个书香之家。由于在进小学之前由母亲和祖父教过些启蒙读物，又进过一年多私塾，学过些"老书"，所以我的语文成绩一向很好，直至高中毕业，在班上一直名列前茅。这对志向很高的寡母和年迈的祖父是个极大的慰藉，同时也得到他们的支持和鼓励。他们都希望我能读到最高学历。当时没有什么留学和博士、硕士之类学位，最高学历就是大学本科。所以他们就希望我能读到大学，为祖上争光，为后来者带个头。我在读中学的时候，虽然数学成绩不太理想，但还是很有信心，一心想一直读下去，直到最高学位。

外出务工的父母或者其中一方会在儿女上高中时回乡照顾他们。有的母亲则为了小孩一直待在家中，成为留守妇女。西村的留守妇女较多，留守妇女在家的主要原因是照顾子女读书。还有许多家庭为了让小孩享受更优质的教育资源，寻找各种关系将小孩送至城里读书。邓大才的姐夫在县政府相关部门任职，在姐夫的帮忙下，邓大才的孙子上了县城的小学。邓大才的媳妇为了让孩子安心读书，还专门在县城租房住，陪着孙子读小学。部分父母为了能更好地教育子女，会将小孩接到他们的务工地读书。如景东与妻子在泉州开服装店时，就将儿子一同带往泉州读书。若家中有小孩在上高中，父母对小孩更是关心。邓小开现在上海交大读书，上高中时他在学校住宿，母亲经常去县城给他送汤。西村许多高中生若没有考上好的大学，便会"回炉"复读。为了让孩子们在高中时营养能跟得上，不少父母会专门去县城租房陪读。为了提高孩子的学习成绩，不少父母会把孩子送去全省最好的中学——华川中学复读，届时父母还会前去陪读。邓华的儿子第一次高考没考好，他选择了去华川中学复读，邓华的老婆就专门放下手中的工作，去华川中学附近租房，为儿子做饭。第二年，儿子考上了重庆大学。

第二节 升学宴：教育的价值表达与声望获得

西村的宗族及家庭历来重视教育，村内有学历、有文化之士不少。特别是高等教育扩招后，西村上大学的人数渐渐增多。截至2012年，西村邓氏族谱中就记载了上祠有563名大学生、42名硕士、5名博士，下祠有61名大学生、19名硕士、3名博士。西村的第一个大学生是1965年大学毕业的南亭。1965年正值集体化时期，由于粮食紧缺、劳动力短缺，家中若有升学者，不仅会减少劳动力，还会给家庭带来较大的经济压力。因此，在集体化时期，西村并不流行举办升学宴。

改革开放后，西村人的经济水平逐渐提高，基本的物质资源得到保障，升学宴开始流行起来。起初，在升学宴中，宴请者会通过收礼来抵消一部分开支。事实上，升学宴通常会有盈余。以1995年子云儿子的升学宴为例，当时有58人随礼，共收到2097元礼金。当时子云在自己家办了10桌酒，一桌酒的成本100元足够，因而升学宴结束后，宴请者实际上能有1097元盈余。可见，当时升学宴中的"收礼"是资助性的，送礼者的礼金可以资助宴请者。然而，随着宴请"不收礼"的规矩在西村普及开来，升学宴"不收礼"成了新规矩，原来的资助性礼金被取消，新规矩下的升学宴成了"只有付出没有回报"的宴请。当然，是否办升学宴全凭主人自行决定。值得注意的是，当可获得的资助性礼金渐渐消失，升学宴的教育价值表达功能和声望获得功能明显增强了。

一 高兴：西村第一个研究生

虽然西村的升学宴是在2000年以后才普遍化的，但在早期的升学宴中已存在零星的"不收礼"。邓古天家在20世纪80年代就办了"不收礼"的升学宴。1986年，邓古天的弟弟考上了中国科学院硕士研究生。因为考得好，家里人十分高兴。这种高兴甚至使得"不收礼"宴请也变得理所当然。邓古天介绍了他请客"不收礼"的决定过程。

我：那时候大家带了礼来了吗？

古天：带了礼来了，带了礼也没接。每个人是随身带礼，是中午做酒。我们是在自己的厅堂摆酒，自己厅堂摆不下就去本屋场以及别人家里。没接，就没接礼。

我：谁决定的呢？

古天：我爸爸和我，我们两个人。我1970年16岁参加工作了，那个时候招学徒，我高中毕业就去了。所以跟父亲商量决定不收礼，就想做白食酒①，所以就是高兴。

我：那邻居们不会说吗？刚开始不收礼以后怎么办？

古天：因为我们是考了研究生，与他们结婚啊，嫁女儿啊，做生日不同。从那以后，西村都很少人考到研究生来，15年之内都很少有人考到研究生来。很少出现，归亲嫁女经常出现，但是考研究生是屈指可数。虽然邻居也一直给来给去，但是还是坚持当场不收礼。因为有些人家里的礼是不写名字的，所以就没想过收了礼再退回去，怕不好退……（20141204-邓古天-M）

邓古天高中毕业后被分配到农机场工作。因为工作了，又是家中长子，他有参与并为家中大小事务做决定的权力。虽然有工作，但是邓古天家里的经济条件仍然较差。邓古天家里有母亲、父亲、两个弟弟及两个妹妹共7人，父亲身体不好，一直供养他与二弟读书，母亲则还要带两个妹妹。由于家中人口较多，物资又短缺，二弟1982年考上西省农业大学的时候，因为家里穷没有做酒。邓古天说弟弟考上大学也不容易，"当时高中只学了2年，他在石中尖子班，他6岁就上了学，16岁就考了大学。当时他考上农大是万人突击，当时也难取，

---

① 指不收礼的宴席。

1982年升学率很低"（20141204－邓古天－M）。由于家庭经济困难，二弟考上本科时并没有办升学宴。但是到1986年弟弟考上中国科学院硕士研究生时，他决定给弟弟办升学宴。

> 1986年6月份我弟弟考上了中国科学院硕士。因为考得好，大家都很高兴。就摆了十多桌酒席。当时我的父亲还在，真的是很高兴。那个时候是西村第一个研究生，当时虽然1981年分了田，但仅能够解决温饱问题。但是还是因为高兴，所以摆了酒。高兴的原因有两个：一是他是西村第一人，真的是十分高兴啊；二是因为祖辈以前都是种地的，这一代开始有人读书读得好了，我们也是出了一番身，离开了面朝黄土背朝天的日子。（20141204－邓古天－M）

为何在弟弟考上研究生时给他办升学宴？事实上，那时候古天家里的经济条件也仅够解决温饱问题，但是因为"高兴"，弟弟是西村第一个研究生，所以他与父亲坚决办了"升学宴"。这种高兴之情甚至使得他们请客"不收礼"。当人们获得了难以获得的资源时，高兴之情就会与慷慨发生联系。在农村社会，流动资源是最为缺乏的，流动资源获得较为困难，所以一旦有人获得了流动资源，就意味着人们能走出农村社会的框架。这种隐喻性资源的获得者，便能暂时成为农村社会的代表人物，获得在村的社会声望。声望的获得总是需要有所付出，即让"给予声望的人"反欠你，这时，最合适的付出就是"不收礼"的升学宴。"不收礼"的升学宴是以社群为基础的，当社区的人们都来参加升学宴，特别是宗族的族长公、房长公前来时，"他家有全村第一个研究生"的消息就会通过社区邻里及宗族成员一传十、十传百。由此，他们就获得了在村的声望。当我进入西村调查时,每个宗族理事会成员都会跟我分享祠堂各派分支的情况,古天家所属的"尾房"就经常被视为"读书的人多,有文化的人多"的代表性房派,因为尾房出了全村第一个大学生(南亭),出了全村第一个研究生(古天的弟弟)。"西村的第一个研究生"对于古天家及其所在的房派来说,是一种永恒的声望。

二 "闲人"的抬高

然而,邓古天1986年与父亲一同为弟弟办的"不收礼"的升学宴并没有在西村普及。去资助型的"不收礼"宴请只是因特定的原因而在他家发生的。但是,2000年以后,当宗族精英开启了村庄寿宴"不收礼"的新风俗后,"不收礼"的规则渐渐扩展到了乔迁宴中,同时,也扩散到了"升学宴"中。事实上,"不收礼"的升学宴对宴请者而言,是另一种负担。但是有升学者的家庭却依然要宴请村民,这与宴请者受到"闲人"的抬高以及"闲人"的社会期待有关。

邓华的儿子第一次高考不如意,妻子便陪儿子去了西省最好的华川中学复读。复读时,邓华的亲友及左右邻舍都知道他老婆在华川陪读,小孩在读高中。当邓华一个人在家时,邻里对他的日常问候都离不开他老婆陪读、小孩高考是否有压力等话题。2015年6月,邓华的儿子高考完回家后,邻里对邓华的问候变为孩子考得怎么样。在分数出来后,邓华与远在深圳的弟弟商量,给儿子填报了重庆大学。录取之后,邻里便对他进行抬高,在谈及他儿子考上了一本,很有出息时,问他什么时候做酒便成为自然而然的事。事实上,邓华跟我说:"读大学又要很多钱哦,本来想省点钱能不做(酒)就不做(酒),但是闲人都说,那都说了总要做。"(20150725-邓华-M)邓华口中的"闲人"就是他日常生活中的邻里。西村人将那些会说闲话，喜欢八卦，喜欢抬高人的人称为"闲人"。邓华平日打交道的邻里包括两类人：一类是与邓华同属"守先堂"的"自家人"，另一类是他在村委会工作及做生意时打交道的朋友。

为何与邓华有宗族血缘纽带的"自己人"及有共事情谊的朋友会被他视为"闲人"？随着"不收礼"宴请的举办，邻里及日常打交道的朋友都是前来吃宴席的人，他们并不需要送礼来资助宴请者，只需要前来赴宴，同时评价主人的宴请是否"厚实"。"厚实"是指主人宴请时真花了钱，而不是虚情假意地请客，菜肴简单。当邓华把以往的"自己人"与朋友视为"闲人"时，旨在强调他们的帮助性减弱，评价性与竞争性增强。

克劳（Crow）等人在分析英国南部海岸小镇的邻里关系时，认为邻里既不是好管闲事的人，也不是无足轻重的人。当邻里关系与私人性、社交性绑在一起时，邻里关系也会成为压力来源。邻居之间的相处是非常有技巧的，人们需要在"保持距离"与"需要的时候在那里"之间寻找一种具有可行性的平衡。克劳等人的研究所呈现的是具有平衡性关系的邻里，即需要的时候能来施以援手，日常生活中也不好管闲事。邻里之间，既尊重各自的隐私，允许一定的个体性存在，可以容纳私人性，又能在关键的时候施以援手，富有道义性。（Crow et al.，2002）

英国小镇邻里关系的平衡基础在于对独立个体的充分尊重，允许一部分独立个体的存在，而西村的个体并不是完全独立的个体，村民们永远活在"闲人"的口舌之中。"闲人"对于西村村民具有较强的约束力。一方面，"闲人"是村民"抬头不见低头见"的左邻右舍,是他们在日常生活中必然要打交道的群体;另一方面,西村的"闲人"既好管闲事,又擅长攀比,喜欢面子竞争。若要赢得"闲人"的认同,则必须以慷慨的形式让"闲人"反欠自己。当"吃人嘴短"时,"闲人"便会自然而然地给予宴请者尊重,宴请者便能从他人的尊重中获得声望。从这个层面来看,西村社区中的邻里关系恰如贝克所描述的,是"被溶解在竞争酸浴"中的社区关系(Beck,1992)。

邓华并非村中的富裕之人,家庭收入只能算是中等水平。邓华在村中担任会计,一年收入在3万元左右;他还与朋友合伙开了一个流动餐馆,专门为需要办仪式性宴请的人提供餐饮服务,一年平均办20场,一场平摊下来可以有800~1000元收入,一年则有1万~2万元收入。因此,邓华一年的收入仅4万~5万元。邓华的妻子在儿子高中时外出陪读,儿子高考后她回家帮老公做下乡包餐的生意,并没有再找其他工作。邓华家中还有一个女儿、一个母亲。对于一个五口之家而言,邓华一年4万~5万元的收入并不算高。在儿子马上步入大学之际,升学宴带给邓华的除了面子与声望(名声)外,更多的是经济负担。然而,由于邓华在村中任职,虽然经济不算富裕,但也不算底层,而儿子又考上了一本,因而被"闲人"赋予了"会办升学酒"的社会期待。这种社会期待与他的声望获得紧密联系在一起。若他如村民期待的一样办了升学宴,他便能获得儿子考上一本、有出息的声望;若他没有如村民期待的那样举办升学宴,则会被认为家庭经济条件不好,儿子有出息的声望也无法建立起来。

三 博士宴

由于村中考上一本大学的人不少,像邓华一样迫于村中闲人压力而办升学宴的例子很多。而且,闲人的力量不仅在普通升学宴中起作用,在不普通的升学宴中亦起作用。不普通的升学宴即不经常举办的升学宴,博士宴就是其中一例。

我在西村参观下祠祠堂时,发现下祠祠堂门口的匾额上贴着"博士宴"三个字(见图6-1)。我询问下祠祠堂理事长景昌这博士宴的来历,才知道2014年暑假时祠堂里刚办了一场"博士"升学宴。因为我是第一次听说博士宴,觉得好奇,便问为何会摆博士宴。景昌便与我分享了宴请者的情况。是前屋一家普通的种田农户。父母两公婆特别勤奋,平时在家里种稻谷、种红薯,每年烟草站需要帮忙的时候则去捡烟,还会去做一些小工。景昌认为,他们家里算是贫苦中出了个博士,很不容易。景昌说这次他们办酒没有收礼,而且自己还花了300元做了个博士匾挂在祠堂。下祠祠堂有规定,若获得博士学位,主人家可以出资要求祠堂上匾(见图6-2)。

图6-1 贴在祠堂门口的"博士宴"斗方
(郑姝莉摄,2015年3月5日)

图 6-2 挂于祠堂中的"博士匾"
（郑姝莉摄，2015 年 3 月 5 日）

后来，我来到这次博士宴宴请者的家，才知道原来他们是为自己的第二个儿子邓小开办的博士宴。邓小开 2014 年考取了上海交通大学，并获得了硕博连读的资格。尽管只是硕博连读资格，却成为父母口中的准博士。我在邓小开家拜访时，邓小开的母亲向我讲述了儿子的高考经历。邓小开在高中时一直在班上排名前十，但是高考时没有考好，最后只考上了普通的一本。因为只考上了普通的一本，他自己一直不愿意办升学宴。而母亲一直觉得应该为他办一场升学宴，因为儿子的同学们基本上都做了酒。但是邓小开认为自己没考好，跟母亲说，"没面的，没面的"。高考没考好，他便立志考研究生。所以在 2014 年他面试通过获得硕博连读资格后，父母决定帮他做一次酒。

> 邓小开的母亲：当时我就想给他做酒，考了大学也没做酒，（这次）也是难得好。
>
> 我：那是前屋第一个吗？
>
> 邓小开的母亲（提高嗓音说）：西村是也没有多少个，就瑞坑与大屋场有一个，大屋场那个是蛮多年了。（20150314-邓小开妈-F）

对母亲而言，只要儿子考上了大学，就有面子，就值得做升学酒；但对儿子而言，只有考上好学校，才值得做升学酒。景昌也跟我反映，由于村中的大学生越来越多，通常考上一本甚至是名牌学校的才会办酒，考上普通的二本学校办得少。但是邓小开这次考上的是上海交通大学，是985高校。所以在儿子硕博连读申请成功后，父母就给儿子摆了一场博士宴。虽然儿子取得的是硕博连读资格，并没有取得博士学位，但是名校已经是儿子向上流动的一种标志了。儿子博士的身份使得母亲觉得在村中"脸上有光"。

对邓小开来说，他一直被母亲在村中称赞会读书，周围邻居也对他读好大学有所期待。然而，当他只考了一个普通的一本学校时，他认为自己并不成功。但是当他考上985高校的博士生时，这种成功才能成为一种值得认可的行径。在博士宴中，他并没有宴请自己的同学，只是让父母宴请了他们的亲友与社区邻居。这意味着，由升学而带来的荣誉更多是为了使父母在村庄中获得尊重与声望。对在家种田的父母而言，虽然儿子只考了一个普通的本科，但是儿子的同学们都办了升学宴，所以他们一直想为儿子办升学宴。在儿子不同意的情况下，升学宴没有办成。当儿子取得了硕博连读资格时，父母办升学宴的欲望因没有办本科升学宴而再次燃起。对他们而言，学历越高，越能获得社会声望。

另外，同一房分的"自家人"对于邓小开家这次办酒也起了推动作用。2017年，当我得知邓小开中途退出了硕博连读①，读了硕士就毕业之后，便与景昌聊起当时邓小开做博士宴的事情。景昌便道出了当时办酒，"自家人"的重要性。

> 他们自家人说要帮他们做，他们父母不礼接的话，也只是浪费10000多元。一桌含酒就得700~800元，包菜，包酒。烟除外，至少得700元一桌，他做了20多桌，你说是不是10000多元。父母来说是高兴，但总是别人说起了要做。别人会说，"该快活啊"。刺激他一下，拿点高帽给他戴啊。就会说，"会快活，出了这么能干的人"。那就提高一点威望嘛。自家人就会说，"考到那个位置，是要帮他做一下酒。打开祠堂门来"。这个事情是好高（喜欢显摆）啊，高兴的事情一样。

"自家人"在西村指村中同一公太下来的人。对邓小开家而言，则是守先堂下来的孙叔，其中好多人不仅是孙叔，也是重要的邻里。自家人会用"抬高"的技巧"促他一下，拿点高帽给他戴"。自家人的促动与西村人"好高"的风气引发了

---

① 然而，当邓小开最后只攻读了硕士学位，没有继续攻读博士学位时，下祠理事会主任也变得茫然起来。在与主任交流时，我并没有告知邓小开中止攻读博士学位之事，只是在电话中他自己跟我提及他也不知道实情。无论他是否知道实情，这一行为使得他更加谨慎了。2017年，西村一女生也考进上海交通大学读博士，也在祠堂中办了一场升学宴。但是这一次，理事会主任提高了门槛。为了防止乱挂匾，他提出了花3000元方可挂匾的要求。

邓小开家的慷慨性行为。对于自家人而言，若要让村民都知道邓小开即将成为博士的事，具有最大的传播力的仪式性宴请必不可少。这种传播力不仅可以提升邓小开父母的声望，还可以提升房派及宗族的声望。特别是当宴请者以"不收礼"的宴请方式款待村民时，他获得村民认可的愿望便具有了可行性。

第三节 声望获得何以必要：一种意义与价值

在改革开放初期，升学宴是比较少的。与生日宴一样，升学宴是20世纪80年代以后才在西村大规模兴起的宴请类型。与嫁女、归亲、丧礼等规范性宴请不同，升学宴与生日宴都是竞争型宴请。据西村村民介绍，嫁女、归亲、丧礼是必不可少的宴请，也是无可厚非的宴请。没有人会对你家办嫁女归亲宴做过多评论，因为这是人一辈子中必不可少的宴请。但是人们会对升学宴与生日宴品头论足，因为这两者不是必要的酒宴。通常是有经济能力则办，没有经济能力则不办。恰恰是因为非必要性，升学宴与生日宴一样，具有较强的声望建构性。特别是借助"不收礼"的升学宴，宴请者可以获得社会声望。这些声望获得的必要性在哪儿呢？事实上，这与村民"活着"的意义、宗族昌盛的价值有关。

一 "活着"的意义

声望获得意味着村民能在村中获得社会声望，获得他人的尊重，获得面子。这种尊重与面子是村民在日常生活中最为看重的人生价值，它甚至被景昌视为"人活着的意义"。他对我说："人活着这一世，就是为了名声。"对于西村人来说，不同身份的人具有不同的人生价值。

对父母而言，他们认为活这一辈子就是为了子女，为了家庭。因此，当子女考上大学时，"父母会教育子女"便成为村民乐道之事。子女升学意味着父母在教育子女的过程中有了成就。升学宴中的声望获得就是获得他人对于父母会教育子女的夸赞。上祠族谱中对培养出四个大学生的父母，给予了文化家庭典型的奖励，这种奖励，更多的是对父母成就的肯定。对于无法实现社会流动的西村人而言，他们的盼头便是到自己子女一辈有人能"考出去"，去往大城市发展；或者能为官，为人所尊重。"子女有出息"的盼头在某种程度上成为无法流动的父母的"出息"。"子女有出息"在一定程度上成为父母获得他人尊敬且展示成功的方式。

对子女而言，教育流动是社会流动的隐喻，以教育流动获得的个人声望能让整个家庭获得村民的尊重。对他们而言，活着的意义就是寻找能"走出去"的方式。以升学的方式"走出去"，有助于摆脱村民原来的务农命运。"升学"式的走出去意味着工作上的走出去，即人们不再需要"面朝黄土背朝天"种田了。种田是一种靠体力劳动维持的谋生出路，种田者不仅要忍受风吹日晒，还要下田地干活，忍受蚊虫叮咬，是一种辛苦型的生计方式。芳姨很生动地形容了她眼中读到书的人与没有读到书的人的区别。

> 他们是有工作嘛，轻松嘛，挣得到钱，别人说不要晒太阳，不用种田嘛，像我们小时候还要去翻红薯草、豆草，还要犁田、种稻，还要割稻谷。我15岁的时候要去田里摘莲子，摘得一双手"乌抹留休"（音，表示又黑又脏），见人都见不得，那天去城里，一双脚都是黑的，去了城里的姑太家坐，吃了中午饭，那个时候她在小学教

书，我和姐姐去她家，姑太的脚拿了出来，白白净净。我们的脚一拿出来，15岁的姑娘比老人家的脚还"乌了堕黑"（音，表示黑到极点），拿了脚出来都没意思了，回到家里还生气。我们天天做，白天没有亮就要起床，一直做到没停，早上去割鱼草，回来还去养牛，养牛回来去吃早饭，吃了早饭回来去砍柴，就是怕做这些事。想着这些事也心里难受。再大的太阳都得去城里做。

芳姨指出，读书能摆脱种田的命运。在她看来，由于姑太读了书，一直不用下地种田。因此，她的皮肤没有经过雨淋日晒，到50岁时，还是柔细光滑，甚至比小女孩的皮肤还好。种田者无论在工种上还是在身份上都处于社会的底层。这种生活上的对比与地位上的对比更强化了她要让子女读书摆脱种田命运的愿意。集体化时期，学历对于西村人的工作回报是可观的。那时，具有高中以上学历的人，可以被国家分配工作；具有初中学历的人，可以去学校当老师。这种可观的教育回报提升了父母对于子女教育的重视程度。改革开放后，尽管以往"分配工作"的教育待遇已经没有了，但是人们仍然知道教育是流动的门槛。甚至到现在，村民在询问村中大学生未来的工作情况时，也用"分了在哪里""分了工了吗"等话语。这种问法的延续表明，人们仍然将学历与工作紧密联系起来，认为"分到"工作者与学历有关系。西村人对通过教育提升社会流动机会抱有很高的期待。子女考上大学即为向上的社会流动提供了机会，意味着"子女会有出息"。

子女升学，还意味着具备了进入"仕途"的基本条件。在景昌看来，人活着的目的不在于财富，而在于获得他人的尊重。他认为"钱生不带来，死不带走"（20170803-邓景昌-M），活着就是为了有好名声，就是在村中赢得别人的尊重，在社会中有好的声望，能流芳千古。那么，如何才能获得好名声呢？在西村调研时，我曾与三位村民聊及什么样的家庭能在村里受到他人的尊重，村民认为以下六个要素很重要：一是家中有当官的，二是家中有在祠堂里有说话权的，三是家中有有组织能力且为人处事好的，四是家里有钱的，五是家中子女有出息的，六是儿子数量多的。综合三位村民对以上六个要素的重要性排序后我发现，人们认为家中有当官的最为重要，其次分别是家中有钱的、家中有有组织能力且为人处事好的、家中子女有出息的、家中有在祠堂中有说话权的及儿子数量多的。① 对村民而言，家中有当官的人最受人尊敬。恰恰是这个原因，村民很重视让子女升学后考取公务员并从政。景昌将从政者、有钱者及当老师者进行了对比，以突出从政的重要性。

> 民国的时候（教书）先生有点名声，稍微更有点名望。以前是除了种田就是教书的，现在也是除了种田就是教书的。没什么特别的。教书的话，可以说一句，没人很尊敬他，总而言之，不要说城市，就在我们地方上，虽然工薪很高，但是这个钱是身外之物，并没有什么了不起。像现在这个钱，每个人都有钱，你要想上天，有钱上天也上不了，你要享有政治声誉来说，那是非常难的事。你看看在农村，就一个村级干部来说，你做什么，与群众连在一起，教书的则不同，那除了本队，生日喜庆的时候请你的位置，还不如我老百姓。我可以说，他两三年吃的，都没有我这个老百姓这么高。所以教书我觉得拿我来，只有

---

① 为了了解这六种要素的重要程度，我让三位村民给这六种要素进行排序并打分，最重要的计6分，其次为5分，直至最低为1分。

一个优点，工资高，没有其他的优点。在老百姓看来，除了种田就是教书。所以教书的人，烟都没有人给他表出去。那就有点不把他放在眼里的味道一样。

"学而优则仕"一直是西村人对子女教育的期待。在小孩进学校门之前，大人就不断向其灌输"学而优则仕"的观念。对西村人而言，他们对于升学者最大的期待就是有学历者能为官，以官位来回馈乡村。因此，升学意味着他以后有机会当官。尽管这只是一种社会流动的隐喻，但是这种隐喻却成为村民看好的前景。

二 宗族昌盛

声望获得不仅是子女及父母人生的意义所在，也是宗族在竞争中延续与繁荣的价值所在。不仅对子女及父母而言，升学是社会流动的隐喻，对宗族而言，人才兴旺所带来的声望本身就是宗族繁盛的价值所在。在族谱中，宗族将升学而未工作者视为宗族的后备人才。宗族也对子女入仕大为提倡，对家中有为官者亦较为肯定。尽管为宗族事业捐资最多者，并非军政界人物，但是在族谱的记载顺序中，军政界的人才排在学术界及工商实业界之前，最受宗族尊敬。在邓氏宗亲联谊会中，会长及负责人由几位退休的政府官员担任；西村的上祠理事会及下祠理事会，都是有学历者或者是退休干部才能加入并在其中任职。人们一致认为，曾在体制内工作的人员具有比普通人更高的素养。

宗族人才能为宗族在竞争中获得更多的资源。对宗族而言，繁衍是关键，人才质量是保证。人是姓氏之间竞争的根本，也是同宗不同族人之间竞争的根本，更是同族不同房分人员之间竞争的根本。西村邓姓与西县另外几大邓姓家族之间竞争宗族联谊会会长，会长要求由权位高、财富厚实之人担任。西村上下两祠邓姓之间，亦会有人才竞争。上祠经常以自己邓姓居住集中，后代为官者、有学历者及富裕之家多过下祠为荣，而下祠则以自己族人居住分散，但在各地均有人脉为由，撑起自己在村中的面子。邓氏上祠分长房、中房与尾房。中房原本人丁较多，但后来因战争人丁减少。不仅人丁减少，族人中有出息的亦不多。尾房人丁比长房少，但是并没有获得劣势地位。上祠人常说虽然尾房人更少，但是读书人多，学历高者多。各宗族之间的竞争在南村村委会的选举及祠堂理事会的选举中特别明显。宗族内若具备有才之士，则能为各房派及宗族带来资源。目前，村内最典型的资源便是能为各房分拉来项目。尾房村主任上任后，便为自己房分所在的自然小组申请了公路维修项目，将村庄内的公路修至去往宗族祠堂的路上。有些宗族中若有为官者，还能为村庄引入新农村建设项目，修建文化广场、宗族池塘等公共设施。这些资源都是人才带来的价值，都是使宗族繁衍昌盛的价值所在。

第七章

人口流动、情感表达与双重互惠的去制度化

上一章呈现了第三类社会流动者——升学精英——的家庭是如何通过"不收礼"来获得新的声望，这种声望获得行为是"不收礼"规则缺口打开后发生的第二个连锁反应。升学宴中的"不收礼"扩展了新制度的使用范围，增加了互惠去制度化的现实性。本章继续讨论互惠制度变迁的新契机与第三个连锁反应——人口流动与回乡宴请中的"不收礼"。人口流动是一个复杂的变量，一方面，许多精英家庭中既有在外流动的精英，也有留在村内的精英，如宗族精英中就有儿子在外工作的情况，他们可能会参与宴请竞赛，不断引领新的宴请规则；另一方面，一些在外流动的精英家庭回乡时，并没有参与更高标准的宴请竞赛，而是遵循着西村新的"不收礼"规则，防止自家宴请低于村庄的宴请层次，从而防止自己的地位处于弱势。无论是引领还是遵循，人口外出都导致外出者对社区的功能性依赖减少，他们不需要借助村民的礼物来获得资助，但需要维系与村民的感情，这种感情维系以道义性慷慨的方式来表达，情感表达中也夹杂着声望获得的需要。"不收礼"的规则缺口打开后，被外出人口成功借用来建构流动价值。

本章讨论新的流动——人口流动。频繁流入或流出村庄的人们亦通过"不收礼"及取消资助型互惠的宴请方式来表达对村庄爱恨交织的情感，同时获得一定声望。

情感表达是情感社会学的研究对象。在情感表达的研究脉络中，有两种主要观点。一种观点源于霍赫希尔德（A. R. Hochschild），他认为情感表达受"感受规则"（feeling rules）

的影响，个体在何种情境中表达何种情感是社会化的结果，人们在社会化过程中习得了如何表达情感，由此在丧礼中应当悲伤，在婚礼中应当高兴（Hochschild，1979）。另一种观点源于雷迪（M. William Reddy），他认为情感所遵循的不仅是情感规则，它还涉及相关主体的人生经历，这些经历从侧面反映着社会结构（Reddy，2004）。情感是社会结构与社会位置的一种体验结果（Reddy，2004）。他认为存在"一套规范的情感以及表达和灌输它们的正规仪式、实践和述情话语（emotives）"（Reddy，2004：128）。在西村的仪式性宴请中，虽然宴请本身具有某种"感受规则"，但情感表达更多的是源于个体对人生经历及社会位置变化的某种体验。特别是发生地理流动的西村人，他们的情感体验深受社会的影响，与其在原乡的遭遇及流动的经历息息相关。他们通过仪式性宴请所表达的情感与他们经历的结构性背景息息相关。

外出的西村人在回乡宴请的过程中，总会抒发对原乡的某种情感，这种情感不仅源于不同类型的宴请所抒发的情感规则，更是对个体及家庭遭遇的情感表达。在寿宴中，人们抒发的不仅是为父母办寿的欣喜，还有父母在当时社会背景下养育自己的辛苦；在丧礼中，人们抒发的不仅是丧礼的悲情，还有死者经历的苦难与成就。这些情感并非源于固定的宴请情感基调，而是源于灵活多变的情感体验，每一种类型的宴请都可能是多种情感的交织。流出者为何会在宴请中抒发这些多变的情感体验？这与人们流出的动机与流出的最终归宿息息相关。从流出的动机看，人们外出发生地理流动的目的在于获得社会流动。西村人认为留在村里发展是没本事的表现，因此，人口流动就是为了"获得本事"。无论最后是否发生了社会流动，回乡者回乡宴请时，"不收礼"的仪式性宴请渐渐成为人们证明

"某种本事"的方式。从流出的最终归宿看，无论是已落脚他乡的人还是尚未落脚他乡的人，仪式性宴请的发生都是因为家乡终是要回去的家乡。

第一节 人口流动：为了社会流动

一 走出去："留在家里的都是没本事的"

改革开放后，沿海地区的经济迅速发展。特别是沿海地区乡镇企业的发展，迅速提高了人们的收入水平。更为重要的是，沿海地区快速发展的工业产生了大量的劳动力需求。随着全国劳动力市场的形成，地处中部地区的西省成为重要的劳动力输出省。20世纪70年代末，西村开始实行家庭联产承包责任制。由于人多地少，劳动力出现剩余。那时，大量村民前往沿海发达城市务工经商，农民收入迅速提高，打工潮随之兴起。这一时期，外出者主要以刚成家的60后青年为主。一些外出打工的青年利用市场机会，兴办企业，渐渐成为西县的外出精英。

对西村人而言，外出是他们发生社会流动的主要途径。虽然近几年西村的回流人口在增加，但在改革开放初期打工潮兴起时，外出就业已成为一种比在家务农更体面的工作类型。人们甚至认为，"留在家里的都是没本事的人"。改革开放初期，西村的生产型经济体系并不活跃，农民多是自己种水稻、蔬菜然后挑至集市售卖，种白莲与从事烟业的农户则等人前来收购。与在家就业的经济体系不发达相比，在外的就业途径更多。对西村人而言，在外就业有两种类型。

一种是体制内类型，主要指在西村外就业的部队干部、公务员、老师等。他们多是通过升学，有一定学历之后就业的。以西村族谱中的人物传记类型为例，族谱中有人物传记31篇，其中4篇讲述开基祖及各房祖先的事迹，1篇讲述商人事迹，4篇讲述博士及老师事迹，其余22篇都讲述了到达一定官职的人的事迹。我与村里的小学老师们聊天，他们都认为我毕业后去政府部门任职最好，这样地位高、声望高。西村人以进入体制内的方式实现社会流动的较多。上祠族谱中就记录了当代178名军政界人才。其中，有1名厅（师）级干部、21名县（团、处）级干部、87名科级干部，涉及上海、广东、湖南、福建、西省，以及西市各县及西县各部门。西村下祠人口相对较少，主要分布在小西村，副科级以上干部共32人。

另一种是体制外类型，主要指在外地企业就业的人群。就业类型呈现大杂烩、小聚类的特点。西村人在外从事的行业多种多样，有房地产业、装潢业、汽车运输业、调料厨具销售业、广告业、网络信息科技业等。他们呈现行业小聚居与城市小聚居的特点。行业小聚居如西村前屋小组的人大部分在北京做调料生意，部分西村人在广州白云从事建筑材料及装潢行业，还有人在广州沙溪从事酒店用品批发行业等；城市小聚居如西村人主要集中在广州、东莞、北京、福州、泉州等地。在外出经商的人群中，出现了许多成功的老板与经济精英。前文提到的有宝是改革开放初期西村最早外出并成为西村首富的人，虽然其回乡消费多是为了补偿父亲早年在西村被打压的经历，但其在外的成就也为许多村民所津津乐道。一旦在外经营成功，他们的事迹便能通过在村的亲人之口迅速传播开来。在景昌家调研时，他就对周围邻居说他弟弟的儿子在外面开大理石厂，最近八天生意净赚60万元。西村工商实业界人才较多，根据上祠族谱的记载，有199人在工商实业界发展，主要分布在西市、南昌、中山、深圳、东莞、长沙、上海、北京等地，其中有知名企业家59名。

二 搬出村庄——实现社会流动

然而，外出工作只是实现社会流动的方式，外出本身并不代表实现社会流动。真正实现社会流动的，是搬出村庄。小灵樟是北村的一个偏远的自然村，这个自然村内成员的搬迁史，可以呈现村庄的变迁历程，具体有三个阶段。

第一个阶段是集体化时期，属于村庄的内生发展期，这一时期只有两人在外就业。新中国成立前，小灵樟村只有男丁20人左右。集体化时期，国家强调人多力量大，小灵樟村的人口迅速增加，男丁增至上百人。不仅人口增加，村内亦有四五户人合伙在香火堂侧建了一幢新房。随后，南亭的叔叔、兄长及侄子等先后于其近旁开基造屋。小灵樟村从只有两栋房屋变为有房屋数栋的小村。当时村内仅有两人在小灵樟村外发展：一个是因考上大学而分配至县城工作的南亭；另一个是在外搞运输，开拖拉机、开大汽车的商人邓现舟。除去这两人，小灵樟村其余的村民都在村内务农，村民外出并实现社会流动的较少。这一时期，村民不以外出为荣，而是以进入体制内成为有工作的人为荣。

第二个阶段是改革开放后的20余年，属于村庄的往来流动期。改革开放后，虽然国家实行了计划生育政策，但基本上小灵樟村的各个家庭都有1~2个男丁。这一时期，60后逐渐成长，成为外出务工经商的第一批青年。这些青年往来于城市与乡村之间，积聚财富、学习技术。集体化时期在江西共产主义劳动大学西县分校读书的广华，毕业后被省办企业招用，后任供销科长。集体化时期的外出者，此时则开始在外面置业。

1997年4月,南亭毕业分配工作后在县城买房置业,成为小灵樟村第一个迁居城市的人。现舟则在靠近公路的自然村阳排建了新房,并成为北村第一个买电视机的人,他也是首批在小灵樟村以外开基创业的人。这一时期,在外置业的小灵樟村人仍然较少,村民更多的是往来于城乡之间以积累财富,并开始以外出流动为荣。

第三个阶段是21世纪以后,属于村庄的搬出期。这一时期,外出务工经商者经过历练之后,开始"转型升级"。现舟开始兴办实业,几年内便成为西村数一数二的富人。从军队退伍的德发再就业,积累了百万元资金。后起之秀亦开始崭露头角:现舟的儿子在县内从政,经过努力,升为山峰乡党委书记、西市人大代表,成为小灵樟村的政治精英;建漳在福建福州开办了模具厂,成为小灵樟村到大都市办企业的第一人;子恒等先是在广东深圳开网吧,后转而投资医疗器械行业,其资产被村民认为有上千万元;真子在江苏昆山开办模具厂,资产亦被村民认为有上千万元;文俊在泉州从事模具设计,成了小老板。数位青年创业的成功,使小灵樟村名声大震,为西村乡亲所惊羡。在此期间,外出成名者渐渐在西村以外置业。现舟先后在西村新街、西县县城及西市建造房屋;德发与弟弟在县城建造了带院落的别墅;子恒先后在深圳汇宾广场、鸣溪谷购置房产。大部分发家者则从小灵樟村搬至西村中心地。许多人用自己外出务工积累的资金,或者在外出务工的儿女的助资下建造新房:有的搬至离公路近的阳排开基造屋;有的则迁去小岭、坳背另建新房;有的迁至离国道较近的社公脑开基置产;还有的在西村新街购买店房,定居创业。这一时期,村民们的财富开始产生累积效应,他们陆续搬出了小灵樟村。

小灵樟村三个阶段的发展大致能代表西村偏远自然村的发

展路径。村民在改革开放后的30年中积累了技术经验、从商经验，2000年以后，村民陆续搬出了原来的自然村，实现了社会流动。对于西村人而言，流动的地理距离与流动的层次是息息相关的。基于所在村与外出地的距离，人们认为存在四个层次的流动：第一个层次的流动是走出自然村，大部分受到子女外出务工所积累的资金资助的人，会搬至西村中心地或靠近公路的地方居住，如颖芳一家；第二个层次的流动是走出西村，有一定经济实力者会搬至西县县城，如德发三兄弟；第三个层次的流动是走出西县，兴办企业、资金雄厚者会搬至西市，如现舟；第四个层次的流动是去往大城市，如子恒在深圳购买了位于南山脚下的两套别墅。流动的距离越远，流入地越发达，社会流动的层次越高。

改革开放后，外出就业成为西村人现实社会流动的重要途径。虽然地理流动并不一定代表社会流动的成功，但是外出者积累了经验，有了胆识，一旦市场时机成熟，他们实现社会流动的可能性就会迅速提升。虽然小灵樟村仍有十余户人留在村内，但是大部分人已搬至西村中心地，亦有部分搬出西村，到西县县城、西市甚至西市以外之地定居。从小灵樟村的故事可以看到：地理流动是村民实现社会流动的重要途径。地理流动带来了市场机会、政治机会，增加了村民向上流动的可能性。由于村民认为"留在家里的都是没本事的"，地理流动便成为村民获得"本事"、获得村民赞誉，实现上升性社会流动的主要方式。

第二节　回乡宴请：外出的情感表达与声望获得

在宗族精英引领了请客"不收礼"的潮流后，发生地理流动的人陆续回乡设宴，继教育流动后引发了请客"不收礼"的第三个连锁反应。基于来去麻烦的理性考量、设宴可获得尊重的声望考量，他们成为请客"不收礼"规则的广泛跟随者。改革开放之后，人口流动成为实现上升性社会流动的主要方式。进入21世纪，村民渐渐搬出原来生活的自然村，但仍然与原属村庄及村民发生着频繁的联系。在摆寿宴、摆乔迁宴及回乡奔丧的过程中，村民用仪式性宴请表达着自己的"高兴"、"爱好"与"感谢"之情。在"不收礼"的仪式性宴请中，村民诉说着与原乡人们的某种情感共鸣，也以宴请的方式获得了声望，获得了他人对自己的尊重与认可。声望获得背后有着复杂的情感，它反映着人们与原生村庄之间爱恨交织、想亲近抑或想疏远的情感体验。原乡情感的维持或疏远、新地理距离的拉开、回乡声望的获得使得请客"不收礼"得以普遍化。

一 回乡办寿宴："子女孝顺"

改革开放初期，发生地理流动的人主要以20世纪五六十年代出生的人为主。2000年以后，这些人陆续步入五六十岁的年龄段，他们的父母陆续进入古稀、杖朝之年。因此，他们回乡时为自己办生日宴、为父母办寿宴便成为常有之事。他们经常用"感谢乡邻对父母的照顾"来解释自己请客"不收礼"的动机，而村民们则会将其宴请行为视为地理流动后对经济能力、对父母孝顺的一种"证明"与"显示"。无论是感谢乡邻还是"显示"，寿宴本身证明了子女的孝顺，子女孝顺有助于父母获得村民的好评，为家庭赢得好名声。

（一）"母亲为儿女苦了一辈子"

我进入西村后参加的第一个寿宴便是达喜堂嫂的81岁生

日宴。达喜的堂嫂是南村人。她81岁时，春节回乡聚在一起的四个儿子商量着趁兄弟姐妹们都在家为母亲办81岁的寿宴。达喜因为文化水平较高，又是宗族精英，便被堂嫂的子女邀请来商议请客事宜。他们并没有告知达喜办寿宴的原因，但是达喜说他知道其中的道理。

> 因为今天做81岁的这个人啊，这个女的40刚出头，丈夫就去世了。丈夫去世的时候，已经有四个儿子五个女儿，九个儿女，其中……在这种情况下，她没有抛弃儿女，没有去再嫁老公，而是在家里把儿女抚育长大。虽然因为家里生活苦，读书是最小的儿子邓菊生可能多读了点书，老二、老三、老五都只是小学毕业，没有钱读书啊。可能以前堂嫂50岁、60岁、70岁的时候，要么就没做生日，要么就做了，（参加者的规模）非常小，只是自己几兄妹聚了。否则，我是他堂弟，一定会叫我参加。我这么亲啊。但是我觉得，我觉得她70岁以前都没有做过生日。四个儿子，虽然……但是总挣了点钱，就觉得这个老母亲为儿女苦了一辈子，所以就要做酒。（20150303－邓达喜－M）

事实上，由于经济能力有限，四兄弟在母亲60岁、70岁时都没有给母亲办寿宴。母亲81岁时，他们才商量着摆酒席。堂嫂早年丧夫，膝下有九个儿女，现在儿女都已长大成人，四个儿子已成家，并在家中建造了新的房子。四个儿子中，大儿子与媳妇在家带孙子、孙女，大儿子的儿子与儿媳在外务工；二儿子、三儿子一家及四儿子均在外务工，四儿子的媳妇则在家照顾要上高中的小孩。事实上，四兄弟各自刚建完新房，都还有欠债，都有经济压力，但是他们还是给母亲办了寿宴。由于西村寿宴"不收礼"已成风气，四兄弟也不能通过收礼金来抵消成本。最后，为了节约开支，他们没有在酒店包餐，而是在自己家里请厨管①来做酒，以减轻开支。为何四兄弟在经济条件一般的情况下要办"不收礼"的寿宴？虽然子女并没有成为村里的精英，但是他们都在家建造了新房子。虽然他们没有流出西村，但是相较于一人奋斗的母辈而言，他们四兄弟都是有进步的。更重要的是，举办寿宴是为了感谢母亲对于子女的付出，而且母亲的年纪已到80岁。寿宴体现了子女对母亲的孝顺。以仪式性宴请呈现孝顺具有声望效应，它既是对母亲辛苦抚养子女的声望肯定，又是对子女孝顺的声望肯定。通常，没办寿宴会被他人"看不起"，会被他人诟病子女没出息、不孝顺，子女亦会惹人口舌。为母亲办的仪式性宴请其实是对她"声望上的报答"。这种声望可以从宗族代表发来的《祝寿词》（见图7-1）中体现出来。

各位亲朋好友，各位细公叔伯：大家新年好！
今天，西村老街宾客济济，喜气洋洋。吉生兄弟姐为慈母大人隆重举办八旬晋一寿庆，我们代表房亲、族亲、宗亲祝寿星生日快乐，健康长寿！
迪群太是一位值得点赞的"五好"女性。她是一位好儿媳。尽管家婆有个性，较唠叨。由于她忍耐，所以婆媳关系比较好。她是一位好妻子，好母亲。她才40出头，受尽了天大的压力，独自支撑整个家庭。膝下九个儿女，只有长儿长女刚刚成年，其余七个儿女都还幼小，最小的儿子才5岁，最小的女儿才1岁。她把幼小儿女抱育成年，且一一完成婚嫁，这一点非常了不起，堪为贤妻榜

---

① 指厨房管理者。

样，良母典范，是邓氏南阳堂的荣光和骄傲，也是西村邓氏的荣光和骄傲。她是一位好奶奶，对绕膝孙儿孙女非常慈爱。她是一个好邻居，一生和左邻右舍和谐相处。

迪群太值得我们敬重。所以我们特发祝寿词。衷心祝福她生日快乐，健康长寿！并祝列位亲朋好友、细公叔伯羊年吉祥、万事如意！

房亲代表邓荣鑫、邓达喜
族亲代表邓方平、邓渭程　仝敬祝
宗亲代表邓景昌、邓大才
公元二〇一五年三月三日

图 7-1　贴于宴请地点的祝寿词
（郑姝莉摄，2015 年 3 月 3 日）

在寿宴过程中，下祠宗亲代表、族亲代表及房亲代表都到各个桌上敬酒祝寿，都在表彰寿星教育子女的美德。虽然宴请者本身并不想宣传母亲的贫苦经历，但是宗族精英的表彰反映了母亲的遭遇，抒发了人们对其遭遇的同情，也对她的事迹进行了肯定，使她获得了"贤妻榜样，良母典范"的名声。虽然子女为母亲举办的寿宴相对普通，但是宗族的表彰为其增添了色彩。子女的孝顺、母亲的荣光都通过这次"不收礼"的仪式性宴请体现出来。

达喜堂嫂的寿宴是西村非常普通的寿宴。事实上，"不收礼"的宴请成本较高，四兄弟虽然可以分摊开支，但是它依然会带来负担。四兄弟在经济条件有限的情况下举办宴请，初衷可能只是"高兴"或想让母亲长寿，但最终达到了表达情感与获得声望的双重效果。

（二）"我们女儿不会比男的笨"

邓古天是西县政府部门的退休人员，退休后他在市里买了房子住。他60岁时，两个女儿给他在市区、县城及西村办了三场寿席（见表7-1）。当我与他聊起这场寿宴时，他特别强调自己在宴请时标注了"概不收礼"四个字。

表7-1 邓古天六十大寿宴席情况

	西村	县城	市区
地点性质	出生地	工作地（40年）	现居地
宴席桌数	8桌	16桌	6桌
宴请对象	历任村主任、村支书、本房孙叔、亲戚、生产队邻居、同学	领导、同事、同学、朋友	同学朋友（大部分是西县人）
宴请地点及层次	家乡美酒店——西村人办酒最好的酒店	西江源酒店——城里最高档的酒店	赣电大厦——四星级酒店

续表

	西村	县城	市区
宴席花费类目	菜品每桌 480 元 软"中华"烟每桌 2 包 120 元 五粮液每桌 2 瓶 1300 元 红葡萄酒 2 瓶 鲜橙多 1 瓶 啤酒不计	菜品每桌 1090 元 软"中华"烟每桌 2 包 120 元 五粮液每桌 2 瓶 1300 元 红葡萄酒 2 瓶 鲜橙多 1 瓶 啤酒不计	菜品每桌 1290 元 软"中华"烟每桌 2 包 120 元 五粮液每桌 2 瓶 1300 元 红葡萄酒 2 瓶 鲜橙多 1 瓶 啤酒不计
礼物	请客时注明"概不收礼",未收礼金		
其他	邻居称第一次喝五粮液	外孙发表生日贺词	市区仍然流行收礼,但他坚持按照西县的规矩不收礼

资料来源：田野调查。

不仅如此，邓古天还强调宴席上提供的都是好酒："酒的话，我买的是高档酒，全部是五粮液。五粮液是 1000 多元一瓶，现在只要 650 元一瓶。每张桌子 2 瓶五粮液，2 瓶红葡萄酒。我们是本乡人啊，西村人更要让他们吃好的啊。酒是广州一个最大的批发点批的，酒上面还印了假一罚十的标记，可以在全国各个地方检验。"（20141205－邓古天－M）在他看来，要买这种正宗的酒才对得起父老乡亲。在与邓古天聊天的过程中，他跟我分享了他为回乡办寿宴的两个目的。

实际上这次回家办酒，就是用实际行为明白、象征性地宣布：我们女儿不会比儿子笨，我们女儿不会比男的笨。一个是要让他们知道我们女儿也很孝顺，要做给当地群众看嘛。让这些孙叔放心，我们虽然没有生到儿子，女儿也是一样的。第二个是要衷心地答谢那些孙叔。那些孙叔也对我们有教育和帮助啊。以前我们有事的时候，那些孙叔来帮忙。我父亲去世的时候，我那些孙叔来帮忙。要有一个平台来答谢他们嘛，要有好酒好肉来招待他们嘛，不然你对不起他们嘛。以后我们七八十岁了，就不一定能回去了。那个时候就年纪大了。餐餐回去就不方便了。所以60岁就要做得像样子啊。那些葡萄酒都是132元一瓶啊，法国进口的。到广州一个最大的批发点批的，叫作三福批发点。那上面还印了假一罚十，你可以全国各个地方检验，所以我们要买这个正宗的酒才对得起父老乡亲。石城的话十分少十分少的用五粮液，有是有人做了，有一个人说他是第二次吃呢。对西县的人我也是要感谢他们啊。朋友是情谊在啊，朋友感情深啊。(20141205 - 邓古天 - M)

在他论述的原因中，他指出的第一个原因是展示"女儿不会比男的笨"。对西村人而言，儿子多能为村民带来好的名声。邓古天说自己迁往赣州居住的一个原因就是他没有儿子。他一直觉得一个与他一起往外迁居的朋友说的话在理："没有生到儿子，你在西县，你就会惹人鄙视。如果你在市区，你就不会惹人鄙视。西县的文化比较传统，但到大城市就根本不同了。"(20141205 - 邓古天 - M) 实际上，这次回乡办酒，邓古天就是在用实际行动明确地、象征性地宣布女儿的价值。他觉得要让西村人知道他女儿也很孝顺。这次的寿宴是他的两个女儿给他办的，通常家里有儿子的话是儿子办，但这次是女儿给他办的。邓古天的两个女儿经济条件一般，大女儿嫁给了一名在广州私营企业上班的普通职员，现在老公工作地全职带小孩；小女儿嫁给市职业技术学院的一名普通老师，现在私营企业任普通会计职员。两个女儿虽然经济条件一般，但还是一起花了7万多元给父亲办了寿宴。为了既能撑得起场面，又不让女儿压力太大，邓古天自己购买了宴席上提供的所有的烟。他总共买了6条烟，每张桌2包，当时60元一包，共花费3600元。他的两个女儿也很给面子，在宴席上用了最好的五粮液。当听到邻居这辈子第一次喝五粮液时，他心里觉得美滋滋的。在他看来，所有这些细节都体现着酒席之高档，可以让他在西村获得即使没有生到儿子但女儿依然孝顺的好名声。

第二个原因是表达感谢。由于他已定居市区，他回乡宴请的目的是感谢乡邻。"因为我们在西村、在城里、在赣州，得到大家的尊重与爱戴，所以我们要答谢他们。"（20141205-邓古天-M）邓古天一直记得集体化时期西村的孙叔、邻居们在他工分不够时借钱给他补工分，在他父亲去世时来帮忙料理后事。这份感念使他觉得有必要宴请乡邻。与旨在表达女儿不会比男儿笨的"宣告"情绪不同，这时他更多的是想表达一种感谢之情。

由此可见，"不收礼"的仪式性宴请夹杂着人们对乡村与乡邻爱恨交织的情感。无论是表达女儿不会差的抱怨，赢得女儿也孝顺的声望，还是表达对乡邻的感谢，对乡邻有一次回馈，宴请者都能获得正面的评价，都能获得好的名声。"不收礼"的宴请行为能够达到抒发个人情感与获得名声的双重效果。

二 回乡办乔迁酒：不攀人情世故

2000年以后，陆续建房、搬出村庄的人在搬进新家前都会设乔迁宴，寿宴中流行的"不收礼"规矩便在乔迁宴中普及开来。特别是在国家新农村建设的规划下，偏远小组的人们搬至西村街道中心地或者临近公路的地点时，乔迁便成为非常普遍的宴请类型。2005年国家提出社会主义新农村建设的工作目标后，西村下辖的小西村、东村、南村与北村的16个村小组、1.2万村民都被纳入新村点，共拆旧建新街头、前屋、彩光、下王屋、上村、营背前、西村圩、富珠、松树岗及三角塘等新村点10个。这些新村点大部分是统一开发的。景东就是那个时候在富珠买下地皮建的房子，西敏家的房子也是那个时候买的。很多在外做生意的人得到家人的消息，便纷纷回来买房，将房子从偏远的小组迁至临街地带。所以，"不收礼"的慷慨性宴请开始在2006年的乔迁宴中出现。

乔迁后，宴请新邻居及旧邻居成为必要环节。从集体化时期便开始朝夕相处的旧邻居依然会往来，而入住新地需要融入新的环境结识新邻居。景东现在在西村开了一个酒店，是西村承包宴席的老板。在回乡开酒店前，他一直在外地做生意。1999年，他到北京做调料生意，后因老婆不适应北京的气候，改去泉州开超市卖服装。2005年，他回家买了地皮。2006年，他家的新屋落成，做了乔迁宴，未接礼。当时大舅子包了礼来，他原样奉还。但是兄弟们凑钱送的一套沙发椅，他收下了，其他的礼一概没收。问其原因，他说：

> 那时很少在家，不想攀人情世故，很多人没在家，所以想做酒请亲朋吃饭。很多人请了我父亲吃饭，那我一般不做什么就不请客。但是我就想通过做酒来请大家吃饭。感谢大家照顾我父亲。那时也慢慢开始兴（不收礼），所以我们也有开始不收礼的走向。（20151115－田野笔记本1）

对景东而言，乔迁意味着搬至新的地方。他在外做服装生意，平均每年有10多万元的收入，在西村也算是中上水平。乔迁前他买的地皮，是当时面积最大的一块，相当于两栋房子的面积。但因为长期在外，当时没有考虑回乡发展，所以景东不想攀人情世故，不收礼就是一种少攀人情世故的方式。景东很少做酒，这次乔迁宴是他主理的第一场酒，所以他挑的酒和烟都是最好的，酒席做得也比别人好。景东回家办乔迁酒时，不收礼还没有完全普及。只有一些外出经商有经济能力的人家跟着这个风俗不收礼，大部分人家是会收礼的。他记得2006年他还凑了10元礼去邻居家。我问那一年为何有些人家还收礼，有些人家不收礼，他的解释是在外做生意挣了钱的回来做酒通常不收礼，他就是其中一个典型的代表，而家里经济拮据的还会收礼。但是，景东说，从2007年开始，不收礼就正式普遍化了。

对于大部分家庭而言，刚建了新房其实消耗了不少财富。因此，在这个时候办酒收礼其实在很大程度上可以减少建新房带来的经济压力。但是景东还是坚持不收礼，其原因有他所说的感谢大家照顾他在家的父亲，但在另一个层面，他刚搬了新家，既需要向原来的邻居展示自己在外拥有了一定的经济实力，又需要与新搬入的富珠组的邻居建立新的联系。宴请不收礼是建立新的联系，让他人欠人情而不是自己欠人情的最好方式。在这个层面上的慷慨是有目的性的慷慨，这种目的是情感导向的，是出于内心纯粹的情感表达。它也能产生积极效应：既能获得旧邻居的好评，赢得名声，还能获得新邻居的认可，赢得新邻居的尊重。地理流动导致外出人口对社区的功能性依赖减少，这时，请客更多的是一种情感的表达，回乡宴请者不想攀太多人情世故，不想因为获得了村民的礼物而牵涉太多的人情，只希望用简化的宴请来维系与原乡的情感。

三 回乡奔丧

2000年以后，20世纪三四十年代出生的老一辈陆续离世，丧礼成为聚集外出者与在乡者的重要平台。在"不收礼"普遍化的过程中,丧礼中的礼金也被置换为花圈。以往亲友邻居参加丧礼时,要送三牲礼金,从表7-2中可见,在1990年木财爷爷的丧礼中,三牲礼金是主要的礼物。然而,当"不收礼"的规则延伸至丧礼时,前来吊唁者会买点纸烛前来祭拜,另外送花圈作为礼物。从表7-3中可见,在2015年邓国细父亲的丧礼中,他只收了花圈,没有收其他任何礼金。在收到的花圈中,姻亲、邻居、房亲、族亲、宗亲及朋友210人共送出花圈57只①,还有来自西江源自然保护区管理局、西村中学和西村村委会三个单位的3只花圈。

表7-2 1990年木财爷爷丧礼礼单

关系	随礼人姓名	三牲礼金（元）	纸烛、布及花圈
女婿	廖茂林	200	布一块
	范连根	200	
	巨春	60	
外甥	廖志云	60	
外甥	曾根星	26	布一块、纸烛一副
姻亲小舅子	魏外国	20	纸烛一副
堂弟	光有 代	21	纸烛一副
侄子	健平	5	纸烛一副
侄子	日升 代	10	纸烛一副
侄孙	圆香 代	10	纸烛一副
侄孙	家发 代	10	纸烛一副
侄婿	刘谟林	19	纸烛一副、布一块
堂侄	细伯	20	纸烛一副、布一块

① 送花圈的人会组队送,比如10人送1只花圈。

续表

关系	随礼人姓名	三牲礼金（元）	纸烛、布及花圈
堂侄	子平等3人	30×3	纸烛三副、布一块
	陈他斌	50	
	上海等2人	10×2	
	外金	10	布一块
	坚古等9人	110	纸烛十一副
	经顺	10	纸烛一副
本屋	于凤等38人	28	布一块、花圈一只
房叔	迪明等38人	190	
洋岸孙叔	于保太等5人	5×5	
宗	连妹		纸烛一副
先生	曾大来	5	
村委会	西村村委会		花圈一只

资料来源：田野调查。

表7-3 2015年邓国细父亲丧礼中收到花圈的情况

关系	人数（人）	花圈（只）
姻亲	51	13
房+邻居（3个小组）	65	12
族	35	17
宗	17	5
友	42	10
单位	西江源自然保护区管理局 西村中学 西村村委会	3

资料来源：田野调查。

"不收礼"规则渗入丧礼，更多的是源于丧礼规模的扩大以及对丧礼场面、名声获得需求的增加。即在丧礼中，有儿子从外回乡者、儿子数量多者，对于通过丧礼提高声望、扩大场面的需求逐渐增加。甚至达喜将丧礼视为"演戏"，演给孙叔看。邓国细已在西市买了房子。2015年，他回乡为父亲奔丧，打电话给在西市的达喜，邀请达喜回乡为其父主持丧礼，并说希望父亲的丧礼一要上档次，二要有规模。为了体现他要求的档次与规模，国细与达喜在丧礼中安排了以下几种撑场面的事。

一是开追悼会。国细的父亲并不是党员，他只是集体化时期洋地林场临时聘用的撑排人。但是这次丧礼，国细却让达喜请了西江源自然保护区管理局及村委会的人前来为其父开追悼会。通常，追悼会只有党员及干部去世时才会开，有单位的人会由单位组织开。但是，国细却邀请达喜设法给父亲开了追悼会。为了符合身份，他们给国细父亲配上了"红军后人"的称号，还在悼词中称其在林场工作。福敏在丧礼后评论道："撑排的，说白一点，就是打理林场，就是去管水，去打石头、挖桥之类的。哎呀，但是悼词说的时候就不同（悼词更体面）。"（20150727-邓福敏-M）二是让西江源自然保护区管理局局长、西村中学党委书记前来致慰问辞。达喜动用了自己的人脉关系，请了自己曾经的学生——西江源自然保护区管理局局长及自己曾经的同事——西村中学党委书记前来致辞。达喜是西村有名的仪式操办者，凡是由他主持的丧礼，必然规模大、场面大、规格高。即使与逝者没有任何关系，他都可以动用相应的关系，来为丧礼撑起场面。这使他成为丧礼操办过程中的关键人物。三是用专门录制的哀悼声替代人的哀悼声。为了增强哀悼的场景性，国细专门让弟弟将从深圳买来的播放器带回家，播放从深圳买来的哀乐乐曲。哀乐乐曲是一种号哭的曲调，为整个丧礼增加了哀悼的气氛，取代了以往由人来号哭的仪式。四是建了西村面积最大的墓地。为了宣传墓地规模之大，达喜甚至让我在上水片为国细家进行宣传。五是送了房旌、族旌及乡旌三个旌。以往，只有逝者在村庄中非常有名望才会送旌。但自从送旌市场化以后，有钱人家也能送旌。事实上，国细父亲在西村既不是宗族理事会成员，也不是正式干部，给他送旌，其实是因为他家儿子多，有足够的资金可以支撑三个旌的成本。以往旌上所写内容主要是尽忠报国等，但是送旌普遍化后，旌上之字就更多的与道德有关。如送给国细父亲的旌上写的是"笃谦 朴端 孝仁 善颖 孝恭 敏勤"，每两个词代表一个旌，这些词语都是非常普通的。事实上，送三个旌主要的目的是获得名声。正如福敏所述："多少为了名声。因为能上到族谱里面。谱上面会写，他死的时候送了三个旌。有了这个背景就够了。"（20150727－邓福敏－M）

　　随着人们经济水平的提高，像国细一样回乡奔丧时大办丧礼，以丧礼来获得名声的个案在西村非常普遍。对于国细们而言，丧礼的规模越大，越能体现出儿子们有能力，也越能为儿子博得孝顺的好名声。事实上，正常的孝顺名声应当由父母在世时经常陪伴并孝敬他们获得，但是，随着地理流动的增加，孝顺的名声却转换为由死后丧礼的场面和经济花费来评定。

第三节　情感表达何以必要：要回去的老家

　　外出回乡的人们通过操办仪式性宴请来感谢乡亲，表达个体的某种情感，并显示其外出的流动价值。在回乡办寿宴、办乔迁酒及办丧礼的过程中，请客"不收礼"渐渐普遍化了。

对流动群体而言,"不收礼"与其他声望获得的要素(如丧礼中的送旌、开追悼会)结合在一起,共同塑造了留下好名声的仪式性宴请。处于流动状态的外出人员特别注重通过"不收礼"的仪式性宴请来展示自己家庭有经济能力、子女孝顺或子女有出息等。然而,值得思考的是:这些在外流动的人们为何这么重视情感表达?为何在情感表达中如此强调声望获得?情感表达与声望获得的必要性在哪里?

这种必要性与外出的人们有"要回去的老家"息息相关。2000年以后,发生地理流动的主要是20世纪60年代以后出生的人,而回乡主办宴请的,也以60后、70后为主,这些人自小生活在西村,因而对家乡有无法割舍的感情。无论是对于已定居他乡的人来说,还是对于尚未定居他乡的人来说,家乡总是在外流动的西村人的牵绊。若父母已不在,回乡扫墓便成为他们与家乡联系的纽带;若父母尚在且留在老家,回家探亲便是回乡的理由。而对于许多无法在外定居的人们来说,家乡更是他们的归宿。

一 祖先崇拜

西村是传统的客家地区,祖先崇拜在这一地区十分兴盛。每年春节时,西村人正月初一要做的第一件事情便是去祠堂及香火堂祭拜。对先人要崇敬,这在西村人的思想观念中特别重要。对先人的崇敬主要体现在两个方面。

第一,是对较远代祖先的崇敬,通常以公祭的形式出现。西村上下两祠每年都很重视祖先祭祀。公祭的对象主要是距今较早的祖先。公祭主要分为两种:一种是大祠堂内的祭祀,届时会有比较大型的仪式活动,上祠主要在清明时举办,下祠则主要在春分时举办;另一种是小房分组织的祭祀,通常在清明期间，小香火堂内的人会组织起来一起去扫墓，届时香火堂内的人需要每年轮流请其他扫墓者吃饭，当地人称这种宴席为"做清明"。改革开放后，西村的公祭复兴起来，届时，祠堂理事会会邀请各谱箱代表前来祠堂，分路线、分批次到各个墓地扫墓。扫完墓后，由祠堂理事会出资组织大家在祠堂或者酒店一起聚餐。为了组织和参加这些活动，已在外定居的理事会成员，如在西市的达喜、在东莞的水金等每年都要赶回祠堂。而小香火堂"做清明"时，一般是一个房内辈分最高者的父辈及爷爷辈的墓地，都需要由该房中尚在世的人去祭扫。许多小房都会规定每年轮流"做清明"的东家，届时，东家要请该房所有成员吃饭。所以，每年做东的东家，家里的男丁都必须在清明时回家，主持家中的"做清明"。而该房的其他家，每家需要派出代表一同去扫墓。

第二，是个人回乡为父母辈扫墓，即私人祭祀。西村人重视为逝去的父母辈扫墓，所以每年清明时，若家中的父母已去世，儿女们便会轮流回去为他们扫墓。不仅重视扫墓，西村人还认为父母坟墓的位置好有利于后人发展。随儿子迁居深圳的南亭，曾两次回家为父母修理坟墓。作为一个退休的政府工作人员，他仍然相信修坟有利于后代发展。他在其回忆录《南亭回眸》中有如下叙述：

> 此外，在旅深期间曾于2002年、2006年两次回家为父母修理坟墓。第一次为2002年9月上旬，为先父朗如公迁葬。先父原葬于西村茔里岗祖地，当时因经济困难，坟墓规模甚小，"文革"期间，当地为办养猪场将墓上砖头挖走，致成一座荒坟。"文革"后曾数议迁葬皆因故未成。至是年9月乃得迁至祖居大岭嶂北侧猴形紫下石岩前

尾。其地方极好，来龙生动，朝局宽远，迁葬后次年即添二丁：恒子长子由轩和大焰次子学成先后出生。

如上所述，南亭甚至将添丁与迁葬联系起来。可见，祖先崇拜已是西村人内化于心的一种信仰。恰恰是这种信仰，使得流动在外的西村人也会回乡祭祖。许多在外的村民得知家中修建祠堂或修谱需要捐资，他们都会很热心地接待前来募捐的宗族精英，并为其安排食宿，待证实确有修建祠堂或修谱之事后，都会不吝出资。搬至县城套房居住的人们，还会专门找出一个空间来摆放祖先神位。如邓浩森全家已搬到县城的小区套房居住。由于现代套房中没有设置摆放祖先牌位的空间，他便在套房的阳台上专门设置了一个神位，以方便初一、十五祭拜祖先。当我与西村人聊起宗族事业的传承问题时，他们说，凡是西村人，受到家里清明祭祀的耳濡目染，到了40岁，自然而然就会开始关注宗族事业，开始关注自己姓氏的源起。由于西县至泉州、广州、福州、上海均有直达班车，所以每年清明时，班车上便坐满了回乡的西县人。随着互联网技术的发展，许多在外流动的西县人建立了同乡微信群。每年清明，还有往来于西县与外地的私家车，专门载客回乡。许多在外的年轻人还会在广州等地相约几人一起租车回家。自己家有车的也会自己开车回家。

二 存在一种乡情

对于已在他乡定居的人，乡情是连接其与西县、西村的重要纽带。回乡探亲使他们仍然与家乡保持着紧密的联系。在外定居的人，主要有两类。一类是父母已不在，但是他们幼年有在西村生活的经历，对家乡有较深的感情。南亭的儿子已在深圳定居，他现在儿子家帮忙照顾孙子，但是仍然与家乡有频繁的往来，他在回忆录中写道：

> 在深圳客居期间，我们始终没有丢掉西县老家那处根基。我们的户口仍保留在西县，家中水电、电话都还保留着。我们每年都会回家几次，特别是清明祭扫都会回去。家乡有事回去更多，许多年都有大约三分之一的时间在老家逗留。然而，有家归不得，仍是我们晚年的真实写照。

另一类是父母已不在人世，但是家乡的亲友还在，特别是兄弟姐妹们还在西村。探亲是这些人回乡最主要的目的。已定居福州的邓发就曾说他虽然定居在外，但是每年都要回一次老家。他在《我爱我的故乡西县》中写道：

> 我在西县出生、成长，我的身心烙上了深深的西县印。

关于他为何要经常回乡，他很明确地指出，西县有他的亲人，如给予他帮助、对他有恩情的大哥。这些曾经给予他帮助的人，他每年回乡都会前去探望。回忆起大哥对他的帮助，他写道：

> 我十几岁时，因为被西村初中某个恶劣的班主任侮辱、毒打而辍学，后投奔大哥，是大哥帮我恢复了学籍，并在他家生活了将近一年半时间，和大哥全家一起吃饭。大哥经常骑自行车载我去学校上学，晚上和我抵足而眠，食堂有好菜时留一份给我。我在另一个初中以全县第二名的成绩考取中专被人破坏了之后，大哥冒着酷热的太阳，骑自行车到初中给我送手续、证明，但于事无补。沉默寡言的他，不知道怎样安慰我，只是亲切而同情地看着我。

现在，大哥快70岁了，和大嫂、两位侄儿在县城锦绣嘉园生活，安度晚年。每次回西县，我都会去看望大哥，在他家住上几天，亲切交谈。①

生活在西县的经历，使得客居他乡的人有了回乡的情感动力。特别是若父母还在家乡居住，回乡为父母办寿宴，每年春节时回乡陪伴父母，每年暑期陪小孩回乡看望长辈便成为在外定居的西村人回乡的主要动机。因为父母在家，定居他乡的人需要回乡为父母赢得在村的面子与声望，同时也需要回馈乡邻。对他们而言，乡邻是父母日常生活中重要的支持网络，举办"不收礼"的仪式性宴请，更能体现出对乡邻的"回馈"与"感谢"。更重要的是，若父母还在老家，父母百年之后，通常希望葬在老家。无论丧礼如何市场化，丧礼中还是需要大量的人手帮忙，如提花圈上山、送老人上山等。因此，以"不收礼"的宴请形式回馈乡民，可以得到乡民的尊重，同时在遇到重大事件时也能得到乡民的帮助与支持。但是，回乡探亲是需要较高花费的，每次回乡时，西村人都要带上各种食品、特产回家。回家时，还会给父母及相关的亲人孝敬钱。许多在外定居的人也会抱怨说有时候害怕回乡，因为一回乡，就会有一大笔人情往来的开支。尽管如此，父母若在老家，回乡的人情往来开支便避免不了。

乡情的存在不仅使在外的西村人经常回乡，还使他们经常聚会。在北京新发地调料市场，西村前屋组就有13户在此从事与调料销售有关的工作。2015年我在西村田野调查期间，大民叔刚从北京探亲回来。他说在北京的前屋人非常团结，一

---

① 邓发是福州高校的一名老师，他有一篇文章《我爱我的故乡西县》，叙述了他回乡探亲之事。

旦有家里的客人前去，各家会轮流请他吃饭。所以，他在北京玩了五天，每天晚上都有前屋人请他吃饭。每到新年，在北京的前屋人之间一定会互相请客吃饭。这种相互请客，也是相互攀比。在外的人们会认为"你家好，我家要更好"，所以宴请的规格也随之逐渐提高。但凡西村前屋人来到北京，在北京的亲友便会轮流请他吃饭，目前，宴席的成本平均每桌都得上千元。

不仅在外地流动的西村人会经常聚会，在西市的西村人每年也都会聚在一起。西村人若搬去了西县，相互之间的关系依然十分亲密。仅富珠组一个组，就有十几户人家搬到县城居住。这些居住在县城的人，因为是一个小组出去的，每年春节也会相互请吃"新年饭"。我在西村村委会住的时候，隔壁的邻居阿姨就曾跟我说起过在县城定居的富珠组人的互动情况："西村人搬去城里住了，虽然在城里的时候没有住在一块，可是搬去前在西村的时候是住在一块的，虽然相互之间不是至亲，但是总有些堂的亲戚关系。所以在城里的西村的那些老邻里，过年的时候还会喊大家轮流去某家吃饭。"（20150308－邻居阿姨－F）新搬至城里的人们，通常与新邻居之间没有与乡村邻居之间那种不约而同的互动，但是，居住在城市里的人，会通过组织"老乡"聚会，弥补对城市的陌生感。"老家"人在异地的相聚，总会引发各种乡情。同时，他们也重视通过以"老乡聚会"的形式相互联结，建立在新居住地的信息交流网络与互助平台。

三　要回乡发展

要回乡发展是西村人重视声望获得的第三个原因。在发生地理流动的过程中，真正能离开西市去往大城市的人依然较少。以小灵樟村为例，在发生地理流动的人中，"德"字辈人共有40户。其中，仅有4户迁至西市以外地区——1户迁至深圳、2户迁至福州、1户迁至昆山，有1户在西市买房，有6户在西县买房，有4户在其他村庄买房，其余25户人家仍在西村范围内居住。能去往大城市的人，主要有两种情况：一是在外读书并获得了外地户口的人；二是在外有雄厚的经济实力，通常成了企业家。事实上，在人口流动的过程中，虽然有许多西村人搬离了原住地，但是大部分人仍然在西县范围内生活。以小灵樟村的比例来推算，仅有37.5%的人真正流出了西县，62.5%的人依然要回乡发展。

近年来，西村有一部分在外无法定居、经济实力较弱者已陆续回流。特别是一些父母上了年纪、小孩已经入学的年轻人，较早结束了外出务工生活，回乡寻找生计。邓亦升就是因为父母只生了他一个儿子，他的小孩又小，所以十年前回乡开了摩托车修理店。西县有父母由小儿子赡养的规矩，在父母年老之时，小儿子往往需要回乡照看他们。西村人外出务工时，若父母在家帮儿子带孙子、孙女，待父母年老时，被帮助的儿子也有回乡照看父母的义务。随着一大批企业进驻西县县城，陆续回乡者亦可以谋取生计。

北京调料市场中的前屋组人因为在北京难以获得户口，因而大部分人仍选择回西市、西县买房。在北京发家的大新在有了积蓄之后，在西市、西县各买了一套房。大金则回前屋组重新盖了一栋新房，因为父亲早逝，自己又是长兄，所以他还为最小的弟弟在县城买了一栋房子，以供其结婚之用。这些在北京的前屋人，尽管在外地，却依然很关心家乡的事业。每年都要去北京探亲的邓小开说：

其实他们很知道家里的信息的。甚至比家里人还知道，很精通的，一有什么小道消息了就马上打电话回家问了……他们很八卦的。（邓小开-20170731-M）

事实上，恰恰是因为在外流动的人有回乡发展的打算，所以他们反而更关心家中的事情。甚至在儿女的婚事上，他们也希望甚至要求儿子娶家乡的媳妇或者女儿嫁回西县。即使他们在外生活了很多年，他们依然希望自己的孩子找本地人结婚。在北京打拼的前屋组人若娶了西县的新媳妇，会将媳妇一起接至北京，让她与儿子接替自己的调料生意。邓小开的哥哥也在北京租了一个小店面，他的父母让同在北京的婶婶帮忙安排相亲，婶婶则给他安排了在北京的西县人相亲。邓小开哥哥的父母说，如果在北京的西县人不行，则会给儿子安排回老家相亲，邓小开的父母则希望儿子与儿媳能有相同的生活习惯，不致引发生活上的摩擦。尽管在频繁的地理流动中，西村的通婚圈在扩大，但是村民仍然希望西村人能找老家的人结婚。这种要求与希望也再次反映了家乡对他们的重要性。

第八章 政府行为、外部强化与单重互惠的制度确认

第八章 政府行为、外部强化与单重互惠的制度确认

在第三章至第七章中,我分析了市场如何为请客"不收礼"创造了机会,剖析了社会流动中的恢复身份者、宗族精英及升学精英如何打开了西村请客"不收礼"的缺口,基于建构声望与情感表达的目的将"不收礼"普遍化了。由此,村落层面的互惠去制度化过程得以完成。本章开始分析互惠去制度化在政府层面被强化的过程,即请客"不收礼"经历了村落层面的去制度化过程后,地方政府通过肯定和推荐"不收礼"的新规则,为"不收礼"的新制度建立了官方合法性。国家对党员干部有作风建设的要求,对社会领域有精神文明建设的要求。然而,以往"收礼"的民间风俗与国家及地方政府的公共目标是矛盾的。如何让民间的非正式制度与公共目标相吻合,成为政府的职责。西村请客"不收礼"制度的形成,与政府倡导的公共目标是一致的,因此能得到政府的肯定和推广。虽然地方政府在推广"不收礼"的新规则时,侧重于肯定其治理绩效,由此成为变革成果的消费方,但政府的行为确使西县请客"不收礼"的新规则为众人所知,新的互惠制度由此得到了确认。

外部强化(external reinforcement)是指人的行为后果(如赞赏或惩罚)对行为产生的加强效应。外部强化包括正强化与负强化,前者指任何事物呈现于有机体反应后,能加强其行为发生者,后者指某一事物的取消能加强有机体的反应发生者。(何仅等,2008:581)心理学、医学及有关制度变迁的讨论经常会运用这一概念。外部强化强调影响制度变迁的外部

因素与外部压力。奥利弗在分析去制度化时，特别强调外部因素的作用。巴莱（Stephen R. Barley）亦指出了外部命令及外部干扰（external dictates and disturbances）对于制度结构变化的刺激作用（Barley, 1986）。制度变迁的研究者指出，几乎所有的外生因素（exogenous factors）都是沉淀初始变化的主要来源（Bartunek, 1984; Barley, 1986; Hinings and Greenwood, 1988）。然而，这些研究者所关注的是外部压力的初始影响，并没有关注外部压力在制度变迁过程中的强化作用。在政府肯定和推广"不收礼"的过程中，政府的外部强化作用十分明显。奥利弗指出，政府的组织绩效、创新压力是引发政府参与制度变迁的主要因素（Oliver, 1992）。在肯定和推广"不收礼"的过程中，组织绩效及创新压力也是西县政府强化"不收礼"的主要动机。

地方政府为何要推广西县请客"不收礼"的模式？因为这种"不收礼"是一种"创新"。对政府而言，绩效竞争力可以从两个方面获得：一方面是培养创新力，凸显其创新性；另一方面是改善其业绩，提升执行力（Oliver, 1992）。西县政府在推广"不收礼"的过程中，强调"不收礼"的特殊性。与中国普遍的"收礼"风俗相反，"不收礼"是一种相对较新的民间风俗。它能得到地方政府的重视，主要在于这一风俗本身的"新"。除了与其他地方的风俗不一样外，这一风俗还与新提出的政策方向相吻合。"不收礼"被推广的时候，恰是国家推行"八项规定"新政策之时。由于民间变迁的微观制度与政府的公共目标及新要求具有高度契合性，因此，地方政府对其进行了大力的推广与强化。地方政府在呈现西县请客"不收礼"的变化过程时，强调其自身的带头示范作用，借此肯定其政治绩效。地方政府因而变成了制度变革的消费方。在推广请客"不收礼"的新风俗时,西县被作为典型,以榜样确立的方式得到了官方的认可。

第一节 民间风俗与公共目标的一致性

地方政府对"不收礼"的强化源于"不收礼"的民间风俗与国家公共目标的高度契合性。西县政府开始正式推广"不收礼"是在2012年,推广高潮是在2014年(见表8–1)。当时,地方政府借助纪律监察平台与大众媒体肯定与推广西县新的"不收礼"规则。事实上,"不收礼"早在21世纪初便已出现,在2006年左右开始普及,2011年以后更为普遍。为何"不收礼"在之前没有得到推广,而在2012年之后得到了官方的肯定呢?虽然这与2011年"不收礼"开始制度化为民间新风俗有关,但更与这一阶段国家的政策导向息息相关。早在20世纪80年代,政府便已经出台了一系列约束公务员操办宴席的制度规范,但是这些制度并没有得到很好的实践。2012年党的十八大召开后,根据从严治党的要求,党的作风建设被重新提上日程。为了严肃党纪,我党对党员收受礼品、操办婚丧喜庆事宜等作出了规定:

> 第八十八条 收受可能影响公正执行公务的礼品、礼金、消费卡和有价证券、股权、其他金融产品等财物,情节较轻的,给予警告或者严重警告处分;情节较重的,给予撤销党内职务或者留党察看处分;情节严重的,给予开除党籍处分。收受其他明显超出正常礼尚往来的财物的,依照前款规定处理。
>
> 第八十九条 向从事公务的人员及其配偶、子女及其

配偶等亲属和其他特定关系人赠送明显超出正常礼尚往来的礼品、礼金、消费卡和有价证券、股权、其他金融产品等财物，情节较重的，给予警告或者严重警告处分；情节严重的，给予撤销党内职务或者留党察看处分。

第九十一条　利用职权或者职务上的影响操办婚丧喜庆事宜，在社会上造成不良影响的，给予警告或者严重警告处分；情节严重的，给予撤销党内职务处分。借机敛财或者有其他侵犯国家、集体和人民利益行为的，从重或者加重处分，直至开除党籍。①

表8-1　与西县"不收礼"有关的报道

报纸/网站	标题	时间
西省新闻联播	西省卫视	2017年2月16日
央视网CCTV-13	破解人情之困 江西石城：请客不再收礼金 人人落得一身轻	2015年12月27日
中国西省网	透视西县"请客不收礼、节俭办宴席"现象	2014年8月15日
中国纪检监察报	西县治"宴"记	2014年6月13日
西省广播网	钱少了情多了 西县红白事项"只请客不收礼"	2014年4月20日
时空西市网	无礼一身轻——西县"请客不收礼"民风调查记	2014年4月2日
西省新闻联播	西县"请客不收礼"民风调查记	2014年3月29日
长江日报	怎样开启"请客不收礼"之门	2014年2月21日
西市日报	送礼，一道多余的程序——西省西县"请客不收礼"民风调查	2014年2月19日

---

① 参见本书编写组编《〈中国共产党纪律处分条例〉修订前后对照》，中国方正出版社，2018。

续表

报纸/网站	标题	时间
光明日报	西省西县"请客不收礼":送礼,一道多余的程序	2014年2月18日
人民日报	婚嫁流行不收礼	2014年2月3日
西市党务公开网	西县——求实谈:让城乡荡漾清新之风	2014年2月10日
西市日报	红白事项无"利" 礼尚往来有"情":西县"只请客不收礼"成规矩	2014年1月10日
西市纪检监察网	西县:请客不收礼,气正好扬帆	2012年9月12日

资料来源:网站资料整理。

2012年12月4日,中共中央政治局召开会议,审议通过了中央政治局关于改进工作作风、密切联系群众的八项规定,"八项规定"后又衍生出六项禁令,其中就有与宴请及礼物往来相关的禁令:

第一条 严禁用公款搞相互走访、送礼、宴请等拜年活动。

第三条 严禁违反规定收送礼品、礼金、有价证券、支付凭证和商业预付卡。各级领导干部一定要严格把关,严于律己,要坚决拒收可能影响公正执行公务的礼品、礼金、有价证券、支付凭证和商业预付卡,严禁利用婚丧嫁娶等事宜借机敛财。①

"八项规定"出台后,中央纪委及各地纪委要求大规模查

---

① 本书编写组编《常用党规党纪全书》,中国言实出版社,2016,第93~94页。

处违反中央八项规定的行为，对大摆宴席、收受礼金的公务员进行了严厉的惩处。2016年，在全国查处的违反中央八项规定精神的各类问题中，违规收送礼品、礼金在数量上排名第二，大办婚丧事宜排名第三。① 在中央纪委监察部网站公布的婚宴相关问题的案件中，西省玉山县城镇职工基本医疗保险管理局局长沽民违规操办儿子婚宴问题的案件说法如下：

> 2016年10月2日，沽民为儿子操办婚宴，违规收受管理服务对象9人礼金共计9900元。沽民受到党内警告处分，违纪款被收缴。

沽民违规收受的管理服务对象的礼金，在礼物交换圈中属于同事（下属）的礼金。可见，党员干部收受同事（下属）的礼金是与国家所要求的公共目标不一致的。这也从另一个维度论证了"不收礼"的新规则契合国家的公共目标。

"不收礼"不仅与国家对党员干部的要求相吻合，还与法律所追求的公共目标相吻合。红白喜事中"不收礼"与法律杜绝的受贿行为具有一致性，这一风俗符合《中华人民共和国刑法》所追求的目标。《刑法》第三百八十五条，对受贿罪明确规定如下：

> 国家工作人员利用职务上的便利，索取他人财物的，或者非法收受他人财物，为他人谋取利益的，是受贿罪。

虽然《刑法》目前没有明确将红白喜事中收受礼金定为

---

① 根据中共中央纪律检查委员会、中华人民共和国国家监察委员会官方网站公布的《2016年12月全国查处违反中央八项规定精神问题5019起》中《全国查处违反中央八项规定精神问题汇总表（截至2016年12月31日）》得知。

犯罪，但是如果相关人员在操办婚丧喜庆事宜时收受礼金且利用职权给他人办事，即构成受贿罪。红白喜事中收礼存在非法收受他人财物的潜在犯罪因素，"不收礼"与法律所追求的预防犯罪约束具有一致性。由于非法收受他人财物为他人谋利具有模糊性，特别是国家工作人员在红白喜事宴请中收受非亲属礼金时，很难判断其是为他人谋取利益而收还是因为私人情感而收。而《关于人民检察院直接受理立案侦查案件立案标准的规定》则确定了收受礼物构成受贿的具体数额：

涉嫌下列情形之一的，应予立案：1. 个人受贿数额在5000元以上的；2. 个人受贿数额不满5000元，但具有下列情形之一的：（1）因受贿行为而使国家或者社会利益遭受重大损失的；（2）故意刁难、要挟有关单位、个人，造成恶劣影响的；（3）强行索取财物的。

5000元以上甚至不满5000元的礼金数额在红白喜事中完全有可能出现。如果送礼者在送出礼金前后提出了请托事项，而收礼者日后利用职务之便为其谋取了利益，则很有可能构成受贿。事实上，由于提出请托事项、为他人谋取利益的事件很难认证，收受礼金的不合法性也就很难判断。特别是中国人情往来中有礼物交换规则，如果交换双方是长期交往，礼金有来有往，礼金数额较小，收受礼金又是地方风俗，那么民间风俗与法律所追求的目标的吻合性就不够清晰。然而，西村的"不收礼"却可以规避这一问题，使二者呈现清晰的一致性。

无论是对党员的作风进行纪律约束，专门提出"八项规定、六项禁令"，还是法律界定和惩处的受贿行为，当宴请的主体涉及党员与公务员干部群体时，"礼金"便成为影响作风建设的问题。在"收礼"的民间风俗中，党员干部存在借日常宴请收敛财物的嫌疑,这种民间习俗是与国家对党员干部的作风要求相矛盾的。而当民间出现"不收礼"的新规则时,对政府而言,民间的"不收礼"能与国家的公共要求相吻合,也有利于政府"自证清白",执行国家的政策要求,证明地方社会的行为逻辑与国家倡导的目标是高度一致的。恰恰是为了展示民间风俗与公共目标的一致性,西县政府开始积极推广"不收礼"的新风俗。

第二节 治理绩效与制度变革消费方

在推广与公共目标一致的"不收礼"新规则时,地方政府着重强调自身在这一非正式制度变迁中的引领作用。奥利弗指出,推动政府实践制度变迁的主要动机在于绩效竞争压力(mounting competitive pressures),政府推动制度变迁的逻辑是一种绩效逻辑(Oliver,1992)。西县推广"不收礼"时采用的也是一种绩效逻辑。县纪委、省纪委、县宣传部及省级甚至国家级新闻媒体均是"不收礼"的推广者。这些推广者在强调地方政治的治理绩效时,也使地方政府成为"不收礼"变革的消费方。

最能从"不收礼"中获得绩效的部门是纪委。最早对"不收礼"进行肯定与推广的是西县纪委。较早刊发的关于西县"不收礼"变化的文章均是西县纪委向西市纪检监察网投的稿:一篇是县纪委党风政风室主任于2012年9月12日发表的《西县:请客不收礼,气正好扬帆》,另一篇是县纪委宣传部主任于同年9月25日发表的《西县"只请客不收礼"成"规矩"》。这两篇报道介绍并肯定了西县请客"不收礼"的新现象。在得到市纪委的肯定后,西省纪委宣传教育室工作人员于2014年6月13日在《中国纪检监察报》上发表了《西县治"宴"记》一文。由此，西县的请客"不收礼"为全国纪委系统所肯定与熟知。

然而，县纪委在推广与肯定"不收礼"的过程中，特别强调纪委、县政府领导班子等相关部门在"移风易俗，破除陋习"中的治理角色，特别重视宣传领导干部在示范带头、制定政策、加强监督、奖励和树立榜样及文化宣传教育上的贡献。从《中国纪检监察报》刊发的《西县治"宴"记》一文的标题中我们可以看出，地方政府强调仪式性宴请中的礼物规则变化是"被治理"的结果。为了证明西县"不收礼"的治理效果，县纪委的推广通常会从行政文件的制定、下达、执行上寻找行政证据。

首先，强调政府在制定政策时的积极角色。如强调"七任领导班子接历传承"，"自上世纪90年代以来，西县历经的七任领导班子，都对倡导、塑造'请客不收礼'新风高度重视……在重要的时间节点，县里都要下发文件"，从而突出党和政府的积极管理角色。

其次，摆出下达的地方性行政文件以示其治理有据。如下发《领导干部重大事项报告制度》《关于在全县科以下机关党员和干部职工中继续开展违反规定接受和赠送现金、有价证券、支付凭证问题专项和治理活动的通知》等文件。我在西县纪委调研时，相关工作人员也向我展示了《领导干部操办婚丧喜庆事宜报告表》《干部参与操办本人及近亲属婚丧嫁喜庆事宜情况报告表》等文件。这些文件成为宣传时论证党和政府制度性管理的主要证据。

再次，在呈现治理绩效时，地方政府还会强调其"创新性"的手法。廉洁文化宣传、公布举报方式、实地督查及暗访都是地方政府创新性治理行动的方式:"廉政文化演出队……定期播放廉政电影,真正将廉政文化送进千家万户","每年节假日前后都派出督查小组深入到宾馆、酒店进行明察暗访……并公布举报电话和电子信箱,做到逢举报必查处……"。

此外,在推广时,地方政府还会以摆案例的方式展现相关部门的执行情况,突出地方政府对规章制度的执行力度。如1994年LXC同志违反规定操办婚事成为党和政府早期治理宴请的典型案例。这个案例被记录在1994年西县纪委刊发的通报上。

我在西县纪委调研时,相关工作人员也主动向我展示了这份通报文件,可见这份文件已成为县纪委治理宴请最具代表性的实名文件。事实上,LXC事件发生时,"不收礼"的风俗尚未成为新的非正式制度,而这份文件却"生搬硬套",将其作为地方政府执行有力的证据。县纪委相关工作人员在回答《人民日报》记者提问时也曾强调,"文件的生命在于落实,在于说到做到,在于敢硬碰硬"。

由此可见,地方政府相关部门在推广"不收礼"的过程中,特别重视宣传自身的引导与治理角色,以此来彰显自身的治理绩效。为何"不收礼"的民间宴请能成为地方政府的治理绩效来源?这与西县"不收礼"制度化时恰逢国家重视党风建设、严惩腐败有关。在国家的治理环境下,民间的"不收礼"行为与国家所倡导的目标是一致的。因此,"不收礼"作为一种"新"风尚,具有创新性,因而吸引了上级部门的关注。在推广"不收礼"的过程中,地方政府也展示了其推动地方风俗变革与国家目标一致性的努力,因而是可以获得肯定的。因此,在推广"不收礼"并获得治理绩效的过程中,地方政府成为"不收礼"这一非正式制度变革的消费方。

第三节 榜样确立与"不收礼"的制度确认

一 榜样确立

除了地方政府与县纪委在纪检系统内大力推广西县的治理绩效外，地方政府与媒体还将西县视为"不收礼"的典型代表，以树立典型的方式展现西县"不收礼"的榜样力量。树立典型本身可以推进党和国家公共目标的完成，为公共目标树立榜样，这使得西县"不收礼"成为一种可以模仿的榜样。与县纪委在纪检系统内推广"不收礼"侧重宣传治理绩效不同，市级日报及全国性日报在推广"不收礼"时更侧重榜样的确立。在宣传与推广中，市级日报及全国性日报会寻找影响"不收礼"的多方力量，着重论述"不收礼"在民间的变迁过程。他们在报道初期，引入了实地个案，通过描述具体的细节来展示"不收礼"的现场情况，甚至寻找典型的村落来解释"不收礼"的变迁过程。在论述多方力量时，他们亦会强调地方政府的引领作用。可见，确立榜样的报道，既要接地气，具有大众接受度，又要注重对官方引导角色的强调。

全国性的媒体具有更大的影响力与更好的报道效果。2014年春节期间，《人民日报》报道了西县请客"不收礼"的新风俗，产生了较好的示范作用与推广效果。春节本身是红白喜事的高发期，在这时推广"不收礼"具有时效性，也具有导向作用。《人民日报》报道之后，其他的全国性媒体也相继转载与报道了这一现象。如《长江日报》转载并评论了西县的不收礼现象，《光明日报》对此也作了新的解释与评论。这三个全国性媒体的报道使"不收礼"的西县名声大震。其后，西市日报、西省新闻联播、时空西市网、西省广播网及CCTV-13先后对"不收礼"进行了报道。这些报道更强调面向大众群体介绍并推广西县"不收礼"的模式。推广者会在一定的实地观察与调研的基础上，从多种视角找寻"不收礼"变迁的真实原因。

首先，他们会展现多方力量的作用。除了肯定政府对"不收礼"的引导作用外，他们还着重展现了村民、村主任、政府官员、学者等多个群体对"不收礼"的态度及解释，进而使"不收礼"更具大众接受度。他们会在县城寻找宴请现场，现场展示宴请者拒收来宾送的红包、没有设置随礼处等情况。他们也会前往农村寻找宴请现场，询问村民的解释。《光明日报》记者就呈现了村民的一种看法："送礼其实是把钱从右边口袋放到左边口袋。今天你送出多少礼金，等你办理宴席，礼金全部收回。不收礼，既给别人轻松，也替自己免去'罚款'，是件好事。人情交往，走心就行了，送礼，是一道多余的程序。"（《光明日报》，2014）他们还会寻找地方代表人物，询问其观点。《光明日报》就向一位村支书了解了村落中的具体情况："村里从1992年左右开始，红白事项就不收礼了。"同时，引入了村支书对于"不收礼"现象形成的大概性解释："大概是某家人第一个开了头……可能是随着经济的发展，一些有识之士或者是先富起来的人，乐于回乡置办酒席免礼请乡邻吃，改善乡民生活。免礼范围不断扩大，逐渐成为一个新规矩。"（《光明日报》，2014）除了村庄代表，他们还找来了地方文化专家，向他们具体了解"不收礼"的形成过程和文化解释。地方文化专家包括大学客座教授、地方民俗专家与地方教育工作者，如原西县中学校长LHY、教育局副局长WYQ。这些文化人士的解释更侧重于"不收礼"的民间来源，同时强调政府在其中的某种作用。如 LHY 说道:"转折点大概在 1997 年左右,先是当地农村先富起来一些人回乡置办酒席免礼请乡邻吃,大家觉得这样省事,增进了亲情,十几年下来,请客不收礼的乡民越来越多,逐渐成了西县新民风。"WYQ 说"不收礼""经过一个反复、渐进的政府与民众互动的过程"。(西省网络广播电视台,2014) 文化人士的分析会将这一风俗与地方文化结合起来。由于西县是客家文化大县,WYQ 在解释的时候还强调了客家的好客之风:"我们的客家精神和客家民风这个重要基础"。他认为"不收礼""发源于民间、形成于基层、固化于制度,经过一个反复渐进的政府与民众互动,是民风、党风、政风良性促进的发展过程"。(西省网络广播电视台,2014)

其次,他们会塑造村落典型。如长村,就被塑造为典型,先后被《人民日报》、《光明日报》、《中国纪检监察报》及中国西省网报道过。第一,多次报道的作者都对长村村民、村支书进行过访谈。第二,他们都以长村支书所描述的该村"不收礼"作为西县"不收礼"的来源之一。第三,他们多次提及长村祠委会在"不收礼"过程中的示范、引领与监督作用,将"不收礼"与宗祠文化联系起来。第四,中国西省网与《中国纪检监察报》甚至将长村认定为最早开始"不收礼"的村落,即来源村。我开始调研时,亦被推荐先去长村。但长村支书否定了长村是西县不收礼来源地的说法。《人民日报》记者在调研时,曾发邮件给县相关部门,提出"昨天长村是个不收礼的先行村,请再找一个较后不收礼的后进村的情况"。由这一邮件可知,无论是先行村还是后进村,记者都在报道的过程中塑造着典型。

那为何长村会被塑造为典型呢?第一,长村保留着较为传统的客家宗祠文化。长村的祠堂建筑具有客家特色，祠堂历史文化底蕴深厚，长村是县内较为典型的传统客家村落。第二，长村内部有较为规范的理事组织。长村内历代名人众多，当代乡贤中也有许多人在政界、商界及文化界发展甚好。部分乡贤通过理事组织举办了诸如修家谱、设立奖学金等公益性活动，这就为乡贤的引领作用提供了来源。第三，报道西县不收礼期间，接待报社记者的县委宣传部部长曾在长村所在镇担任过党委书记。在其引导下，记者及相关调研人员均前往长村调研"不收礼"的情况。而他也成为"不收礼"报道的重要信息来源者之一。

长村是不是"不收礼"的来源村很难确定，但是其作为"不收礼"的典型村已是社会事实。2017 年，西省文明办选取西县作为个案点研究"不收礼"的变迁时，文明办及相关学者也被介绍至长村调研。典型村落的塑造是全国性媒体报道"不收礼"的重要方式。它也为上级政府及媒体认可和推广西县"不收礼"提供了信任来源。

二 倡导学习与制度确认

在树立榜样的过程中，"不收礼"的新规则得到了推广。推广的最有力表现在于倡导学习。当一种地方风俗被全国性媒体、省级媒体认可和报道时，就意味着新的规范或规则得到了国家的认同，就会被作为典型，要求其他地区模仿与学习。在媒体宣传了西县"不收礼"之后，县委、县政府在全县范围内倡导全体干部统一学习"不收礼"。媒体亦倡导其他县及全社会学习西县模式。这两种自上而下的内部倡导与外部倡导将西县的"不收礼"正式确认。得到官方确认后，西县还获得了仪式性宴请"免申报"的去制度化福利。这时，请客"不收礼"这一非正式制度得到了确认。

在西县"不收礼"得到认可后，县委、县政府在县内提倡深化"不收礼"的新风尚。这一做法使"不收礼"得到了最大限度的普及。县内各职能部门通过内部学习的方式来强化"不收礼"的意识。2009年，从外县调至西县任职的县委书记来到西县，发现该地有"请客不收礼"的现象，便提倡在全县范围内推广这一做法。《人民日报》记者曾在2013年采访过这位县委书记。采访时，她也提出自己曾经要求西县某镇书记引导全镇干部与普通群众不收礼。除了通过会议下达学习要求，在西县"不收礼"现象被CCTV-13及西省新闻联播报道之前，县委、县政府及各部门就通过短信及微信的方式，向全县干部下达了学习新闻的通知。相关镇街甚至派出所民警都接到了学习CCTV-13报道的短信通知。2017年2月17日，西县广电新闻网也通过官方微信公众号发表了《〈西省新闻联播〉又一次聚焦我县"请客不收礼"》一文，同时其负责人亦将此文转发至部门同事内部微信群，以拓宽宣传面。为了使"请客不收礼"得到更多普通群众的认同，县委宣传部副部长还曾向我提出想举办"请客不收礼"万人签名大会的活动。

"不收礼"不仅在县内被倡导，在县外亦被推广。在不同的论述中，西县请客"不收礼"甚至被总结为"西县经验"、"西县现象"、"西县模式"。创造这些模式化的词语，目的在于使西县请客"不收礼"的经验得到推广。《人民日报》记者曾以书面形式向县委宣传部提出问题："西县经验核心是什么？西县现象能否复制？"县委宣传部的回答是："西县的核心经验是真抓实干，一任接着一任干，官风、民风互动，通过认真遴选祠堂委员会（树新风理事会），发挥五老作用，将政府规定和倡导向下传达和实行。"①《光明日报》于 2014 年 2 月 18 日刊发的《西省西县"不收礼":送礼,一道多余的程序》一文,为读者总结了西县经验,提供了学习思路。同年的 2 月 21 日,《长江日报》以"怎样开启'请客不收礼'之门"发问,将西县的做法总结为"有识之士或者富裕人家率先实践'请客不收礼'的做法",并在结尾处表达了对新民风形成的期待:

> 趁当前整肃党风政风,由官方倡导和带头简办红白喜事,更是难得契机。同时,让扶贫济困等措施即时补位,辅之以正能量的宣传,一个金钱味淡、人情味浓新民风的形成就一定指日可待。(易国祥,2014)

广安文明网亦于同年 3 月 13 日对西县的做法进行了总结,分析了不收礼的益处,并在报道结尾处倡导广安对其进行效仿与学习。这篇报道的标题"'请客不收礼'当倡行 可用"更是直接呼吁学习"不收礼"。《中国纪检监察报》报道的结尾之处也向全国呼吁学习西县的做法:"上风下草,上行下效。政风正,才有民风清。各地党员干部要主动践行西县的做法,勇于打破陈规陋习,自觉以节俭为荣,以奢侈为耻,坚持以俭养德、以俭养廉,就一定能让清风长驻心间,让正气充盈社会,真正显现人民公仆的本色。"(徐华平,2014)

在榜样确立、倡导学习及制度确认的过程中,西县请客"不收礼"自然而然获得了官方认可,成为社会公认的"西县做法"。西县做法是一种创新,因为它不同于普遍存在的请客

---

① 资料来源:《记者认为要厘清和补充的材料》。我前往县委宣传部调研时,宣传部干部为我提供了记者报道时要求准备的材料。

"收礼"现象，突破了既存的社会秩序。通过社会确认过程，这一做法得到了官方的认可，也在内部群体与外部群体中达成了共识。其最直接的表现就是由于西县"不收礼"在西市内很有名气，西县党员领导干部操办酒席时无须向上级申报。申报本身旨在避免收受非法礼金的情况，而"不收礼"的规矩减少了收受非法礼金的可能性，故而这一全县共识也使申请的程序得以简化。在调研期间，我与西镇干部讨论西县礼物交换规则时，他们提醒我在下笔时需要慎重，不要影响到全国对西县的共识和看法，否则"免申报的福利就没了"（201503101417－镇干部讨论不收礼）。

地方政府与大众媒体以各种方式确认西县"不收礼"的合法性，从官方角度确认了西县"不收礼"的单重互惠制度。地方政府在推广"不收礼"的新规则时，侧重于对自己治理绩效的肯定，因而成为"不收礼"制度变革成果的消费方。在全国性媒体的报道中，西县"不收礼"的新规则得到了推广。随着"不收礼"被塑造成一种模式与做法，西县具有了更高的知名度，这也为"不收礼"赢得了官方认可，在这一制度确认过程中，"不收礼"再制度化了。

第九章 关系选择与双重互惠的制度遗留

第三章至第八章呈现了2000年以来发生在西村仪式性宴请中的双重互惠去制度化与制度确认过程。在去制度化的过程中，人们对资助型互惠的功能依赖减弱，对通过单重互惠建构声望的需求增强。单重互惠就是只保留关系延续型互惠。人们试图在选择单重互惠的过程中建构声望。但是，值得思考的是：对谁"不收礼"或对谁只维持单重互惠才可以建构声望？在此，关系距离起着很大的作用。事实上，在"不收礼"普遍化的过程中，人们对新制度还有一个筛选的过程。筛选者认为，对核心亲属及好友"不收礼"，是与声望建构的逻辑相冲突的。拒收核心亲属及好友的礼物，就是否定他们与自己关系的亲密性。因此，在制度筛选过程中，部分人保留了核心亲属与好友的礼金。事实上，保留部分资助型礼金的人通常是经济能力有限者，他们或因仪式性宴请成本太高，或因消费能力原本较低，或因遭遇偶然事件而选择保留核心关系圈内的礼金。部分收礼的逻辑在于他们仍然需要具有资助功能的礼金。在制度筛选过程中，部分收礼被遗留在有限的关系范围内。本章分析道义维持与关系选择过程中的双重互惠遗留，这是继去制度化、制度确认之后，双重互惠再制度化的第三个过程。双重互惠制度遗留表现在部分西村人保留着"部分收礼"现象，即双重互惠的有限化。有限化是指在有限的宴请类型中及有限的关系范围内，资助型互惠依然被保留。本章的论述将分三部分展开：首先分析经济弱者的道义维持与资助型互惠保留过程；其次分析关系选择与礼物关系圈的萎缩，探讨"不收礼"普遍化过程中村民对新制度的筛选过程；最后从村庄的共同体性质变迁入手，讨论礼物关系圈萎缩的原因。

第一节　道义维持与双重互惠制度的遗留

在双重互惠单重化的过程中，并非每个家庭都将"不收礼"的规则应用于每个宴请场合或者每个礼物关系圈。在仪式性宴请中，存在三类筛选旧制度的家庭：一是虽然经济水平居中，但因"不收礼"后仪式性宴请成本较高，无人分摊宴请成本的家庭；二是改革开放以来并未实现教育流动、在开放的市场环境中没有抓住机遇、在地理流动中没有实现社会流动而成为村庄中的低收入群体的家庭；三是遭遇偶然事件或特殊事故而在仪式性宴请中处于弱势地位的家庭。这三类家庭因经济能力有限，无法采取完全"不收礼"的新规则，因而在宴请时采取"收部分"礼金的策略来减轻宴请负担。在选择收取部分礼金的家庭中，人们对礼金的资助功能依赖依然存在，只是这种道义资助只维持在了部分核心关系圈中。此外，在婚礼与丧礼中，仍然维持着部分可以为女方撑面子的礼金。

一　"一个儿子"的家庭

在单重化的互惠规则产生后，一些只有"一个儿子"的家庭仍然会选择收取部分礼金。只有"一个儿子"的家庭因分摊仪式性宴请费用的人少，往往无法完全支付仪式成本。他们的家庭经济实力不一定很差，但因宴请成本高，自己不愿意在仪式性宴请中独立支出过高的宴请成本，因而会收取部分核心关系圈成员的礼金。影响他们选择逃避"完全不收礼"的因素主要有两个：一是宴请分摊者的数量，二是宴席类型。在对待"完全不收礼"的态度上,需要独立承担宴席成本的宴请者往往会选择逃避"完全不收礼"的互惠策略。在不同的宴席中,人们会在特殊的仪式性宴请中保留"部分收礼"互惠策略。这种保留"部分收礼"就是在保留资助型互惠,即宴请者对资助型礼金的功能依赖依然存在。

首先,宴请者自行承担宴请开支,宴请分摊者的数量少,如只有一人承担宴席花费时,宴请者会选择收部分核心关系圈成员的礼,以减少宴请的开支。仪式性宴请有两种支出制度,一种是独立承担制,另一种是总账分摊制(王宁,2014:288)。只有一人承担宴请支出的制度是独立承担制。在丧礼及寿宴中,若家中只有一个儿子,儿子便得独立承担宴请支出,他的宴请负担就会比较重。西村许多体谅儿子的母亲通常会选择不办60岁、70岁甚至80岁寿宴,以减轻儿子的负担。在丧礼的花费上,若只有一个儿子负担丧礼开支,父母也会在生前多挣钱,以留下积蓄。在丧礼过程中,独立承担宴请的人会收取部分亲属及好友的礼金。邓根的母亲原本有两个儿子(邓根与弟弟)、一个女儿。然而,由于弟弟早逝,母亲的丧礼只能由邓根一人承担费用。邓根在东村村委会任会计,还开了一个酒店做餐饮服务,他家的经济水平在西村可以算是中等偏上,但是在2013年母亲的丧礼中,他还是选择了部分收礼(见表9-1)。

表 9-1 2013 年邓根母亲丧礼的礼单

一级关系	二级关系	礼物
1. 亲戚	姨父	100 元
	妹夫	200 元含花圈*1 只
	妹夫	300 元含花圈 1 只

续表

一级关系	二级关系	礼物
1. 亲戚	亲家姑父	200元含花圈1只
	表哥3人	300元含花圈1只
	堂姐夫3人	300元含花圈1只
	妻子堂兄弟5人	花圈1只
	侄子	2000元
2. 小房	叔叔	100元含花圈1只
	堂叔侄3人	265元含花圈1只
	堂叔侄1人	50元纸烛
	堂叔侄3人	300元含花圈1只
	堂叔侄18人	150元含花圈1只
3. 朋友	母亲朋友2人	花圈1只
	自己朋友21人	花圈17只
	自己好朋友58人	4人400元含花圈4只,9人花圈1只,10人100元含花圈1只,3人210元含花圈1只,4人200元含花圈1只,7人700元含花圈1只,13人1300元含花圈1只,4人150元含花圈1只,1人120元含花圈1只,2人200元,1人300元含花圈1只
	自己一般朋友	退还50元
4. 邻居	12人	花圈4只
5. 单位	镇政府	花圈1只
	南村村委会	花圈1只
	西村村委会	花圈1只
	东村村委会	200元含花圈1只
	洋和村委会	花圈1只
	南阳堂理事会	花圈1只
	西村小学	花圈1只
	南村小学	花圈1只
	西村初中	花圈1只

注：＊含花圈指礼金中包括花圈的费用，花圈1只折合30元。
资料来源：田野调查。

在参与邓根母亲丧礼的人中，有他与妻子、母亲的亲属，他所在的小组新屋的小房堂叔侄，母亲的朋友及他的朋友，他目前居住地桥头的邻居及他因在村委会任职而有往来的相关单位代表。事实上，2013年，"完全不收礼"在西村已经很普遍了，但是他并没有采取"完全不收礼"的策略。他有选择地收取了亲属、小房堂叔侄、好朋友及东村村委会的礼金。当年，邓根办丧礼花了近5万元。由于弟弟早逝，他并没有让弟弟的儿子出资为祖母送丧，而是收了侄子送的2000元，整个丧礼的费用基本上由他一人承担。因此，为了减轻负担，他收取了一部分礼金来抵消开支。

只有"一个儿子"的家庭不仅会逃避"完全不收礼"，还会尽量减少攀比性的开支。拒绝宗族送旌而造成的支出性礼物负担就是其中一种。邓亦升曾跟我谈起过他父亲对送旌的态度。

  邓亦升：我爹很想得通，他说他过背（去世）后坚决不送旌，写好遗嘱给我还有我那些孙叔细伯。
  我：为什么呢？
  邓亦升：一个儿子啊，会埋人（抱怨），考虑到儿子的负担嘛。（20170726-邓亦升-M）

尽管母亲会主动提出自己不办寿宴，父亲的寿宴却是必须办的。邓亦升是家中的独子，在村内开摩托车修理店。父亲60岁、70岁的时候，邓亦升没有给他办寿宴，父亲81岁的时候才办。为了减轻自己作为独子办寿宴的负担，他收取了五个姐姐的礼金。

此外，西村流行在丧礼上给有声望的人送旌。邓亦升的父亲虽然是他们房派中最年老的人，又牵头负责房中的族谱修订事宜，但是考虑到儿子需要一人负担丧礼费用，加之反感村中花钱买旌建构声望的行为，他便向儿子提出他死后不许送旌的想法。为了怕房内孙叔们不同意，邓亦升的父亲甚至说会立下遗嘱给儿子，一个旌都不送，减轻丧礼负担。在我与达喜聊到邓亦升父亲的行为时，达喜也向自己的独子表达了他对送旌的看法。

达喜儿子：一两个旌是怎么样都要送的。

达喜很正经严肃地说道：我过世以后不要送旌，我不接旌。

我笑着问：为什么呢？

达喜：接旌，作为子孙来讲，无非是孝敬父母，要使斋饭，扩大规模，要上规模上档次。对于我来讲，我就不需要通过这个办法。我一辈子教了几千个学生。我死了，总有不少学生听到了会来送我吧。所以，随便坐下来也有几十桌嘛。我不需要通过接旌来扩大规模啊。

我：那你是有了实质上的名声，不需要这些形式上的名声。

达喜：我不要那些，不兴接什么旌。（20150729－邓达喜－M）

对于达喜而言，他产生不接旌的想法源于两个考虑：一是他儿子一人需要负担丧礼的所有费用；二是接旌本是花钱买规模、买名声，他认为他自己教了上千个学生，对学生们也用心，自然会有学生前来悼念，不需要通过接旌来扩大规模。在达喜看来，自己在村中的社会声望本来就高，无须再用攀比的方式来建构声望。对于由一个儿子独立承担宴席成本的家庭而言，若家庭的声望建构需求高，人们便会采取"不收礼"的互惠实践。但是，如果他们对声望建构的需求不高，就会尽量减少攀比，选择减少竞争环节。然而，若是宴请者收取了部分礼金，原来的双重互惠就被保留在收取部分礼金的关系范围之内。回礼的义务依然存在，收的礼金还是需要还给对方的。可见，对于只有一个儿子独立承担宴席成本的家庭，收取部分礼金是人们基于资助需要而选择的互惠策略。

二 低收入群体

西村还有一部分低收入群体，其家庭经济条件处于中等偏下水平，消费水平本身较低。这些家庭在仪式性宴请中，或者选择逃避宴请，即不办寿宴、不办乔迁宴，甚至不办婚娶宴，或者选择"收部分礼金"来抵消开支，即只收核心亲属的礼金。在改革开放初期，西村存在许多因经济能力低下而无法独立承担宴请成本的人。这些人或者处于偏远无市场机会的小组，缺乏市场流动机会；或者是个人上进心欠缺，较懒所致；或者从来没有参与过地理流动，一直在家务农；或者是在开放的市场环境中没有抓住机遇；或者无法实现教育流动。

三口田是西村较为偏远的组，骑摩托车从西村街上出发，到三口田需要20分钟。由于较为偏远，山路崎岖，缺乏市场机会，村庄中的很多人都选择外出务工，外出人员以打工为主，经商的少，一年除去开销后的年收入仅有2万~3万元。在三口田，留在家里的以老人为主。我与三口田的小组长聊天时，发现他特别反感"不收礼"的新规则。他认为西村街道上流行的"不收礼"让他们负担很重。因为他们组较为偏远，所以做酒时或者喊下乡包餐，或者自己做。"不收礼"的成本对他们来说很高。正如他说的，"做酒很难做，净料要买，又不养鱼，又不养猪，都要买"（20150309-书记岳父-M）。为了减轻负担，三口田人做酒一般都会接自己亲戚和朋友的礼金。这是因为小组偏远，村民相对贫困而做的选择。

与三口田不同，前屋组的村民很能抢抓发展机会。2000年以前，组内村民因从事鞭炮蜡烛生意而闻名全县，后因风险大被禁售，他们便不再做鞭炮蜡烛生意，转而去北京做调料生意，照样发家致富。在外发家者回乡宴请普遍"不收礼"，但是留在村内的部分村民生活困难，他们宴请时依然会收亲戚的礼。当我与前屋组组长聊到村内发家致富之人时，他话风突转："但是，前屋生活困难的更多，有些是懒的，只剩下打麻将。"（20150310-邓留敏-M）事实上，西村人的谋生方式越来越多样，只要村民够勤奋、有能力，留在村中发展也能有好的收入。但是，村内仍然有一些相对懒散的人，他们的收入不高。在宴请时，由于亲戚都已在外发家致富，他们便会收亲戚的礼，不收其他人的礼。在他们的逻辑中，自己留在家中发展处于经济上较弱势的地位，需要得到在外发展的富裕之人的资助。

一些经济水平相对较低、消费能力较弱的家庭，常以维持亲属关系来解释他们"部分收礼"的行为和互惠实践。邓大才是小荷组组长，他与老婆在家务农，平时帮人做水泥水池。因为水泥水池已不流行，没有什么市场，故他的收入渐低，他在家一年的收入仅1万~2万元。他的孙子、孙女过周、生日都是他操办的酒席。他孙子、孙女2001年过周、2004年过周、2006年过周、2007年2月生日、2007年3月生日宴请时，他都记录了所收的亲戚礼。他说，之所以接亲戚的礼，是因为"亲戚没有来往，那叫六亲不认，这个是不可能的事，至亲的兄弟姐妹，不可能不往来"（20150309-邓大才-M）。他认为，收亲戚的礼可以维护亲戚之间的往来关系。事实上，经济水平较低的人，宴请的规模也会萎缩。在邓大才为孙女、孙子办的宴请中，他只请了小房内的自家人与亲戚前来相聚。

不仅经济水平较低、收入较低的家庭自己会选择收礼的策略，经济水平相对较高的人也会考虑弱者的感受。在丧礼中是否收姐妹的礼金，宴请者①会有经济上的考虑：若自己的经济条件好于姐妹，便不接姐妹的礼金，但是会让姐妹出钱点莲灯②，这只是孝敬钱③，而不是帮忙抵消开支的资助性礼金；若自己的经济条件不如姐妹，那在姐妹出钱点了莲灯之后，还会接她们的礼金，以抵消部分丧礼的支出。

可见，收入水平较低的家庭在仪式性宴请中采取"收部分礼"或者根本不办酒的策略，主要是基于缓解自身经济压力及维持部分社会支持网的考量。在这种考量中，去资助型互惠只发生在非核心亲属圈范围内，原来交织着资助、社交双重互惠的关系圈萎缩至核心亲属圈范围。

三 遭遇偶然事件的家庭

遭遇偶然事件的家庭也会选择收部分礼金。因为若家中遭遇偶然事件或特殊事故，家庭的经济水平与家庭成员的精神状态都会受到影响，这些人依然会对礼金的资助功能存在依赖，因而会在仪式性宴请中选择"部分收礼"甚至逃避宴请。有这种情况的家庭主要有三类：一是家中有人得病，二是家中有光棍、盲人、聋哑人等特殊人群，三是家中有年轻

---

① 丧礼宴请通常由死者的儿子负责。因此，宴请者多为儿子。女儿则送礼金或为父母出资举办点莲灯的仪式活动。
② 点莲灯是丧礼中的仪式活动，其费用一般由死者的女性亲属（如女儿、孙女）负责。
③ 为孝敬死者而花的钱。

的人去世。

家中有人得病会直接影响家庭的经济收入。许多因病致贫的家庭会逃避宴请。邓连江的父母一直在家务农，种植稻谷及经济作物。种田本来收入尚可，但是母亲身体一直不好，经常要去医院看病。邓连江在广州打工时，经朋友介绍认识了隔壁县人小花，两人恋爱后结婚。小花嫁进邓连江家时，他们一家还住在黄泥建的房子中。由于公公家里没有钱，婆婆一直有病，加上小花嫁进邓家时已怀孕，所以她进门时没有办酒。由于父母经济能力有限，奉子成婚而没有办婚嫁酒的情况较多，但这是建立在女方能理解男方，女方父母能理解女儿、理解男方的前提下的。

光棍、盲人、聋哑人等特殊人群，在成年之后或者仍然与父母同住，或者自己独过。然而，由于是特殊人群，这些人很少能成婚，也很少单独参与到礼物交换与互惠网络中。与父母同住者，往往由父母作为一家之主，参与到与他人的互惠交换网络中；不与父母同住或者父母已逝者，通常只作为宴请对象被他人请去吃饭，但这些人很少宴请他人。村人请他们吃饭，也不会有期待他们回报的想法。北村有一个无法说话的人，一直单身。虽然他也会外出打工，会去卖莲子，但是因为未成家，从来没有宴请过村民。在西村请客还"收礼"的时候，他很少被单独请去吃饭；在"不收礼"后，部分村民会将他作为邻居请去吃饭，但是通常不期待他回报。小西村有一对夫妻，夫妻中一个眼睛看不见，一个耳朵听不到，两人成婚时，他们的父母只是小规模宴请了亲戚，收了亲戚的礼金并转给他们，作为生活支持。对这些特殊人群，礼物交换是无须考虑均衡的。扶持弱者的道义性使这种非均衡性互惠持续存在。

若家中有年轻的人去世，具有道义性的资助型互惠也会在逝者的丧礼中体现出来。我在西村调研时，村民邓东来因病去世。东来在世时，一直与妻子在外打工。2015年9月，他被查出得了肝癌，11月便去世了。他去世后，他的堂兄大剑帮他操办丧礼，负责礼曲事宜。大剑说，死者的家属原本打算不收礼的，但是他与孙叔、死者的兄弟姐妹们讨论，达成了一致的意见：这次丧礼应尽量做到花费最少，尽量帮死者的家属收礼金，以减轻丧礼负担。东来的家庭条件本身就差，他在世时在家建房子，欠下了20万元的债务。东来得病前，没有买大病保险，因而医疗开支都得自己出。东来得病前，他的两个女儿还在读书；他得病后，两个女儿都停下了学业，外出打工挣钱以补贴家用。东来家中还有一个20岁的儿子尚未娶妻。

在这个偶然性事件中，孙叔们成为发起道义性帮助的主要群体。为了尽量减少开支，他们让前来悼念的亲友只送礼金，仅象征性地安排了3个花圈。他们不仅尽量节约丧礼花费，而且自己也成为主要的礼金赠送者。理事者大剑在丧礼中主动送了2000元礼金。东来原来打工时的老板是他的一个远房亲戚，老板得知消息后给东来的妻子寄来了1万元。东来的妻子怕欠人情，不敢收老板的礼金，便将1万元退回了。后来老板发动全厂捐款6万元，东来的妻子最终收下了这笔道义性的资助。在东来住院期间，东来的几个兄弟每人凑了7000元帮助东来减轻治病负担。东来是前屋人，他在前屋的邻居及与前屋隔壁的村小组亦象征性地给予了帮忙。从表9-2东来丧礼的礼单可知，前屋组35人送了690元的礼金，大红组有8个代表前来送了80元礼金，大街组、大富组分别送了500元、330元礼金。事实上，如果按照"不收礼"的规矩，邻居小组的礼金数量会更少，他们会送更多的花圈。在东来的丧礼中，给予较大资助的是东来的姻亲亲属与小房内的亲属。自家兄弟的礼金被列入小房范围统计，他们送出的礼金较高。朋友与下祠族内人亦送了礼金。一般若是不接受这些礼金，通常会扣去30元的花圈费，将剩下的礼金退回。但是，这次帮东来理事的孙叔们将这些礼金全部收下。这些礼金都具有"帮衬"的意味。大剑说最后丧礼共花费了3万元，算是非常节俭了，而收到的近2.6万元的礼金起了很大的资助作用。

表9-2 2015年11月东来丧礼的礼单

关系	礼金（元）
亲戚（18人）	1000
	1100
	900×4
	500×6
	300×3
	230
	100×2
房（25人）	5000
	2000
	500
	200×17
	100×5
族（6人）	300×2
	100×4
朋友（13人）	500×1
	300×2
	100×10

续表

关系	礼金（元）
大富组（33人）	330
大红组（8人）	80
大街组（25人）	500
前屋组（35人）	690
共　　计	26130

资料来源：田野调查。

由于家庭遭遇偶然事件，东来丧礼上的礼金是按照"收礼"时期的规则收取的。通常丧礼中有两种礼物交换形式，即资助性礼物与社交性礼物。为何双重礼物交换会持续？偶然事件中的道义持续是其主要原因。大剑说，"帮衬死者老婆，小孩那么可怜啊"，"没钱啊，发动每个人帮一下"（20111121-大剑-M）。可见，尽管村庄中的邻里不断要求发生社会流动的人办"不收礼"的宴请，但他们也在关键时刻发挥着自身的"动员救助"作用。在邻里间的相处中，既有日常生活中竞争性的"不服"逻辑，也有危难之时道义性的"帮衬"逻辑。

四 婚姻与"折腰礼"

特殊宴请包括两种：一种是具有特殊成本的宴请，另一种是具有特殊仪式的宴请。对于一些高成本的仪式性宴请，宴请者也会考虑收取礼金。在一些宴请的特殊仪式环节中，部分礼金会在有道义需求的情况下被保留下来。

首先，婚礼及丧礼通常是高成本的仪式性宴请。在婚嫁上的消费较为复杂，且消费的成本一直在攀升。从嫁女的顺序来看，在相亲时，见面礼金在攀升。见面礼即相亲时男方给女方的红包。见面礼的金额由男方父母决定。女方若同意，则会接下红包，表明双方都满意并决定结为夫妻。随着物价的上涨，端茶①的见面礼金额一直在上升。2017年，西村给女方的见面礼已升至见一次面包1600元礼金。在"查人家"②和订婚环节，宴请的成本一直在提高，由以前在自己家里宴请到去外面宴请。嫁女酒的成本亦在上升，由以往在家里办改到酒店办。上述相亲时的见面礼、查人家宴请、订婚宴请及嫁女酒的花费都是由男方支付的。男方父母还要支出娶媳妇的花费，如给女方恩养钱、三金或五金、做衫钱及婚宴开销③。尽管"聘金-嫁妆"是一种相互性的礼物，但是"聘金-嫁妆"的金额都在上升。"聘金-嫁妆"对男女双方父母而言都是一种高支出。对青年夫妻而言，他们亦要自己承担拍婚纱照及婚礼中办仪式的钱。这些花费都会给男女双方带来较大的经济负担。丧礼的花费亦很高，包括请"礼绅"④、宴请、请道士、请风水先生、建墓地等的开支。婚礼与丧礼不仅是高成本的仪式性宴请，它还被村民视为人生大事，是不可缺少的仪式性宴请。相较而言，寿宴、乔迁宴、升学宴及周情宴并不是必须办的，这些宴席可以办，也可以不办，但是婚礼及丧礼却必须举办宴请。恰恰是宴请的高成本与必要性，使得宴请者会在婚礼及丧礼中"收部分礼金"。大部分人收取的"部分礼金"来自亲属关系圈范围内。在婚礼中，青年人还会收取部分好友的礼金。

其次，由于婚宴中仍有特殊的仪式环节未被取消，基于道义原则，这些特殊的礼金被部分保留下来。在婚礼中，保留了"送房分席面-回折腰礼"的双重互惠。订婚时，男方要送给

---

① 婚礼中的女方见男方父母的仪式名称。
② 婚礼中女方去男方家里的仪式名称。
③ 婚宴开销是男方宴请的费用，与嫁女酒是女方家举办的宴请不同。
④ 礼绅是一种仪式先生。

女方家叔伯舅姨房分席面红包，女方父母收到红包后会确认收哪些人的折腰礼，待确认后，再将红包分送给相关亲属。待到女儿出嫁那天，叔伯舅姨便会回赠折腰礼。因此，在嫁女酒中，女方父母会收到叔伯舅姨送来的折腰礼。"折腰"即为新娘撑腰，使新娘带上足够的钱去男方家，让女方家在男方家能有面子。通常，女方会接下叔伯舅姨们送来的折腰礼，然后将部分或全部礼金放在女方的箱子中，随着嫁妆一起带到男方家中。从送"折腰礼"的过程来看，"折腰礼"是一种双重互惠。第一重是资助型互惠，即发生在女方亲属与新娘娘家及新家之间的一种资助型互惠，它是具有道义性的。"折腰礼"是作为女方带去男方的财产，为女方建立新家提供道义性支持的。第二重是关系延续型互惠。房分席面是新娘的母亲确认关系的一个途径，接到房分席面钱意味着双方的关系得到了新娘家的认可。以往的折腰礼范围更广，邻居也会前来送"折腰礼"，作为对出嫁女的资助。西村请客"不收礼"普遍化以后，主人开始不收邻居的"折腰礼"。可见，"折腰礼"礼金资助的道义关系圈也萎缩了。

第二节　关系选择与礼金关系圈的缩小

双重互惠的去制度变化是有边界的，互惠发生变化有一个前提条件，即对资助型礼物的功能依赖减少。然而，仍然有部分经济能力有限的人保留着对礼金资助功能的依赖，这就使得制度变迁过程中出现了制度筛选者。保留与谁的资助型互惠关系不会影响人们在村内的面子与声望呢？关系距离较近、情感联系较强的核心亲属与好友便是关系选择的范围。对核心亲属与好友而言，礼金不仅有资助功能，还有表达关系距离的作用。因此，在制度筛选过程中，部分人保留了核心亲属与好友的礼金。保留这一关系圈的礼金与获得社区层面的声望是不相冲突的。可见，在"不收礼"普遍化的过程中，人们对新制度还有一个筛选的过程。在制度筛选过程中，部分人保留了核心亲属与好友的礼金。制度筛选的过程也是关系选择与礼金关系圈缩小的过程。从"收礼"到"不收礼"与"部分收礼"，礼金关系圈的变化值得细致分析。

本节讨论"部分收礼"中礼金关系圈的萎缩。由于礼金是有资助功能的，资助型互惠体现的就是一种道义性。本书将"会收礼"的、"有资助功能"的关系圈称为礼金关系圈。2000年以后，"不收礼"规则的变化导致了"部分收礼"只发生在弱者群体中。他们所选择的资助关系圈呈现了礼金关系圈的萎缩。

一　差序型礼物关系圈

改革开放以来的20年是西村的"收礼时代"。这一时期，仪式化礼物关系恰如费孝通所述，是以己为中心，按照血缘、地缘、业缘关系渐次往外推，形成了亲戚、宗族、本屋、同行的关系圈。然而，费孝通提出的差序关系只是用圈层的概念将差序型关系模糊化了，并没有分析各个圈层内部关系的具体状况。事实上，亲戚伦理等级观念、宗族房派分支与继嗣体系、组级自然村与行政村划分、个人身份等因素影响着不同圈层内部的关系相处模式。

（一）亲戚关系中的礼物交换

西村的亲戚关系主要指姻亲关系，即由母亲、妻子及女儿所建立的关系，相关的亲属称谓有外公、外婆、舅舅、舅妈、姨妈、姨父、姑姑、姑父、女儿、女婿、外甥、外甥女等。姻亲关系是礼物往来中的主体，它不仅是所有仪式性场合中必须送礼的关系圈，而且通常是仪式操办的引发者。邓近（女）儿子周岁的时候，她的公公婆婆并没有计划给孙子办周岁。但是当邓近的母亲及邓近的姐姐们以外婆、姨妈的角色送来红蛋时，邓近的公公就请了周围邻居来吃饭，给孙子办了周岁宴。而在父母生日时，外嫁的女儿要给父母送上寿饼，以示给父母过寿。姻亲之间的礼物往来也是有条件的，即要求建立亲戚关系的纽带必须在世。若她在世，姻亲关系即包括同辈亲戚与上代亲戚。参加木财爷爷丧礼的亲戚中没有出现奶奶那边的亲戚。木财解释说，因为奶奶同辈的亲戚在那个时候已不在世了，其后人也跟木财家少了往来。有一次我在木财家的时候，木财的姑姑突然来木财家送橘子，我便问他与姑姑之间的往来关系，木财说道："从我奶奶去世后就更少来了，我奶奶还在的时候每年都会来。"（20151118－邓木财－M）

　　姻亲关系内部也是有差序的。通常，在礼物数量及价值上，姑姑的礼通常是最大的；但在等级地位上，婆太①、奶奶及母亲方的亲戚，特别是舅公太（奶奶的兄弟）、舅公（母亲的兄弟）的等级地位最高，宴请时需坐宴席的上位。姑姑的礼虽然最大，等级地位却不是最高的。舅舅的等级地位是最高的，礼却不是最大的。若有过继者，舅舅及姑姑通常以养育方为准。在丧礼中，如死者为女性，等级地位最高的是死者的兄弟。姻亲关系的等级差序是森严的，如果地位高的亲属没有因较高的地位得到礼遇，亲属之间易发生矛盾。

---

①　父亲的奶奶。

(二) 房族之间的礼物交换

礼物关系的第二个圈层是房族关系，西村人将其称为"孙叔"，属于他们口中的"自家人"类型。我在询问木财亲戚与孙叔的区别时，他说道："亲戚与孙叔是不同的，亲戚是亲戚。一般说朋亲，朋亲是朋友与亲戚。当地人认为，'自家人'就是一个公太下来的。"他所说的孙叔，即"自家人"，指由男性代际承接下来的关系。"自家人"中的"家"是个具有伸缩性的词语，它也如费孝通所说的波纹，可以一圈一圈往外拓展、延伸。核心家庭处于中心位置，一般共同居住在一栋房子中。在代际传承与发展的过程中，家得以扩大，便出现了分家现象。分家后，新的家庭会在原有的房子的外围建立新房。代与代之间不断分家，建立新房，家族体系便不断扩大。直到建立"香火堂"，将始迁的公太定为香火堂的房族代表。若"香火堂"后辈兴盛，家族大，便会建立"祠堂"，以示宗族总源。

在房子一房一房往外拓展的过程中，人与人的关系也由一房一房往外延伸。在分家与建房、建香火堂与祠堂的过程中，西村的"自家人"关系开始以"房"来区分，形成了三层关系。第一层是"小房"人，是最小范围的自家人，指在世辈分最大者以下所有的血缘关系。如爷爷的兄弟姐妹健在，小房成员就是爷爷的父母以下所有同族关系，如爷爷的父母及叔伯健在，则从爷爷的爷爷以下所有关系都是小房成员。第二层是"大房"人，是稍大范围的自家人，指同一香火堂以下的同一房支内的孙叔。木财家位于西村的小富自然村，内部有一个香火堂"积善堂"。积善堂的子孙主要居住在小富及小红两个自然村中。正如木财所说："小富与小红两个队是共一个公太下来的。"所以，木财爷爷去世时，前来致哀的大房孙叔主要是来自小富与小红自然村的男丁。在木财爷爷丧礼的礼单中，"大房"人的礼物被统计在了"本屋"关系中（后面解释其缘由）。这便是第三层，即"各房"人。通常，一个总祠堂下的各个分支之间的关系称为"各房"关系。西村下祠的总祠堂是"邓氏家庙"，其下立有一"守先堂"分支，该支与前屋组人是公太两兄弟的后代。在守先堂之下，积善堂又自立香火堂，辖小富与小红自然村。未立香火堂的守先堂分支辖寺前、洋岸等组。因此，前屋、洋岸与小富之间的关系便是"各房"关系。礼单中记录的房叔即这种关系。通常，在礼物数量上，小房的礼金数量会大于同一房族及不同房族的孙叔，如小房的礼金是每人10元，那共房及各房平均每人是5元。但是共房与各房的礼金数额相差不大，通常以当年最低标准为依据。共房与各房的礼通常会以集体凑礼的形式出现，即每人送相同数额的礼金。

（三）"屋里人"：具有重叠性的邻里关系

邻里关系是以地缘为基础形成的社区性关系，这种关系的形成与基层管理、流动迁移息息相关。我在广州遇到西村人时，他们会相互介绍，其中一种介绍的方式是称两个人是"屋里人"，从小一起长大。屋里人就是基于同一个屋场[①]形成的社区性关系。屋里人本指一个屋场中居住的人。屋场有大小之分，以人数为划分依据，人数越多屋场越大，人数越少屋场越小。但是当我来到西村时，发现屋里人与多种关系具有重叠性。

[①] 屋场是地理概念，通常把同一个居住地里聚集的房屋统称为一个屋场。

第一，屋里人可以是同一个公太的后代，即共居于一个屋场的房里人。可见，屋里人与孙叔会重叠。在木财爷爷的丧礼中，本屋是指小富自然村中的所有成员，但是这个自然村内部大部分成员也是积善堂的人，所以他们是有相同孙叔的。

第二，屋里人与客家会相互重合。当某个屋场一个姓氏独大时，从屋场外迁至此处的非该姓氏人会被称为"客家"。西村的一个村民向我介绍本队非邓姓人时，称其为"客家"，即客居于屋场的人。改革开放后，随着人口流动性的增加，不少外村人会到西村建房定居。定居的人若非邓姓，则被称为"客家"。若同属邓姓，但为不同祠，则以同宗关系称之。

第三，屋场内部也有多姓氏共居的情况，如腊子坑就是刘、李两姓村落。这时，屋里人更多指的是一种社区性关系。腊子坑刘、李两姓人共同建造了一个公共香火堂，堂内供奉着刘、李两姓祖先牌位。婚丧嫁娶时，两姓人共同在这个香火堂设宴。香火堂也成为屋场的公共场所。

第四，屋里人与队里人会重叠。集体化时期，生产大队的设置为社区成员营造了一个共同体单位。生产队通常以社区地理界线来划分和设置，故而出现了很多重合性的关系。有一些自然村既是一个屋场，也被划为一个生产队。生产队成员在集体化时期形成了良好的互动关系，这种关系在改革开放后保持在红白喜事的宴请当中。

第五，屋里人会与组里人重合。改革开放后，生产队被解散，农村中出现了村小组这一基层单元。村小组与村民的日常生活并不相关，各种仪式性场合中也较少以组为单位来相互宴请，而是依然保留着以往的队里人、屋里人的概念。

屋里人的礼物数量、价值与孙叔关系类似。屋里人习惯凑一个总礼，即通常会有一个较有威望的人，比如屋与小组重合，则会让小组组长牵头送一个总礼，热心之人也会牵头呼吁屋里人送一个总礼。在木财爷爷的丧礼中，本屋人就集体送了100元，其中72元买了布与花圈，剩下的28元则作为礼金送交给木财。

（四）同学、同事、朋友：后赋型礼物关系

亲属关系、房族关系及屋里人关系是规范型礼物关系，即受传统礼物规则约束的礼物关系。还有一种基于后天选择而形成的礼物关系类型——后赋型礼物关系。这种关系是主体在成长过程中认识、了解或培养的关系，包括同学关系、同事关系、单位关系、同行关系及朋友关系等。同学关系依据共同的学生身份，通常还会基于感情筛选出关系较好的同学与关系一般的同学。同事关系依据所处的单位或组织身份，通常集体凑礼。单位关系是由自己的工作身份所建立的关系。同行关系是由自己从事的行业所建立的关系。朋友关系则以日常交往中建立的关系为依据。在这些后赋型关系中，工具性送礼出现的可能性是最大的，这与阎云翔所述一致。这些后赋型的礼物价值与礼金数量更多是依据主人身份及双方之间的关系而定。

若主人具有某种身份，往往会收到身份型礼物。西村村委会在村内各小组组长、党员家中有丧礼时，会公费赠送一个花圈。作为某组织中的一员，该成员会收到组织所送的花圈。西村有东村、小西村、南村、北村四个村委会，村委会会在每个村委会成员家中有丧礼时送礼。此外，西村小学、东村小学、西村中学也会给村委会成员送礼。礼物通常是花圈，但也有礼金。前文提到的东村村委会成员邓根，在母亲的丧礼上便收到了几个单位的礼，其中5个单位送了花圈。他所在的东村村委会不仅送了1个花圈，还送了170元礼金。在礼单中，他曾在这170元旁边写了个退字，后来这个退字被划掉了。这一标记说明他最后接了东村村委会的170元礼金。究其原因，他只说村里有这个习惯，其他人也会送。除了这几个单位外，他还收到了南阳堂理事会（宗族理事会）的花圈，这与他在该理事会任职有关。由于他是村委会干部，其所在村的三个驻村镇干部一起送了170元礼金与1个花圈给他，他收了花圈，没有收礼金。我问他不收礼金的原因，他说："他们是上级。"由此可见，这些身份型的礼是非对称性的。一方面，收礼人收到礼后无须回礼；另一方面，上级的礼通常不收。镇里的干部摆酒时，也会收到来自同事的礼。小西村会计结婚时，他父亲在隔壁乡政府任职。办酒时他父亲请了34个乡机关成员，收了其中26人送的520元集体礼金，另外8人没有收礼。据会计解释，可能因为是领导所以没有收礼。

在当地方言中，朋友被称为"做衬的"，这其中的"衬"指"帮衬"，"做衬"指一起玩且会相互帮忙的情感。朋友之间的礼物往来基于交换双方相处的机遇与性情契合度。当然，身份也会影响朋友的数量。邓大秀就曾跟我讲起她老公当村支书前到当村支书后的变化："当书记前实在老实，穿的衣服也很普通。在村里混了，开了眼界。以前是经常在家里待，种田，也没去哪，从来没有打过工。在村里混了二十多年，朋友也多了。现在当书记了天天都看不到人影，经常在外面。"（20150305 - 邓大秀 - F）我在她家搭饭的一个月中，邓大秀的老公很少在家里吃饭，都是外面有饭吃。过年时，前来他家拜年的人也是络绎不绝。村支书的身份让他有了很多认识朋友的机遇。东村、小西村、南村、北村，特别是东村的村委会成员跟他关系特别要好。所以邓根的母亲去世时，他并没有像以前对其他党员一样只送一个花圈，而是送上了100

元礼金。在邓根母亲的丧礼中,朋友的礼占了一半以上。这既与他是东村会计有关,也与他开了酒店承接包餐有关。在看到丧礼礼单中有很多外姓人时,邓根的妻子说这些都是她老公的朋友。她老公的朋友比较多,因为他是村干部,所以在各个小组的朋友多。

礼金数额可以反映朋友之间关系的远近。在邓根的妻子看来,朋友也分一般朋友与好朋友。"朋友多是好朋友送礼金,一般的朋友、邻居只送一个花圈。"邓根的妻子解释道。只送花圈的是一般朋友,在邓根的134个朋友中,有66个朋友只送了花圈(每个花圈价值30元);而关系更好的朋友,则会送上礼金。在我问起礼单及关系时,邓根的妻子指着一个送300元(270元礼金,30元花圈)的客人说,他与邓根玩得非常好,在东莞开公司,家业较大。他与邓根夫妇是邻居,每次邓根回家都会去他家坐与聊天。在朋友当中,送礼金最多的是刘世锦,他不仅送了1000元礼金,还送了两束鲜花。邓根对一般朋友与好朋友的区分有点类似于阎云翔所说的有效区域与可靠区域,但是阎云翔的分类更强调主人认可与客人之间的关系,即主人认为对方是否可靠、是否有效。而邓根母亲丧礼中的礼是互动型的礼,不仅是主人单方认为与客人的关系一般或很好,而是送礼者先认可双方关系,收礼者再确认双方关系。丧礼的随礼规则是客人不请自悼,主人再宴请前来悼念者。不请自悼是客人对双方关系认可的表现。由于收礼时期主人有为了收礼而邀请关系并不亲密的人的情况,而不请自悼的关系是主动的、自愿的关系。这是与阎云翔基于工具性对礼物差序的分类不同的地方。

在收礼的礼金关系圈中,西村的仪式性礼物关系不仅呈现差序性的关系圈层,各个关系圈层内部也有差异性(见图9-

1）。姻亲关系有同辈与上辈之分。受宗族观念的影响，西村人常常以姓氏、房派来分类。在分家与建房、建香火堂与祠堂的过程中，西村的"自家人"关系开始以"房"进行区分，形成了"小房""各房""共房"三种自家人身份。

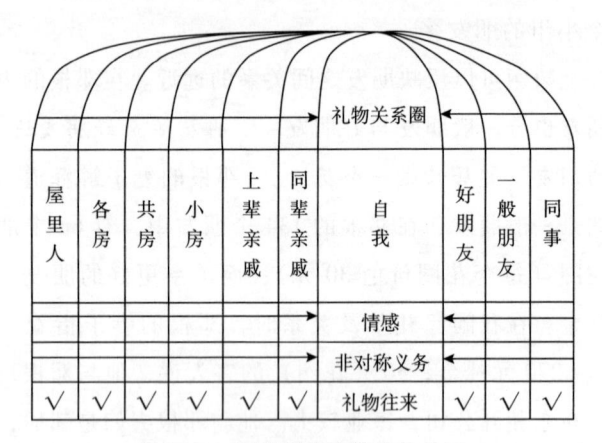

屋里人	各房	共房	小房	上辈亲戚	同辈亲戚	自我	好朋友	一般朋友	同事
						礼物关系圈			
						情感			
						非对称义务			
√	√	√	√	√	√	礼物往来	√	√	√

图 9-1　西村的仪式性礼物关系

西村是客家地区，"客"的概念不仅源于客家形成时期，在客家定居为主人后，"客"的概念也被用于称呼后来人。在西村"屋里人"的地缘性关系中，就有邓姓与外姓的主客之分。由于生产队、村小组的划分，屋里人与队里人、组里人也有重合。恰是因为重合，这些地缘性的礼物及礼金数额通常是统一的，各队各组成员之间的随礼也习惯于以集体凑礼的形式出现。在个人成长过程中形成的同学、同事、单位、同行及朋友关系是后赋型道义关系。主人的身份影响着后赋型礼物关系的数量，也影响着主人在礼物关系中的非对称性地位。基于关系的远近，朋友有一般朋友与好朋友的区分。后赋型关系的礼物价值与礼金数额更多是依据主人的身份及双方之间的关系而定。在情感维度及对称义务的践行上，这些关系由边缘向中心维度（自我）聚拢。不能说绝对地由边缘向中心增强，但可以说关系逐渐向中心聚拢。在礼物往来上，这些关系主体都是重要的送礼者，由此形成了差序性的礼金关系圈。

二 核心型礼金关系圈——礼金关系圈的缩小

上述礼金关系圈是西村请客"收礼"时期的礼物关系圈。在发生"不收礼"的变化后，"收礼"的道义关系圈发生了微妙的变化。首先，屋里人、共房及各房是最早"不收礼"的对象。宗族精英既可能是屋里人，也可能是共房的人或各房的代表。他们是最早被"退礼"的对象。由于宗族精英本身具有较高的地位，而且具有道义性的资助会给宗族精英带来经济负担，因此，屋里人中的宗族精英成为宴请者最早"不收礼"的对象。其次，具有资助性的礼物关系逐渐萎缩至好友与亲戚这一核心关系圈层面。再次，不收礼后，核心关系圈的礼金关系是不确定的：在收取核心关系圈的礼金时，实践具有道义性的双重互惠义务；在不收取核心关系圈的礼金时，礼物交换是一种具有竞争性的单一互惠义务。

（一）从屋里老人到宗族精英：从部分不收礼到完全不收礼

在西村礼金关系圈的变迁中，尊卑等级与经济负担直接影响了早期礼物关系圈的变化。首先，由于宗族精英在村内具有较高的社会声望。宴请者不收地位高者的礼是理所当然的。其次，许多宗族精英又具有老人身份。对老人而言，礼金是一种经济负担。出于尊老的考量，宴请者需要将老人的礼退回。因此，屋里人中的老人是宴请者最早"不收礼"的对象。然而，老人中的宗族精英最早实践了针对所有关系的不收礼。这时，有资助性的道义性关系消解了。

1. 屋里老人：退礼

退礼关系是礼物关系变化的第一个表现。为何会出现退礼关系？王大民是小西村的支书，在跟我聊天时，他说西村有一个默认的规矩：凡是喜庆事宜的宴请，必须先请家中上了花甲（60岁）的老人。请了老人（男性）再请家中的儿子。没请老人直接请儿子去吃宴席，是很不礼貌的行为。若一个家中有长子与父亲，次子长期在外，两人并未分家，那么就得请在家的长子与父亲一同赴宴。如果次子在家，无论是否分家，父亲与两兄弟都要请。邓大国则介绍了生日宴请规模与宴请的人员安排如下。

A类小聚：只请亲戚+自家人（小房）；

B类生日小过：亲戚+自家人（小房）+屋里人（老人）；

C类生日稍大过：亲戚+自家人（小房）+屋里所有人+朋友；

D类生日大过：亲戚+房族+屋里人+别屋老人（隔花龙①）+朋友。

邓大国指出，除非只是自家人聚聚，否则，无论生日宴请是小请还是大请，屋里的老人都是必须邀请的。当屋里人得知有人生日时，主人如果小范围过，就会只请老人不请家主②，以示代表性地请屋里人。邓大国说："请老人是尊敬老人（不请家主），可以省得（钱），不做那么大。"主人想大请时，请别屋人也是请隔花龙（代表性）的老人。各个屋场的老人成

---

① 指宴请时有选择地邀请老人，而非每家老人都邀请。
② 家中主事者。

为吃宴席的主要人员。邓大国2004年办乔迁酒的时候，收到109个人的礼，其中退了32个老人的礼，可见老人在赴宴人员中占了近1/3。请老人吃酒本是尊敬老人，但是当老人赴宴过于频繁时，礼金就成为老人的一个负担。特别是一些老人年纪较大，劳动能力有限，经济收入少，许多老人儿女不在家，但还要去吃酒席。邓大国在乔迁宴中退了熊连秀的礼，问其缘由，他说她是没有老公的老人。她去吃酒席，代表的并不是儿女，而是自己，因而送礼的负担只能落在自己身上。所以，早期的退礼缘于给老人减轻负担，打破"本是尊敬老人而请老人却变成负担"的窘迫。

2. 宗族精英"完全不收礼"：礼金关系的消退

在差序性关系中，"屋里人"中的老人负担最重。因此，退老人的礼不仅能使宴请者获得道德优势，还能增加个人在礼物交换中的声望。对宴请者而言，收礼行为并不能从礼物交换中获得益处，接受礼物的人反倒觉得"欠了人情"。"欠了人情"是一种负担，为了打破这种负担，使宴请者获得不收礼的道德优势，在礼物交换中处于高位，以往局限在屋里老人层面的"退礼"开始向对所有关系"完全不收礼"转变。

在第四章中，我已讨论过宗族精英因为曾经吃过别人退礼的酒，所以针对所有人"完全不收礼"的情况。王大民是小西村的支书，他的老家在社公脑小组，他爸爸做生日时不收礼是那个小组最早不收礼的生日宴请。王大民的爸爸是镇里的退休干部，也是村里的老人，别人请客都会喊他去。他做生日的时候，就说吃了别人那么多不收礼的酒，生日宴请的时候也不收别人的礼。

不仅屋里人、共房与各房，一般性关系中的同事、同学及朋友之间也不收礼。这种不收礼一方面与请客者想简单宴请，获取宴请的主动权有关，另一方面也与一般性同事、同学及朋友的礼金负担重息息相关。在同事与单位中，人们会生动地将邀请称为红色罚款单，即指请客及宴请反而成为送礼者的负担。这种负担使得收礼者在西村"不收礼"新规则出现后，很快便免去了一般同学、同事及朋友的礼。

在对屋里人及一般朋友"不收礼"后，仪式性宴请中的交换双方由以往"多重相互拖欠着未了的人情"向"单重拖欠"发生转变。费孝通指出的"相互拖欠未了的人情"指朋友之间抢着回账，使对方欠自己人情，回礼之时加重一些使对方反欠自己的人情，如此维持着朋友之间的互助合作。这种相互拖欠的人情是多重结清模式。而不收礼后，礼物交换变成了你请我、我请你的单重结清模式。

（二）保留部分礼物关系圈：礼金关系圈的核心化

在收礼、退礼及不收礼的变化过程中，各个礼物关系圈中的交换形式发生着变化，礼金关系圈也发生着变化。不收礼在延伸至亲属关系圈及好友关系圈的过程中，产生了亲戚之间是否需要通过收礼来保持具有资助性的道义关系的讨论。一次，我刚吃完邓国兴家的九朝汤宴[1]，在邓国兴姐姐与侄子的车上与他们聊起不收礼。邓国兴的侄子说："自己亲戚的礼应该接，一点吧，不是自己亲戚的就不要接，亲戚不接就会拉得更远了。"我问关系是否会更远。他说："就会远，亲戚之间本来就是要借借还还，借借还还才有亲。"他妈（邓国兴的姐姐）则说："本来是亲嘛，亲戚之间就是要亲回来亲回去，有来有去。"接着，邓国兴的姐姐聊到与国兴一起去景德镇看国

---

[1] 给出生9天的孩子举办的宴席。

兴儿子刚出生的女儿："5号我和国中、国德三个到景德镇住了一夜，包了票子啊，哎呀，我们是包了900元，因为是住了旅舍，到后面回来的时候，一个劲地把礼塞还给我，也不晓得为啥，而且国兴儿子还给加了（礼），加了200元，包了1100元回给我们，我们想塞回去，后来红包都塞烂了，那才塞了回去。我说我们啊是吧，作为拿给你（国兴儿子）女儿，这个心意都不要。那作为这么远走来就是来看你（国兴儿子）女儿，你（国兴儿子）还帮我们安排了旅舍。"（20151123－邓国兴与姐姐－M/F）在邓国兴的姐姐看来，这份给出的礼金就是一种亲戚之间的心意表达，虽然它有资助功能，但更多的还是一种心意表达。如果亲戚之间的这种心意表达被拒绝了，反而会有不知其意的感觉。这种不知其意，就是她所说的亲戚关系远了。

亲戚之间是否需要通过资助性互惠来维持双方之间的关系？事实上，亲戚之间礼物交换的道义关系圈是一个具有不确定性的关系圈。有些亲戚之间依然需要以礼金往来维持关系，特别是在婚宴这种重要的仪式场合中。亲戚们觉得有必要在高成本的仪式性宴请上资助宴请者，宴请者也认为有必要收亲戚的礼金来减轻宴请负担。但是有些亲戚之间则摒弃了资助型的礼物往来方式。我在访谈前屋组组长时，他说道："村里有个家庭家中有九个儿子一个女儿，女儿负担重死。送人家人情都送不出，后来她父亲开了口，说如果她出嫁了，（儿子们）不能接女儿的礼。"（博士田野笔记本1－P45－M）父亲为了体谅女儿，为女儿订下了不收礼的规定。这其中考虑的便是资助性关系的负担。道义性对施予者而言，有时候也会成为一种负担。此外，在一些60岁、70岁老人的寿宴中，父母也不收女儿送的礼金。对上代亲戚，人们也选择了"不收礼"。

由于主人与上一代亲戚之间是晚辈与长辈的关系，晚辈更觉得长辈的礼不可收。主人不希望资助型互惠带给上一代亲属经济负担。还有一个解释是，子代并不会继承所有上一代的交往义务。子代与亲代亲属圈家庭的关系会随着长辈的去世逐渐疏远，子代与亲代关系的密切程度也会降低一个档次。（王跃生，2010）关系密切程度的降低也使得礼物交换的道义关系圈萎缩了。

朋友也被区分为一般朋友与好朋友。非常远的朋友经常会被拒礼。主人不希望欠一般朋友的债，不希望二人发生有资助的道义性关系。在邓根母亲丧礼的礼单中，邓根退回了邓经远的50元礼金。邓根的妻子认为邓经远属于外面的朋友，而且是一般的朋友，所以没有接礼。她强调，一般朋友指关系非常远的朋友。这种朋友远到可有可无。然而，对于关系好的朋友，特别是在青年群体中，他们认为自己处于社会关系网建立的初期，需要通过礼金来维持好友之间的关系，因而好友之间也保留着礼金的往来。

为了防止不收礼金带来关系的疏远，在亲属关系圈与关系好的青年同事、青年好友之间出现了送礼物而不送礼金的"反礼物化"现象。一位新手妈妈就在微信朋友圈中晒出了孩子的姑姑与自己的同事们所送的带"福"与带"鸡"的项链，并写道："安安谢谢粑粑大老远从NC赶来的同事，还有特意从西市坐车过来的西镇姑姑和麻麻的美女同事们，送给安安的礼物好漂亮呢。"在亲友的乔迁宴与寿宴上，"镜子"与"匾"作为礼物也开始流行起来。邓国兴办乔迁宴的时候，邓国兴的姐夫、妹夫们便送了镜子作为礼物。邓大沙结婚的时候，他的几个哥们每人凑了500元，一起送了一块表作为结婚礼物。这种礼物需要时间精心挑选，侧重于通过精心挑选来表达心意与情感。而对于一般朋友，宴请者依然选择不收礼。

由此可见，礼物关系圈由以往的差序性关系圈缩小至亲戚、小房及好朋友之间（见图9-2）。王跃生（2010）将亲戚与小房这两种有血缘关系（包括父系与母系）、姻缘关系的家庭定义为核心亲属圈家庭。这种核心亲属圈家庭是以己为本位的亲属圈家庭。随着上一代去世，人们并不会把所有的亲属圈家庭交往义务继承下来，而是以己为本位，选择自己同辈兄弟姐妹所牵涉的亲属关系。亲属关系圈内部具有血缘关系，相互之间存在与生俱来的情感。而好朋友之间则存在仪式性礼物交换关系，因为朋友之间需要保持人们对于感情欲望的追求，而一般朋友的淘汰与好朋友的保留体现了朋友关系的亲密化。不同的是，核心亲属圈家庭内部的礼物关系是保留的先赋型关系，而好朋友间的礼物关系是保留的选择性关系，即后赋型关系。无论如何，礼物交换中的道义关系圈由以往差序型的礼物关系圈演变为核心化的礼金关系圈。核心体现在两个方面：一是核心的亲属关系；二是核心的朋友，即好朋友。由此可以看到，道义性关系在向本位亲属关系圈及非对称的资助义务变化。这种非对称的资助义务是指两个人之间的资助不是完全等量的，而是一种相对对称的资助义务。这种相对对称的资助义务是长期性与非对称性的。义务履行双方把相互的情感与信任放在最主要的位置，排斥赤裸裸的市场交换。义务履行双方通过履行义务加强和扩大着交换关系。在非礼金关系圈内，人们强化并扩大着仪式性宴请的竞争性。为了在竞争中获得社会声望，人们选择"不收礼"的策略。在非礼金关系圈内，人们的关系较少以资助的道义义务来维持，更多是由新的宴请规则——"不收礼"维持。在这些关系圈中，人们更倾向于履行绝对对称的义务。绝对对称义务是指双方交换的东西要求等量。比如一位阿婆经常把菜卖给隔壁关系一般的邻居，但是经常送免费的菜给自己在城里的女儿。前者便是一种绝对对称义务。由此，可以看到礼物关系圈由差序型向核心化变化。

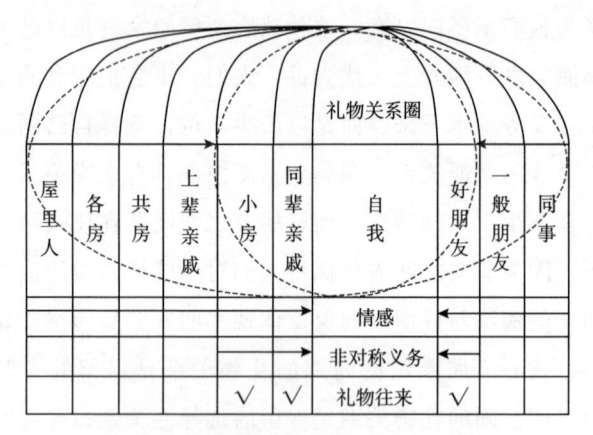

图 9-2 仪式性礼物关系圈的核心化

第三节 礼金关系圈何以缩小：村庄社会的半熟悉化与竞争化

为何礼物交换中的差序型礼物关系会发生核心化的变化？礼物交换的礼金关系圈何以缩小？对西村人而言，缩小的礼金关系圈主要指屋里人、共房、各房间"不收礼"。屋里人是西村范围内同一屋场的人。由于西村是一个宗族社会，共房、各房的关系都在西村的地域范围内，因此，这些关系其实是西村的社区关系。礼金关系圈的缩小其实就是社区关系的去资助化，即仪式性宴请不再需要社区来资助。礼金关系圈缩小的根源在于村庄社会性质的变化。

一　村庄社会的半熟悉化

（一）空间的流动性增强

费孝通在《乡土中国》中提到，乡土社会在生活上是富于地方性的。乡土社会中人与人的活动空间是有地域限制的，各个地域间因空间隔离相互保持着孤立的社会圈。孤立的社会圈首先体现在地理空间上的孤立。西村虽然在行政上下辖4个村的54个村小组，但是在新中国成立前与集体化时期，西村各个屋场之间是相互孤立的。新中国成立前，西村内部以屋场为单元划分出孤立的社区，这些屋场内部的人们共享着地域范围内的田、山及水利资源。屋场内同姓，共享一个香火堂。这个香火堂是屋场内重要的公共活动空间。各个屋场也有各自供奉的神灵。一般一个屋场会有一个社公，不同的社公之间也有地位等级。这个等级由所建的年限及所在屋场人的辈分而定。屋场的字派①越高，社公的地位越高。社公是地域性的神灵。在村头田间树旁，村民们用砖堆起一个小房子，供奉着保佑村庄风调雨顺、万事平安的社公（又称"沙公"）。社公的佑护对象是孤立的、具有地方性的，主要在其所辖的空间范围之内。可见，田、山、水、公共空间及信仰等要素，共同构筑了一个孤立的屋场。集体化时期，这些屋场被重新拆分组合成生产队，各生产队内部的集体劳动与挣工分体系增加了生产队内部的合作性，同时也为生产队与外部划分了边界。

改革开放后，各屋场、生产队间的孤立性逐渐被便利的交通打破。道路的修建、新型交通方式的出现不仅增加了西村与

---

① 指在屋场中第一个建房者名字的字辈。

外地的联系，也使得各村之间的流动性增强。以往西村人赶集都是步行去西镇及隔壁乡，较少去县城。新中国成立前的步行路主要是石阶路，西村就有去往瑞县的 30 华里石阶路及去往汀县的 50 华里石阶路。1958 年，县西地公社与邻地公社修建了西地至邻地的公路，两地班车也开通了。西村人开始前往邻地赶圩，销售并购买农产品。1960 年兴修的瑞石公路（属国道段）经过西村的小西村、东村两地，这使得西村的交通便利程度有了质的飞跃。国道修建后，步行的交通方式开始向坐班车转变。县域内开往龙镇、红水乡、洋地乡的大巴均要经过西村。县域外去往西市、瑞县的班车也要经过西村。这为西村人往返县城、瑞县及西市提供了便利条件。西村人以往的赶圩圈只在步行范围内的西镇及邻镇，兴修公路后赶圩圈扩大至县域范围。不仅赶圩圈在扩大，迁移圈也在扩大。西村人以往迁移至镇里居住，现在开始迁移至县城居住。邓达喜说道："西村以前经济远不如西镇中心村，西村人去西镇中心村买店面或者地皮，现在呢？西村没人去西镇买店，也少人去西镇买地皮住。反而有西镇人来西村买地皮居住。因为 206 国道修了，这个国道只经过了丹阳桥，没有进西镇，但直接穿过了西村。"（20150127－邓达喜－M）迁移圈的扩大不仅表现在西村人往外迁，还表现在外地人迁入西村。外地人的迁入增加了外地人与本地人之间的陌生性。2006 年，西村村委会将村委会及国道附近的地出售，许多外地人迁至富珠组建房，与原来富珠组的人成了新邻居。交通的便利化不仅扩大了暂时性流动的范围，也扩大了长期性迁移的范围。原本在偏远屋场居住的人们渐渐搬至离公路近的区域，与新迁地的人们组成新的邻居关系。不仅迁移圈在扩大，流动性的增强也使婚姻圈得以扩大。据邓古天了解，改革开放前的通婚圈"一般是 30 里内部，方圆30里以内娶亲，不会超过这个范围"（20141204－田野笔记）。改革开放后，西村人的通婚圈扩大到了全国各地。西村村委会隔壁家的媳妇就是西安人，王大民书记隔壁家的新媳妇是内蒙古人。通婚圈的扩大间接反映着地方社会流动性的增强。

不仅西村与外地的交通便利性增强，西村各个屋场之间的交通便利性也有所增强。从表9-3可见，西村2004~2008年共新增了12条村组级别的公路。除了"富珠—小学"一段算组内水泥路修建外，其他的11条都是不同组别间的公路。这些村组级别的公路提高了各组之间往来的便利性。村组级别的道路修建为村民骑摩托车、自行车提供了方便。西村村民基本上每户都配有1辆摩托车，有男丁的家庭基本上靠摩托车往来于西村各地。村支书、酒店老板、鱼老板均有小轿车。私家轿车的普及也增加了本地人外出与回乡的频率。而无线网络的普及和互联网虚拟社群平台的建立，使西县人可以在各地通过微信群发布回乡约车信息。这就大大增加了回乡的便利性。外出与回乡便利性的增强极大地打破了以往西村各个屋场在地理空间上的孤立状态。

表9-3 西村村组级别公路修建情况

路名（起讫地点）	所在行政村	通车年份	资金来源
南村—七里迳	南村	2008年	烟水配套扶持资金
西村—欺陂	西村	2007年	新乡村建设资金扶持
国道—上中坑	西村	2007年	群众集资、上级扶助
礼公弯—景平屋	北村	2006年	扶助、集资
松树岗—库车下	西村	2006年	群众集资、上级扶助
富珠—小学	西村	2006年	群众集资、上级扶助
上中坑—国道	西村	2006年	群众集资、上级扶助

续表

路名（起讫地点）	所在行政村	通车年份	资金来源
前屋—彩光下	西村	2005年	群众集资、上级扶助
西村—库车下	东村	2005年	群众集资、上级扶助
坳子墩—彩光下	南村	2004年	群众集资、上级扶助
下王屋—大坪里	南村	2004年	群众集资、上级扶助
虎尾坑—上排	南村	2004年	群众集资、上级扶助

资料来源：西镇镇志。

（二）关系的半熟悉化

新中国成立前与集体化时期，西村各屋场与生产队的人们是相互熟悉的，体现在两个方面：一是对各家经济情况的了解，从各家家禽数量、农田分配情况到各家的经济情况，屋场内的人们都是相互熟知的；二是对各家人的了解，村庄内各个年纪的人们都是相互熟知的，青年人认识屋场里的老年人，老年人熟知屋场内的小孩。这种熟悉孕育了人与人之间天生的相互信任感。费孝通认为，乡土社会的信用是对一种行为规矩熟悉到不加思索时的可靠性（费孝通，2013：10~11）。这种不加思索的可靠性，使西村人与人之间的相互信任与相互帮助也是不加思索的。集体化时期，劳动人口少的家庭经常出现工分不够的情况。工分不够，则会影响年终分配。集体化时期，邓古天家有两个小孩，但家里的劳动力只有他与老婆，在年终工分统计时经常出现负数，所以一到过年，他家里就发不到茶油、菜油及过年的稻谷。每到过年的时候，他就得向邻居家借钱买稻谷。邻居总会热诚帮助，借钱给邓古天家买过年需要用的稻谷。他经常向我表达对集体化时期良好社会秩序的回忆："那时没吃的，但是社会秩序很好。晚上睡觉的时候从不闭门，日不关户，夜不闭门。从来没有少过东西，牛啊，猪啊，鸡啊，都没有失窃过，都没被偷过。"（20141204－田野笔记－邓古天）

　　孤立的地域空间塑造了完全熟悉的屋里人关系。然而，随着地域空间流动性的增强，人与人之间开始陌生起来。一方面，同一个屋场里的人变得陌生了。邓达喜跟我聊天时感叹说，以前中新屋的人，无论大人小孩他都认识，可现在他只认识中新屋的老人，30岁以下的人他基本上不认识。以往各家对别人家的经济情况是知根知底的，现在西村屋场里的人谁也不知道别人家到底有没有钱。以前可以通过房子、田产及工分来判断各家的经济能力，现在判断的难度加大。开回的车都不知道是自己的还是租的。邻里之间的信任度也开始降低。我与邓大秀聊天时，她提到以往乡村经济都是赊账经济，赊账取决于人与人之间的相互信任。相互信任的赊账一般能取回来。但是现在取不回来的赊账也出现了。邓华是做下乡包餐生意的，有个邻居兼朋友办酒，有2000元做酒钱两年了还没有还。不仅赊账的信用度开始降低，借钱还钱的信用度也在降低。邓大秀说："一般生意上的钱还能取回，但是借出去的钱就不一定能取回了。借出去的钱如果人家没有钱，你就拿不回来。"（20150216－邓大秀－F）邓大秀说书记借了5万元给一个在外做瓷砖生意的人，说是借钱去买材料。书记平时跟他很要好，所以借了钱给他。后来才听说那个人借了好多人的钱，是去外面做传销了，所以书记马上去取钱，结果只取到了2万元，还有3万元没取回。

　　不仅屋里人之间的信用度降低，家庭内部与婚姻市场上也出现了各种"欺骗"与不信任。邓大秀曾提到流动性使夫妻之间的信任度降低。特别是在外受骗的经历严重影响到家庭。

邓大秀说最近传销在西村的出现带来了"亲骗亲"的现象。她娘家腊子坑组的一个妇女说是在外面卖衣服，后来问老公要钱。老公在电话中发现老婆说话不对劲，到处打听才知道她被骗去做了传销。夫妻之间的信任度也直线下降，后来两人以离婚收场。访谈时，邓木财也跟我谈到他儿子被骗婚的情况。2014年，他儿子经人介绍，与西县西山镇的一个女子恋爱后订婚。邓木财为此前后共花费了31988元。订婚后儿媳怀孕，却在未告知他与儿子的情况下自行将怀孕几个月的胎儿打掉，儿子去儿媳家过中元节还被儿媳的父亲赶出家门，两人最终也没有领结婚证。邓木财一直认为儿媳与亲家公是在骗婚，后将儿媳与亲家公告上了法庭。邓木财将法院的民事判决书拿出来，声明法院判定了亲家公是在借婚姻索取财物，要求亲家公返还礼金。我在西村调研时，邓木财一直强调由于通婚圈扩大，婚姻市场中出现了很多女性骗婚骗钱的情况。

另一方面，流动性的增强使得队里人与屋里人的关系圈开始扩大，但是扩大的关系圈也难以建立完全熟悉的关系。邓大彬是西村人公认的擅长人际交往的年轻人之一。他起初在部队给领导开车，后回家开过一阵子酒店，又去广州做酒店用品生意，最后回乡开了物流公司。他曾用在朋友圈发布的状态向我阐述了现实社会中人与人之间信任的不堪一击："最怕，深交后的陌生，认真后的痛苦，信任后的利用，温柔后的冷漠，匆匆一别，谁知难相见。"他常用自身经历告诉我，年龄越大，流动的地方越多，越发现朋友感情建立之难。他交的朋友经常来找他借钱，但是借出去的钱一直没有人还，所以他越来越慎重地借钱给他人。对于社会上的朋友，他说，大多是利益朋友，表面上熟悉，内心却很陌生。这种表面熟悉、内心陌生的状态其实就是一种"半熟悉"状态。谈及西村，他一直强调西村人与人之间的关系越来越陌生化，甚至小时候一起长大的朋友，也因为不在一个地方、经历不同而愈发疏远。

此外，地域社会流动性的增强不仅没有使西村人与外人熟悉起来，反而降低了西村人的安全感。派出所工作人员谈到，改革开放后，西村的偷盗事件发生率明显上升了很多。在我调研期间，也出现了多起偷盗事件。新街一家人半夜遭小偷偷窃，当时两夫妻正在睡觉，小偷将夫妻俩迷晕，进入室内将放在抽屉里的2000元现金偷走。虽然警察并没有找到小偷，但是村民一直认为是熟悉西村环境的熟人作案。2015年年初，社公脑小组王大云家也出现了牛被偷的情况。锁在牛栏里的牛在白天被偷，警察与村支书发现偷牛的人牵牛时不是走的大路，而是走的当地人才知道的小路。虽然小偷并未被抓获，但村支书判断要么是熟人作案要么是潜伏很久的人作案。一系列偷盗事件的出现使得村民的警觉意识提高，部分村民出门时会将所有的门紧锁，或者只开着什么都没有的厅堂门，而将进入卧室的门紧锁。西村的门不再像集体化时期一样完全敞开，而是处于"半锁"状态。

（三）村庄组织的半熟悉化

不仅空间地域及人与人的关系发生了变化，组织也出现了凋零或成员渐渐半熟悉化的状态。新中国成立前，屋里人是西村自然形成的最基本的社会单元。屋里人是指一个屋场中的人。屋场的类型有两种：一是一个屋场通常是一个祖先迁移定居、开枝散叶而形成的自然的聚落单元；二是一个屋场因聚集在一个空间范围，屋场中的人因空间上接近而形成相互熟悉的单元。对于第一种类型的屋场，各姓氏族谱中会用它来区分不同地域的人群。西村邓姓下祠在村的有天佐公下吉、兆、云、道、正、泰六房，各屋场有吉房前屋、道房前屋、兆房社公脑、兆房大红、兆房大富、兆房下新屋、云房大岸、云房三口田、正房寺前、泰房洋古坑。这些房名基本上与现有的小组名重合。对于第二种类型，人们常以河流、地势、走向及方位来区分各个屋场。如整个西村邓姓被区分为上祠与下祠，是因为它们分处于西河之上与西河之下；东村有上屋、中屋及下屋三个屋场，这些屋场便因地理位置处于上、中、下而得名。这两种屋场类型的划分要么基于同一房氏的血缘关系，要么基于地理空间的地缘关系。屋场内部的人与人之间，或者因血缘，或者因地缘，变得非常熟悉。虽然民国时期西村被分为保，但因保的单位较大[民国23年（1934年）西村被作为一个联保，下辖10个保；民国37年（1948年）西村被整合为西村、东村2个保]，西村人仍然以屋场的概念来区分地缘及血缘关系。

集体化时期，屋里人与屋场的概念在行政干预下被重新组合。原来基于地缘或者血缘关系形成的各个屋场被重新组合或者拆分。1968~1978年，西村所在地域被划分为西村、南村两个生产大队，西村下辖前屋、大富、寺前、大岸、大红、社公脑、腊子坑、洋古坑、粟树排、新屋、大屋场、石塘、营背前、下新屋、库车下、雷公岕16个生产队；南村下辖坛坎、街背、油箩塘、天灯边、上村、下王屋、彩光、虎尾坑、上排子、王干、磜下、沙公湾、大排、鹅窝里、古楼场、大岑嶂16个生产队。这些生产队的重组方式有两种。一种是原来大部分的自然屋场被拆分为多个生产队，如以溪命名的曹溪在集体化时期以前是一个大的屋场，即曹溪片。集体化时期被划分为两个生产队——社公脑与腊子坑。另一种是承袭了原来的自然屋场，直接改编成生产队。如红家垅是由以前的鸿家垅（最早该地为鸿姓居住，邓姓迁来后挤压了鸿姓，鸿姓消失，红军驻扎鸿家垅后将其名改为红家垅）改编而来。尽管原有的自然屋场概念受到了行政干预，但是生产队实行着平均分配的共产制度。邓古天回忆那时队里的分配情况时说："队里杀猪每人只能分几两。一年只有五月、八月、春节才杀猪。杀一头猪每个人就几两。分肉还要抽签。大腿肉、腰腿肉、猪头肉都得按顺序来抽签。"生产队内共同生产、共同劳动、同吃大锅饭的共产经历使队内成员相互熟悉起来。

改革开放后，集体化时期的生产队又被重新整合为村民小组。原来的两个生产大队被划分为四个村，各个村下设村小组（导论中有介绍）。这些村小组的来源主要有五种。一是原来的生产队被拆分成多个小组，如西村红家垅被拆分成欺坡、大红与荷数垅三个小组，社公脑被拆分成上中坑与社公脑，腊子坑被拆分成腊子坑、新屋，洋古坑被拆分为旱坑、洋古坑，南村坛坎被拆分为坛坎、街上，街背被拆分为街背、围上，油箩塘被拆分成油箩塘、土墙背，天灯边被拆分成碰湖段、天灯边，虎尾坑被拆分成上虎尾、下虎尾，上村被拆分成上村与下村，上排子被拆分成上排、凤窝里。二是继承原来生产队的名字，直接划为小组，如西村前屋、富珠、寺前、洋岸，南村彩光、下王屋。三是将原来的生产小队拆分，整合进新的村委会中，如将西村的部分生产小队进行拆分重组，重新整合为新的东村，粟树排被拆分成新屋、粟树排，石塘被拆分成王子塘、石塘，下新屋被拆分成中心屋与下新屋，库车下被拆分成库车下、塔坑里，将南村的部分生产小队进行拆分重组，重新整合为新的北村，如沙公湾被拆分为社公湾、牛角塘，磜下被拆分成磜下、坝下，鹅窝里被拆分成鹅窝里、少马段。四是将原来生产队的小组挪至新的村委会中，如将西村的雷公岑改为东村的雷峰，将南村的大岑嶂改为北村的大岭嶂。五是将原来的小自然村升格为小组，整合进新的村委会中，如双旗崒自然村升格为东村小组，羊角塘升格为北村小组。然而，重新整合的村小组并没有如集体化时期一样维持小组内成员间的熟悉关系。在村小组成员流动迁移及争夺资源的过程中，村小组或者出现了凋零的状况，或者在更广的组织层面出现了半熟悉化状况。

在流动的地域社会中，部分村小组出现了凋零状况。前文分析的小灵樟村便在人口流动中出现了凋零的状况。未凋零的村民小组在新的乡村建设中，亦出现了半熟悉化状况。改革开放后，村民小组被通过两种方式整合进国家基层治理体系中：一是参与村委会的基层治理过程，二是在新村点建设中宽容地迎接新住户。

在第一种方式中，村民小组与独立经营、自负盈亏的生产队不同，它只是一个最基层的群众自治的社会组织。村民小组既非行政组织，也非经济组织。生产队是一种劳动组织，村民小组却不具有集体劳动的功能。虽然部分村民小组暂时继承了生产队的功能，但是只有有收入的村民小组，才会有集体分红的情况。尽管村民小组的生产功能被弱化，却被整合进基层治理中。村民小组与村委会之间的关系愈发紧密。村民小组成员有选举村委会成员的选举权与被选举权。然而，由于村民之间存在着贺雪峰强调的半熟人状况，村民实际上并不熟悉被选举人的情况。这种不熟悉直接体现在村民选举权的"被委托化"上。一方面，在外地的村民不仅不熟悉被选举人，甚至不知道选举的事，他们的选举权无形之中"被委托"给村民小组组长；另一方面，本地的村民不熟知非本组人，在选举中容易被煽动而选择组长代言人或本房人。2016年初小西村选举时，驻村干部便看到一个小组组长自行代替其组内成员写名字的情况。由于小西村一小组组长与候选人曾大来有共同的业务往来，恰好他又与曾大来的对手邓大剑（邻组）的兄弟们有摩擦，他在选举的过程中便发动其组内成员为曾大来投票。最后曾大来成为候选人中票数最高者。在村委会层面，村民处于半熟人社会。在四个村委会集合而成的西村层面，这种半熟人的状况更加明显。

在第二种方式中，西村各村委会在2005年社会主义新农村建设的背景下开启了新村点建设的进程。2005～2006年，街头、前屋、松树岗、洋岸、腊子坑、上排子、彩光下、上村、下王屋、天灯边等都成为新农村建设的示范点。在新农村建设中，各村委会征集了不少农田拍卖土地给需要建房的人。在这个过程中，一方面，邻乡、邻镇的村民搬迁至新村点建房，如邓大良从西地乡搬至富珠；另一方面，偏远小组的村民也到新村点竞标买土地建房，如邓昌栋的小儿子就从东村双旗崇搬迁至南村街上。这些新迁入的村民与原小组成员之间没有原生性联系，虽然他们可以在相处中培养关系，但是关系并不像原来小组成员之间那样完全熟悉。许多搬迁至新居地的人甚至常年在外谋生，他们在新地建好房子后又外出，与新居地的邻居间是"只吃过过伙酒"的半熟人关系。邓昌栋的小儿子常年在惠州给人开车，他搬到南村街上后，让父母在新居所居住带孙女，他与妻子则常年在外。他对街上邻居的了解途径主要是回乡时向父母打听。

二 村庄社会的竞争化

不仅村庄在向半熟悉化变化，西村内部也发生了竞争化的变化。新中国成立前，西村如费孝通所言，是以传统礼治为基础的乡土社会，人与人相处以习得的互惠规范为准则，是规范型熟人社会。新中国成立后，乡村各项事务的处理以生产大队、村委会及公社、镇政府、县政府等组织的原则为依据，是一种新的礼治。在新的礼治出现的过程中，以往的互惠规范逐渐被打破，乡村政治、宗族及生活领域均出现了利益的竞争，财富成为竞争的关键。西村社会的竞争化主要体现在政治竞选中的竞争、信仰领域的竞争及日常生活中的面子竞争三个方面。

（一）政治竞选中的竞争

新中国成立前，西村是一个宗族社会，宗族长老通常是村内辈分较高的人，族长可以对村庄内的各种事情进行协调。新中国成立后，生产小队成为农民最基本的生产协作单位和共同劳动单位。改革开放后，村民们对生产小队的依赖开始转为对村委会的依赖，而在村委会层面，人与人之间的关系却愈发半熟人化。这种半熟人化直接导致了村庄选举过程中的竞争。贺雪峰在分析乡村社会的变迁时指出，乡村社会的半熟悉性体现在村民之间因为不熟悉而没有那种将不良干部选下来的默契。他认为是半熟悉性导致了村民在村庄选举中缺乏默契。西村的两种竞争性选举模式也是这种缺乏熟人默契的体现。

改革开放初期，西村的选举竞争并不激烈。小西村原支书邓大平曾向我抱怨道："那个时候抓计划生育，村委会工作难做，特别容易得罪人，村庄里的人都是熟人，没人愿意去村里做事，工资也低。"（20150315－田野笔记－邓大平）

然而，近些年来，随着村委会干部工资的提高，特别是国家对农村实行各种福利补贴之后，村民开始热衷于成为村委会成员。由于村党支部书记主要由镇政府任命，因而村干部中竞争最激烈的便是村主任。西村的村庄竞选有两种模式：一种是联合竞争型竞选，另一种是个体竞争型竞选。这两种竞选模式都是西村改革开放后自然形成的。前者是指村民在村庄竞选中分为几个明显的小团体，各个小团体内部相互联合，维持着团体利益；后者是指村庄竞选的目的不是为了团体利益，而是为了个人利益。在西村下辖的四个村中，南村属于前一种竞选模式，小西村、东村与北村则属于后一种竞选模式。这通过各村历届村主任名单（见表9-4）便可以看出来。

表9-4 西村各行政村历届村主任名单

村庄名	历届村主任
南村	邓 FZ、邓 DS、邓 TF、邓 LM、邓 GW、邓 DJ、邓 GD、沈 DX、邓 RH
小西村	邓 JR、邓 XD、邱 SS、邓 ZD、邓 GX、邓 XG、邓 DS、邓 GZ、邓 MS、邓 JP、王 XM、曾 NL
东村	邓 XQ、邓 DJ、邓 HS、邓 JY、曾 RY、邓 JY、邓 DW、曾 BJ、邓 DX
北村	邓 ZS、邓 DX、邓 CT、邓 F、温 TS、邓 JR、邓 XM、王 TS、邓 JF、邓 DD

注：以上村主任姓名均采用姓加名字的首字母形式进行匿名化处理。

从表9-4中可知，只有南村村主任一直为邓姓人（其中有一人为沈姓，但她是邓姓人的妻子，故也可算作邓姓人），其他各个村的村主任都曾由外姓担任过。事实上，南村也有其他姓氏者定居，如吴姓、沈姓等。在现任的各村支书中，小西村与东村的支书都是外姓人。南村的选举模式已成为镇内较为典型的宗族联合型竞选模式。南村是西村上祠邓姓居住最为集中的行政村，村内长房、中房及尾房各占一定的比例，村委会成员竞选时，村内人默认村主任与村支书必须为邓姓人，而且长房、中房及尾房必须各有一人在村委会任职。否则，各房分的人会以弃权的方式让选举结果无法成立。目前，南村的村委会成员中，确是各房人都有。其中，村支书是长房人，村主任是尾房人，会计是中房人，妇女主任是长房人，文书是长房人。而在上一届的班子中，村支书是长房人的妻子，村主任为中房人，会计为长房人，妇女主任为长房人，会计为尾房人。我问邓达喜这是不是村民制定的规范，他解释说这是自然形成的一种竞选现象。虽然全村人都是邓姓子孙，但是在竞选过程中，村民只对自己小组内的人或者本房人熟悉，对外组人或者外房人（尽管同一祠堂）并不熟悉。这种半熟悉性增加了各小团体间的竞争性。

而小西村及东村、北村的竞选则以竞选人个人的意愿及竞争为主，宗族偏好并不明显。在2015年的村主任选举中，小西村的下祠邓姓宗族理事会会长并没有要求村民选本姓邓大剑，反而还动员村民选异姓曾大来。邓大剑是小西村公路护养队的师傅，平日他都在外面包工修公路；曾大来则是小西村的道士，他不仅与后妻一起开了一个纸扎店，还专门在丧事中给别人做法事。在竞选过程中，小西村内部出现了两派：一派支持邓大剑，支持者以其所在小组富珠的村民为主，这些人多是与邓大剑关系较近的族内孙叔；另一派支持曾大来，支持者不仅有其所在小组上中坑的村民，他还得到了下祠邓姓宗族理事会会长的支持。邓大剑的支持者邓大才是一个小组组长。为了支持邓大剑，他在竞选的过程中还私自为组内的选民填写支持邓大剑的选票。他认为组员并不是非常了解这两个人，所以无法做出明智的选择；更重要的是，很多选民都外出务工，并不在家，无法参加选举，他是代其选举。下祠邓姓宗族理事会会长不仅自己帮助曾大来竞选，还以其理事会会长的身份动员组内成员及好友选曾大来。我初入小西村时，邓大剑就跟我抱怨曾大来在选举前请了许多人吃饭，下祠邓姓宗族理事会会长就是其中一个。他认为，恰恰是因为曾大来擅于搞个人关系，所以他虽然是外姓，却赢得了比他多的票数。虽然曾大来的票数多于邓大剑，但是因为投票率没有达到要求，在竞选结果出来之时并没有直接宣布曾大来为村主任。后来，镇政府为了省去再选的麻烦，并没有重新组织选举，而是暂时让曾大来担任村主任，视其工作表现再来判断是否继续留任。事实上，我在西村调研的一年里，曾大来一直担任着村主任之职。邓大剑对这一结果的解释是曾大来与镇政府关系较好。

在村委会选举的村庄政治层面，西村呈现的是半熟人之间相互竞争的秩序。这种竞争性与以往竞选中的规范性不同。改革开放前，宗族理事会会长是在辈分较高的长者中选出的。竞选本身就有规范性的约束。集体化时期，生产队队长必须在政治上合格，即必须出身贫农、下中农家庭，还要求是共产党员，这些都是正式的规范性要求。改革开放后，村主任的竞选更多是基于竞选者自身的申请，但也需要有共产党员身份。除村支书和村主任，村委会的其他成员一般不需要有党员身份，但有些村会有党员身份的内部要求，以提高竞争的门槛。如东村的村委会成员曾在几年内都没有同意他人的入党申请，其目的在于保留自身的身份优势，使他人没有竞争的机会。

一方面，竞争性使得村内不同组的半熟人之间出现了利益分化，以往差序性的关系已不能解释这种利益分化，而需要用团体格局加以解释。就南村而言，利益分化表现在不同的房派之间，即长房、中房、尾房各自成为一个小团体。而在小西村，利益分化表现在围绕着竞选者划分出了两个派系。各派系内的支持者不仅具有差序性关系，派系的竞争还演变为各小组之间的竞争。邓大剑代表着富珠组，而曾大来则代表着上中坑组。邓大才作为小荷组组长，替部分组员支持邓大剑。邓美长作为红家垅组组长，则动员全组成员支持曾大来。

另一方面，竞争性还表现为个人经济利益的竞争，这种竞争使原本的熟人关系受到影响。邓美长说，邓大剑之所以要竞选村主任，与他的工作有关。邓大剑在外面修公路，特别需要有政府方面的关系资源。竞选村主任可以让他与各村打交道，故能获得更多的潜在客源。邓美长认识邓大剑是在早期邓美长在镇里工作时，邓美长曾介绍过修公路的项目给邓大剑。这次邓美长在竞选中没有选邓大剑，而是选了自己的新邻居曾大来。他的这番举动也使他与邓大剑之间的关系破裂了。不仅邓大剑参与竞选存在利益考量，曾大来也一样。曾大来是小西村纸扎店的老板，也是村里的先生。担任村主任可以为曾大来提升知名度，他会更容易被人请去做先生。下祠邓姓宗族理事会会长邓美长也是村里的先生，与曾大来经常有合作。曾大来被请去念道时，邓美长也会被请去主持丧礼。他之所以支持曾大来，是因为他们是同行，有利益往来。曾大来被请去念经时，可以顺带介绍他前去理事。这些个体或团体格局的竞争局面都是经济利益分化的结果。西村各村支书、村主任的经济水平都处于村中的上层：南村支书是酒店老板；东村支书在外包各种工程，还与他人合伙开推土机；小西村支书从事煤业；北村支书是种烟大户，一年的经济收入可达10万元。经济条件也是他们成为村干部的重要资源。

（二）信仰领域的竞争

西村的竞争性还体现在信仰领域的趋利性与攀比上。民间信仰复兴前，西村的信仰体系是规范性的。各种信仰依托一定的血缘或地缘关系，在各自所属的领域内获得信众。西村的民间信仰主要有两种：一是祖先崇拜，西村有尊崇祖先之俗；二是神灵信仰，西村人相信万物皆有神灵。

祖先信仰以各房为基础，各小房内建有公共的香火堂，供奉近祖牌位。这种小房是以血缘为纽带继承下来的规范性信仰单位。村民死后，家人都要将其灵牌送至小房香火堂内供奉，称为"归宗"。小房香火堂之上有大房，大房建有宗祠，而宗祠之上以族为单位建有祖祠。这种逐级向上的祖先信仰是以血缘关系的亲疏远近为基础的。

神灵信仰多以地域为单位，有被上天或阴间派来保佑一方民众的社公信仰，也有被人们主动请来佑护某一区域的其他神灵信仰。社公信仰也是规范性的，西村邓氏两族各有自己的总社公。各大房为了供养方便，又在自己的地域范围内建有分社公。社公信仰不仅有以族内房分划分的血缘性，也有以地域划分的地域性。在西村的一些多姓聚集区域，有多个姓氏、多个屋场共有的社公，如北村的社公湾、小西村的社公脑等。甚至一些只有几户、十几户人家的小屋场也有小社公。社公所在的社公庙因社公的等级而各有差异。族级别的社公大于小房级别的社公，通常会有一座一公尺高的小庙。小房级别的社公庙则是由简单的几块石头堆砌而成的。族级别的社公还能享受每年一次的游村活动，届时游到何处，即享受所到之地村民的供奉；其余的社公则只能享受小区域内人们的日常供奉。被请来的神灵则有两种：一种是庵堂的斋菩萨，如罗云禅寺的菩萨与观音庙的观音；另一种是庙宇的荤菩萨，如案神华光、江东庙的项羽、舞阳庙的天地水三星、武圣的关平与周仓、张王庙的张巡与许远、水口庙的天地水三星、玉皇坛的玉皇大帝等。斋菩萨的信众通常是不限地域的，庙宇的荤菩萨则以所在区域内的信徒为主。其中，案神信仰与社公信仰类似，也具有血缘性与地缘性。一方面，各族、各房有不同级别的案神。如上祠总祠与下祠总祠均有案神，他与社公同享一年一次的出游活动，其巡游范围主要是各祠人所在区域。在上祠的案神中，还分出尾房的案神，由尾房子孙正月初八各家抬香烛、供品朝拜。另一方面，各地域也有属于自己的案神。如曹溪片有多姓共用的水系案神、北村案神，这两个地域均会有一年一次的案神游村活动，其巡游的范围通常只在该地域内。除案神外的其他荤菩萨，一般不出游，只在日常生活中接受村民供奉。这些信仰与村民的日常生产、生活息息相关。如社公主要保佑一年风调雨顺，农业作物丰产。案神信仰则祈求多子多福，代代绵延。各区域的地方信仰通常都有佑护平安之意。

改革开放后，祖先崇拜及神灵信仰得以复兴。在复兴的过程中，信众市场与面子领域的竞争性增强。

第一，与信仰相关的组织将市场化机制引入信仰领域，许多庙宇不断扩大自己的信众范围，使得地方性神灵渐渐变成一种大众神灵，即任何人均可前来朝拜。信众群体由以往规范性的本祠内扩大到竞争性的全西村范围，即各种神灵信仰都以全西村村民为信众对象。最为典型的是与宗族联合的案神信仰。案神信仰原本分下祠与上祠进行。上祠的案神信仰因各房间的矛盾争端，长房、中房干脆将旧庙送给尾房负责，两房于西村桥头河边另建一案神庙，俗称新庙。改革开放后，由于尾房的庙宇颓废，长房与中房的新庙也渐渐开始面向尾房，接受尾房的信众。其信众不仅扩大到尾房，还扩大到其他非上祠人，即下祠人与外姓人。每年正月十五案神出游时，案神所经过的地方便是其承认的接受朝拜之地。在游神的地理路线范围内，许多外姓成员迁居建房，新庙也同样接受了他们的朝拜。为了使每年收的红丁钱数额增加，新庙以往按房来收红丁钱的规则也变为按巡游路线来收。每条路线无论所住是何姓氏，均接受其捐赠。以往宗族性的神灵演变为大众型神灵。不仅案神信仰，社公信仰也扩大到地域范围内的各家各户。每年接上祠最大的社公往新庙①后，新庙的社公也接受各姓氏的人前来朝拜。不仅宗族性神灵如此，原来只在一个街背小组内受人朝拜的真君庙，2015年重建时也吸纳了西村街上各个小组的成员任理事会成员，实行凡信则收、进庙则供的策略。地方性神灵的大众化，其实是庙宇为了增加收入、扩大相关活动规模的结果。每年正月初八前，新庙与下祠都要让理事会②成员前往各个路线收取红丁钱，所收的红丁钱一部分用于第二年农历正月初八至正月十六、九月初八及十月庙里做戏等一系列活动，另一部分则被庙宇储存。以往红丁钱的收取对象以祠堂内部各房成员为主，大众化后，新庙红丁钱的收取范围涵盖整个西村。新庙重新修建时资金的募集范围还扩大到邻镇。

第二，不仅信众范围存在竞争，宗族之间亦有竞争。宗族之间的竞争体现在不同姓氏间及同一姓氏内部。宗族之间的竞争有两种。一是不同的小姓氏之间联合。目前，邓姓是西村最大的姓氏。小姓氏之间为了能与邓姓抗衡，相互之间采取了联合策略。腊子坑刘家与李家共用一个厅下，祠堂牌位各放一边，平时红白喜事也共用一个厅堂。这种联合其实是弱小的姓氏之间一致对外的表现。这个"外"就是指腊子坑的邓姓（腊子坑也是以邓姓人为主）。二是同姓不同族之间的竞争。主要指西村上祠与下祠之间的竞争，这在西村很普遍。特别是

---

① 新庙又称显应庙，主要供奉案神。但游神时也会让社公进新庙，临时接受众人香火。
② 新庙理事会成员以上祠人为主。

在一些仪式环节上，上祠与下祠之间常有竞争。西村每年正月十六有菩萨出神活动，下祠与上祠各有一个菩萨。下祠菩萨供奉在观音堂旁边的庙里，上祠菩萨则供奉在桥头的显应庙中。菩萨出神的时间自古便有规定，即先迁至西村的下祠先出，上祠后出。但是上祠经常与下祠竞争，有一年上祠比下祠先出神，扛菩萨的人无故掉入水中，村民便将其解释为不尊敬下祠率先出神的结果。这一事情发生后，上祠就谨守下祠先出神的规矩。在祭祖时，上下两祠也常有竞争。在时间的选择上，下祠理事长说："下祠通常是挂春分（春分祭祀），邓达喜（上祠人）提出也要跟我们一样挂春分，但是他们就一定要挂清明。他们挂清明也没什么人回来挂，我们下祠春分就人很多。去年就有50个，一整个车从瑞金瑞林来了。他们都在本所在（本地方），所以没有什么人来挂。他们就统一安排在了清明。挂祠堂的时候，我们写的是'耆英'，他们写的是'伸为'。两个同样的意思，达喜校长提出要跟下祠一样写'耆英'更好听，但是他们仍然写了'伸为'。后来邓宏林也觉得'耆英'好，我看他们也改用了'耆英'。"（20170402-邓景昌-M）在时间选择上，上祠没有如下祠般选择春分祭祖，下祠负责人的解释是：他们选择清明是担心祭祖人数不多，而下祠人即使选择在春分仍然有人前来祭祖。时间选择实际上是两祠祭祖规模的攀比。在挂祠堂的选字上，下祠理事长认为上祠刚开始并不同意下祠的字，后来却跟着使用了同样的字。下祠理事长的言说中，处处体现着与上祠的竞争。

第三，在神灵信仰与祖先崇拜的选择上，信众也有偏好，这种偏好由以往遵从伦理规范演变为以利益为导向。曾任宗族理事的邓达喜说："他们是信菩萨远远超过信祖宗。跟我就不同，我就比较信祖宗。他们认为是菩萨更有灵，会保护他添丁发财，丁财两盛。他们的心胸与眼光跟我不同，他们心胸比较狭窄，眼光比较短浅，自私自利的思想会更严重，哪怕是剥个蜡烛，剥个香烛，都是为了请菩萨要保护他，都是有目的的。他们认为祖宗没有什么灵，不过是他传下来的，所以每年会挂个纸。绝大多数的人重视庙远远超过祠堂，信菩萨远远超过信祖宗。"（20170404-邓达喜-M）新中国成立前，西村是一个以伦理为导向的宗族社会。宗法制度约束着地方社会的长幼、尊卑之序。祖先崇拜亦成为人们主要的信仰。集体化时期，伦理导向的宗族社会转变为分配导向的生产队体制。改革开放后，宗族虽然在一定程度上得到了复兴，但是相比于神灵信仰，祖先崇拜并不普遍。以往"祖宗重于菩萨"的信仰也演变为"信菩萨，不信祖宗"。

第四，信仰领域还存在"虚高"的面子攀比。人们会对信仰捐赠中的小额捐赠者进行评价，将捐赠少的人视为小气。一次，我在下祠祠堂调研时，下祠理事会成员正在讨论花丁钱。他们一直在找只捐了10元钱的人名，觉得包10元钱的人很是小气，而这些小气的人多是不太愿意给钱但又不得不给，所以才象征性地给了10元。而对于捐赠较多的人，理事会还会将捐赠数额往高写。村中流行理事组织把村民所捐赠的金额写高，就是一种"戴高帽"行为。戴了高帽不仅给捐资者增了面子，而且对下一届二花丁活动也有帮助，可以让捐资者后续捐得更多。上祠的二花丁公榜也存在这种虚高的现象。

（三）日常生活中的面子竞争

西村的竞争性还体现在日常生活中。外出务工之前，各家之间非常熟悉。村民对别人家的财产数量、物资情况了解甚深。谁家有钱，谁家没钱，甚至谁家有几只鸡，村民相互之间都如数家珍。家庭之间通过日常的相处即能判断他人家的经济情况。随着人口流动的增加，日常相处的机会减少，村民相互之间很难判断对方的经济情况。当我问及判断他人经济能力的方式时，邓大红说："看产业啊。一般是看产业。"而邓大才则认为应看固定资产。邓大红想了想，又说："固定资产也不能看，邓××，他说他有钱，后来都跑路了。资不抵债，借了好多钱。他开着雷克萨斯回去，还有几个宝马，还在东莞有别墅，他没跑路的时候就请着保姆，他会把固定资产扩大，你不了解的人看他的固定资产，听说他在东莞有别墅，他回家又经常安排这人玩那人玩，玩着玩着问别人借10万元，借的人看他实力又有，资产又有，又有利息，那就借了。××就被骗了300万元，××也被骗了五六十万元。"（20150617-邓大红-M）

随着人口流动的增加，村民们对他人经济能力的判断变得如邓大红所述的更加不确定。然而，恰恰是这种不确定，使得回乡者特别注重在短暂的回家期间展示个人外在的经济水平。尽管在村的人不能完全了解短暂回乡者的经济水平，但是这种短暂的符号性展示在某种程度上也能获得当地人的认可。短暂回家的人们为了证明自己在外工作并未虚度年华，而是有所成就，就需要借助物资展示。高档的穿着打扮、携带高档消费品、驾车回乡、捐赠等回乡消费便成为展示各家财富能力的重要方式。

30多岁的邓大彬跟我分享过他第一次与第二次回乡时的变化。他是因为当兵才外出的。他从部队第一次回家的时候，村里各处都在建新房子，他觉得村里发展很快。他从部队带着15元的红塔山回乡，给大家表烟。结果发现家里人各个都抽着20多元的灰狼。甚至老人家都抽着5元的烟或者7元的烟。第一次回乡的经验让他感觉到，他下次回乡时，自己的经济能力及消费水平都必须要有一个质的飞跃。第二次回家的时候，为了展示自己有钱，他专门带了烟酒回家。"我用这些烟酒就表示我混得好了。因为只要会抽烟会喝酒的都知道这些是什么烟什么酒嘛，是吧？"第二次回家，他带了一箱"茅台"，"冬虫夏草"、"黄山"、"玉溪"、"中华"及"中南海"等烟。他说："（这些烟）都比较贵，200多元，最便宜的是'玉溪'、'中南海'，再是'中华'，再是'黄山'，再是'冬虫夏草'。"

对邓大彬而言，第二次回乡携带高档消费品，意味着他经济能力的变化。他认为自己上升了一个层次。"第一次我是感觉到家里好，第二次我是感觉到家里落后了。因为我见过世面，见过大城市了，见过大世界。"他所说的见过大世界，就是在他提高嗓音时所说的："我在部队里到处也去过啊。哪个省没去过啊？就只有那里，嗯，海南三亚那边没去过。"他第二次带回家的，都是在西村社区内少见少吃的高档消费品。虽然邓大彬通过高档消费品来展示其经济能力的提高，但他实际的工资水平并不能匹配他所携带的消费品。

回乡者不仅通过携带高档消费品来展示其经济能力，还通过驾车回乡来展示其外出后的经济能力。我在广州与西村的年青群体聊天时，他们就讨论过西村哪些人曾开豪车回乡。邓大彬说西村什么车都有，就是没有沃尔沃。接着，他指出村里某人开着路虎，并道出车的价格只有60多万元。他说西县有100万~200万元的马莎拉蒂，但是西村没有。他甚至讲出了这些车的车牌归属地，他说他家对面有一辆闽D牌子的宝马车。恰是因为车已成为地位的象征，即使邓大彬的弟弟自己在城里没有车，但是每次回家，他都会租车。事实上，一次来回的租车费、高速路过路费及油费要花上千元，而乘班车来回只需不到500元。

为何回乡者热衷于上述符号性消费？邓大彬道出了符号性消费背后的原因：外在展示出的经济能力可以赢得一定的话语权。为了论证他的观点，他谈到了他在村时看到的一个调解纠纷的例子。邓美长是长房銮公祠人，邓小短是长房良公祠人，两人的父亲在同一天办70岁寿宴。原本他们都在各自的祠堂办酒，但因当时长房良公祠在做丧事，不便办喜事，承办宴席的酒店老板便商量让两家同在銮公祠办酒。因酒店老板本身是銮公祠人，他便出面帮忙协调，得到了銮公祠理事会的同意。于是，銮公祠便有两家人同时举办生日宴，祠堂门口摆着两个迎宾牌匾。但在宴席开始前，两家人却发生了争执。原来，因为祠堂的厅堂按传统只有一个主桌，而两家人都争着要占厅堂的主桌。邓美长认为自己是本祠人，应该使用主桌；而邓小短则认为自己做酒，也需要有一个主桌。在双方都争得不可开交，谁也不让谁之时，突然来了一个开雷克萨斯车的人，他让两祠人各自让步，在厅堂摆上两个主桌。邓大彬认为，在这次纠纷中，在一时无法弄清解决争端者的其他背景时，"开着雷克萨斯"就成为协调者话语权的合法性来源之一。

话语权其实是西村人以获得面子的方式赢得的一种地方性社会地位。而回乡消费能使消费者获得面子，这种面子在一定场合中可以使消费者获得地方认可的社会地位。回乡捐赠及投身公益事业最为西村人所津津乐道。在南村虎尾坑小组的公路上，一路都装着太阳能路灯。我很好奇太阳能路灯的建造者是谁，邓大红便回应道，这些太阳能路灯是一个二十几岁的年轻人捐资所建。邓大红对于捐赠者的评价是："做公益事业都可以当村主任了。"（20150620-邓大红-M）

赢得在村人的认可，获得面子是非常重要的，它能使人们在村内立足。邓国中与邓建是同一小组的成员。2015年3月8

日，两人因邓建把猪栏建在邓国中门庭前发生了争执，双方在争执中均负伤。其后，村委会为了平息争执，让邓建的嫂子（村妇女主任）拿钱给邓国中作为工伤补偿，并同意其猪栏继续建在邓国中的门庭前。邓国中与弟弟邓大华向我诉说此事，认为是自己家中无人在村或镇政府任职，所以在村中的社会地位与声望不高，进而才无法阻拦邓建。同年7月，邓国中的父亲去世，邓大华便与兄弟几人商量要给父亲办好丧礼，以提升兄弟们在村中的社会地位。邓国中的兄弟数量多，资金雄厚，足够支撑一场大规模的丧礼。丧礼的规模本是由死者及其家属的人缘关系决定的，他们却试图通过"花钱"的方式，将丧礼搞大，以获得面子与社会声望。

在日常性的仪式生活中，各种消费类目均被用于为主人获取面子。在红白喜事时，亲戚需要自行买烟来表烟。烟的品牌成为村民竞相攀比的对象。邓大红说："西村表烟，大家都表'中华'，父亲表了'中华'，儿子也得表'中华'，我买烟就买了1000多元的烟。西村表烟是男丁表，所以凡是去表烟，就得表三根。家里有多少男丁，去表烟就得表多少根。一根表示一个人，两根表示两个人。我家儿子刚出世，我家的满叔做大生日酒，还有亲戚的儿子高中毕业酒，还有儿子自己满月，一下子儿子出生，就有三个人，三场酒。西村的'中华'烟很难买。特别是过年的时候，更难买。因为大家都买。表烟是一直都会，但是以前不会表那么好的烟，主要是看个人的能力。一般是亲戚去表烟，门上亲不用表，就像舅舅不用表烟，但是姑姑，外家亲就要表。门上亲与外家亲是有区别的。女的出嫁的，就算外家亲。男的算门上，女的算外家。"（20150620-邓大红-M）以往表烟只用寻常的烟。近年来，西村仪式上的表烟越来越以表"中华"烟为有面子，亲戚也以被表"中华"

烟为有面子。由于"中华"烟很难买到，所以能买到"中华"烟本身就代表着一种身份与地位。不仅在表烟环节，西村的烟花及西洋乐队也成为仪式上打造声势的重要工具。以往的红白喜事只需要传统的唢呐吹打手。自邓有宝家丧礼请了隔壁县的西洋乐队后，达喜的儿子及其姐夫认为西洋乐队声音大、易造声势，能为红白喜事主办家庭制造氛围、提升面子，便自发成立了西县第一个西洋乐队。自这个西洋乐队成立后，各家办红白喜事时，若想大办，都会请乐队奏乐。届时锣鼓喧天，好不热闹。以往西村红白喜事时并不放烟花，改革开放后，红白喜事时放烟花成为一种普遍的规矩。邓大红说："听说他家放烟花，就装了一大车，一个农用车……放烟花是他们有钱，放烟花是一个面子，意思是他们发财发得厉害，也是事业有成的表现。"（20150620－邓大红－M）

　　改革开放后，市场不断制造出迎合消费者"面子"需求的消费方式。这些消费方式也被西村人纳入获得面子及地方社会地位的价值系统中。对于在村但经济条件一般的家庭，其获得面子的方式之一是"修小祠堂"。邓大才是西村下祠理事会成员，也是西村有名的丧礼先生。我刚进入西村调研时，他家正在修一个私人厅下①。他还专门查了各种书，为自己的私人厅下取了个名字——永修堂。我问他为何要建私人厅下，他解释道：觉得自己什么都没有，自己因为社会关系不好没读成书，所以给自己设了目标。他觉得种田人的目标在乡村，他在祠堂理过事，了解过建祠堂的事，所以他给自己的目标就是建

---

① 私人厅下指小香火堂。村内的祠堂有三种：一是总祠堂，是最大的祠堂；二是香火堂，即大祠堂的分支祠堂；三是私人厅下，即香火堂之下更小的厅堂。私人厅下虽然规模不大，但若后代繁衍且有名号，则可以发展为香火堂。

立一个自己的厅下。现在他欠了很多钱,房子只做了土墙付的工钱已经30万元了,虽然借了10多万元,但他还是要做。这是他的目标。他从爸爸手里什么都没有得到,就要靠自力更生做好了。他现在做的私人厅下是西村规模最大的私人厅下。(20150308-邓大才-田野笔记)

改革开放后,西村还没有私人修建的香火堂。邓大才因此成为西村修建私人厅下的第一人。他希望自己能修建一个香火堂,并以此作为人生的目标,赢得在村人及后人的称颂。

在西村的日常生活领域,面子上的竞争性逐渐提高。回乡消费亦成为人们获取竞争优势的一种可行办法。获取面子不只是村民的个人取向,而是村民获得在村社会地位以及各种话语权的重要方式。市场不断为人们获得面子制造新的途径,无论是诸如"建私人厅下"等传统消费方式的再生,还是诸如"西洋乐队""追悼大会"等新型消费方式的出现,都呈现着西村社区整体的竞争性转变。这种竞争性与村庄层面的半熟悉性是相互渗透的。

改革开放后,西村社会的空间流动性增强,人与人之间的陌生性增强,许多自然村小组开始凋零,村庄社会的性质发生了半熟悉化的转变。此外,西村人与人之间的竞争性增强。村庄中的政治、宗族、信仰及生活领域均出现了以利益为导向的竞争,财富则成为其中的关键要素。恰恰是半熟悉化与竞争化的程度增强,使得村庄层面原本具有资助道义性的礼物关系圈逐渐缩小。

第十章 结论与余论

至此，西村双重互惠的变迁过程已然呈现。一方面，在微观的礼物交换中，仪式性礼物经历了民间"不收礼"、官方确认"请客不收礼"及筛选"部分收礼"三个过程；另一方面，互惠制度经历了民间去资助型互惠、官方确认去资助型互惠及双重互惠有限化三个过程。

第一节 互惠变迁的多重过程

在本书的研究中，我们首先要探讨互惠变迁的过程，即西村的互惠变迁与以往的研究到底有何不同的问题。互惠是社会学研究的经典话题，它既指一种互惠状态或关系，也指具体的互惠交换（mutual exchange）。社会学家既把互惠当作一种行为，也把互惠当作一种规则或制度。礼物交换中的互惠是一种制度原则，礼物交换规则的变化呈现着互惠制度的变化。以往对于互惠变迁过程的讨论，主要有互惠危机论与互惠持续论两种观点。前者认为礼物发生了异化，邻里关系淡化，在个体化、市场化、去传统化的背景中人们可以寻找替代的市场，人们不再"对他人负有义务与力量"；后者认为互惠延续于礼物与市场共存的经济中，延续于城市的关系策略中，延续在邻里互惠及持续的社区性中，延续在求-助文化中。然而，这些研究侧重于分析互惠制度是否变迁，得出的结论更多的是单线进化式的判断。

本书研究的互惠变迁经历了多重过程。首先，西村的互惠变迁经历了多重制度过程：其一是制度化过程，强调制度的延续与发展；其二是去制度化（Oliver，1992）过程，强调制度的不持续与消退；其三是制度确认过程，强调对新制度的确认；其四是制度遗留过程，强调制度筛选者的筛选。去制度化、制度确认及制度遗留三个过程的总和是再制度化（Delbridge and Edwards，2002）过程，强调新制度的合法化。西村互惠制度的变化经历了制度化与再制度化的过程（见图10-1）。

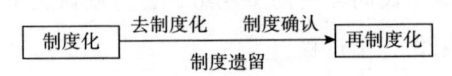

图10-1 互惠变迁的多重制度过程

一方面，从20世纪50年代到20世纪末，双重互惠经历了持续并扩张的制度化过程，具体表现为从隐性到显性，且显性扩张的变化。集体化时期，尽管国家开展"粮食节约"与"破四旧"的社会运动，禁止村民举办仪式性宴请，但人们仍需要借助关系网抵御在粮食紧缺中的生存风险，获得资源分配信息与指标性的生存机遇，而仪式性宴请就是维持关系网的重要途径。因此，集体化时期，仪式性宴请中的双重互惠制度是隐性制度，隐藏于禁止办酒的政策规定之下，禁止办酒的规定成为一种软约束。

改革开放至20世纪末，不仅国家退出了对仪式性宴请的干预，较少提出禁止仪式性宴请的强约束，而且村民自身也提高着仪式性宴请与礼物交换的频率与标准。在新的生产体制中，单个家庭无法完成并未高度机械化的农业生产，村民们便在生产中产生了互惠的需求。村庄的生产领域衍生出许多非正式的互惠规则，如生产上相互帮忙的"打伴"制度。生产上的互惠功能得以扩张。由于生产上存在相互依赖关系，因而从情感上维系这种关系就显得更为重要。礼物交换可以维系这种关系。当时，人们更为看重关系网的维系，仪式性宴请的人数增加了，礼物交换亦在此过程中得到扩张，互惠的关系延续功能增强了。邻里、朋友及同事是扩张的主要关系对象。在礼物货币化的过程中，礼金标准提高，资助型互惠的资助程度也在增加。这一阶段，仪式性宴请及礼物交换成为显性制度，甚至不断扩张。

另一方面，21世纪以来，西村的双重互惠经历了再制度化过程，具体表现为去制度化、制度确认及制度遗留三个过程。西村经历的"不收礼"是去资助型互惠的过程，也是去制度化过程。而地方政府肯定与推广"请客不收礼"是官方确认去资助型互惠的过程，也是制度确认过程。筛选者保留"部分收礼"是双重互惠有限化的过程，也是制度遗留过程。这三重制度变迁过程共同促进了双重互惠的再制度化过程。

再制度化的关键在于去制度化，即"不收礼"与互惠去资助化的发生与扩散过程。在发生变迁之前，双重互惠是已然制度化的实践，是一种共享规则。共享规则意味着，个体违背了它，会受到制裁。那么，在什么情况下，个体违背了它，不会受到村民的制裁呢？这需要契机。这个契机来源于村落中的第一类社会流动者——恢复身份且成为新型精英的人。他们率先通过"不收礼"的宴请方式来补偿声望。他们这种违背以往的互惠制度（不收礼）的行为不会受到村民的制裁，因为村民出于对他们过去遭遇的同情进而接受了他们的道义炫耀。于是，"不收礼"就在"收礼"制度上打开了一个缺口。缺口一旦打开，原来共享的收礼制度，就具有了转变为共享的"不收礼"制度的可能性。而其他契机的出现，加剧了这种可能性向现实性的转变。

宗族复兴及宗族精英的较高社会声望，便成为"不收礼"制度化的一个契机。宗族精英通过"不收礼"的宴请方式来确认声望，由此引发了第一个连锁反应。宗族精英在村庄中具有话语权，是"有说服力"的变革者，他们的引领行为能得到更大范围的推广。教育流动与升学宴是"不收礼"推广的第二个契机与第二个连锁反应。有升学精英的家庭通过"不收礼"的宴请方式来获得声望，推广了新的"不收礼"规则。无论是恢复身份后成长为精英的新型精英，还是在宗族复兴后延续精英身份的宗族精英，抑或是获得优质升学机会的升学精英，他们都通过"不收礼"来彰显对社会地位的恢复、延续与获得。社会流动引发了人们补偿、延续与获得声望的需要。此外，人口流动是推进不收礼普遍化的第三个契机。而外出者回乡宴请所实践的"不收礼"是第三个连锁反应。外出人口对本村关系网络的功能依赖减少，他们更注重通过仪式性宴请来进行情感表达与声望获得。而不收礼在打开缺口以后，被他们成功地借用过来，以建构自己的外出流动价值。可见，在"不收礼"缺口打开并发生了三个连锁反应后，村民"不收礼"的主体意识已然发生了变化，互惠去制度化过程得以完成。

其次，互惠内部功能发生了多线差异式变化。在本书的分析中，西村仪式性礼物交换中的互惠变迁不是简单的互惠持续或者互惠发生危机，而是资助型互惠与关系延续型互惠两部分分别变化。互惠本身是有功能差异的，可区分为资助型互惠与关系延续型互惠，这两重功能在请客收礼时是重合在一起的，而向部分收礼、不收礼变化时，它发生了单重化与有限化的变化。单重化表现在资助型互惠在声望建构的过程中渐渐消退了，即人们在仪式性宴请中不再收取礼金。仪式性礼物交换中送礼-回礼的资助型互惠被淘汰了。有限化表现在仍然有一部分人保留着资助型互惠（见图10-2中的圆圈），但是，这部分的互惠只保留在了有限的核心关系圈范围内。在双重互惠发生单重化与有限化的同时，关系延续型互惠亦在扩张。在"不收礼"成为新规矩后，不少人不断扩大宴请的规模，以建立新的社会关系。以往扩大宴请规模会受到送礼者的诟病，因为请客会给客人带来礼金负担。然而，"不收礼"后，宴请者不需要考虑客人的负担，只需要考量自己是否想建立关系。不少西村人，为了自己生意上的方便，扩大宴请规模，希望宴请对象"欠"自己，进而愿意与自己建立市场关系。村内主持丧礼的仪式先生就是典型。由于主持丧礼的先生希望自己在各个自然村中都有知名度，希望别人家有丧事时请自己前去主持，他们会在自己的寿宴中宴请各个自然村小组中具有社会声望的宗族精英。宗族精英通常在各个小组中具有发言权，因而可以间接为仪式先生推荐"业务"。由此可以看到，仪式性礼物交换变迁呈现的是一种互惠消退，另一种互惠持续：资助型互惠消退，关系延续型互惠持续。

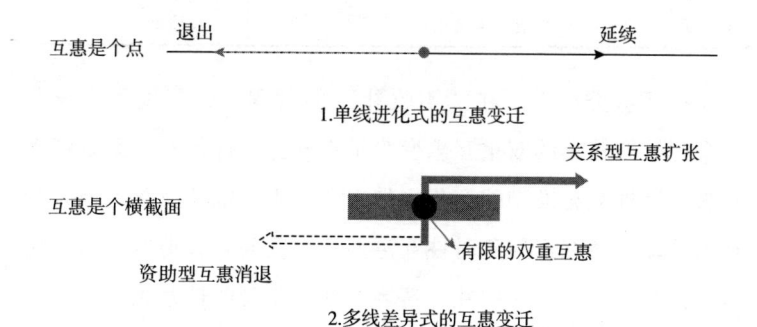

图10-2 单线进化式互惠变迁与多线差异式互惠变迁

此外，在双重互惠单重化的过程中，互惠的内部结构也发生了变化。第一章文献回顾呈现了互惠的差异化结构。在互惠的内部结构中,存在时间维度上的即时性互惠与延时性互惠,互惠程度上的一般性互惠、均衡性互惠与否定性互惠,互惠目的上的表达性互惠、工具性互惠与嵌入性互惠,互惠价值上的工具性互惠与象征性互惠,以及互惠竞争性上的一般性竞争与消耗性竞争。然而,这些内部结构呈现的是类型差异,而本书呈现的是时间上的差异。在仪式性宴请由"收礼"向"不收礼"变化的过程中,这些内部结构也发生了转化(见表10－1)。

表10－1 双重互惠与单重互惠的结构性差异

维度	双重互惠	单重互惠
互惠类型	资助型互惠+关系延续型互惠	关系延续型互惠
时间	即时性互惠+延时性互惠	延时性互惠
均衡性	多重非均衡	单重相对均衡
竞争性	一般性竞争	消耗性竞争
道德制高点	送礼者	宴请者
主人人情债	欠	不欠
宴请参与性	高参与动机	低参与动机
对宴席的态度	期待	不期待
经济负担	宴请者+送礼者	宴请者

在互惠类型上,在"不收礼"的过程中,资助型互惠与关系延续型互惠的双重互惠变为单重互惠,即仅有关系延续型互惠。这种互惠类型的变化也带来了互惠间隔的变化。原来的互惠是即时性互惠与延时性互惠两重时间间隔,请客－送礼是即时性互惠,送礼－回礼、请客－回请是延时性互惠,不收礼后,只存在请客－回请的延时性互惠。在均衡性上,双重互惠中有多重非均衡。送礼者的礼金并不一定与请客的人均花费完全一致,这其中存在非均衡。送礼者回礼通常需要在原来所收

礼的基础上"加重一点"回过去,这其实是一种非均衡性互惠。请客-回请上也可能存在有些人请的宴席好些,有些人请的宴席差些。因此,双重互惠中有三种类型的非均衡。而单重互惠中只有请客-回请之间的非均衡。通常而言,这种均衡是具有相对性的。人们不会在请客中计较"谁家请得大",只会计较"我请了谁,谁没请我"。事实上,通常被请的人都会回请。可见,单重互惠里的均衡性是单重相对均衡。在竞争性上,双重互惠更多是送礼者之间的竞争,竞争谁送的多,但是这种竞争不是消耗性的。送出去的礼总能得到回报。无论宴请者宴请多大规模,收礼者总能得到礼金。此时,礼金对宴请者而言是一种回报。然而,单重互惠里的竞争却是消耗性的,宴请者宴请,不仅不能得到经济上的回报,而且需要消耗自己大量的财富。仿佛财富消耗得越多,越能得到声誉。

在单重互惠的义务承担与责任安排上,"不收礼"也带来了角色上的转换。在双重互惠中,客人因送了礼金给宴请者而处于道德制高点。在单重互惠中,客人因吃了宴请者的宴请反而处在道德低点。客人总觉得"吃了他人的宴请是要还的"。与此对应,宴请者在双重互惠中处于道德低点,因为收了礼金总想着要有个场合还回去。但是在单重互惠中,宴请者处于道德制高点,无须再想着回报客人什么,宴请者在这个过程中有了主动权,不再欠他人。在人情债上,单重互惠的仪式性宴请使得宴请者成为债权人,宴请者总以请过他人吃饭为名,显示自己的慷慨。相反,客人则成为债务人,客人总觉得吃过他人的宴请,仿佛欠了宴请者什么似的。在宴请参与性上,客人对宴请的参与动机减少了。这与人们生活水平提高、空闲时间减少、流动性增强息息相关。"收礼"的时候,即使再远,即使需要步行,人们都愿意前去赴宴。"不收礼"后,远在外地的人们则是"能不回去参加宴请则不回去"。"收礼"时期，赴宴者对宴席的菜品是有期待的，赴宴者会想着尽量将送出去的礼金"吃回来"，甚至会争着打包菜品回家，或者让小孩一起前去吃宴席。"不收礼"时期，邻里朋友对宴席的期待降低，人们宁愿自己在家里做饭吃，也不愿意跑去外面吃宴席，更不会想着将菜品打包回去。对于仪式性宴请给谁造成了负担这个问题，双重互惠显然给宴请者与送礼者均带来了负担。尽管宴请者可以用送礼者的礼金来抵消成本，但是宴请者仍然要付出成本。更何况，所收的礼金是要送还的。在单重互惠中，宴请的经济负担完全转移至宴请者身上。由此可见，单重互惠总体上让宴请者更有主动性，也让宴请者更主动地承担经济责任，因而他会更慎重地选择是否宴请。

总体而言，西村的互惠变迁经历了制度化与再制度化的多重变迁历程。制度化包括从隐性制度演变为显性制度且扩张的过程。再制度化包括去制度化、制度确认及制度遗留三个过程。双重互惠单重化与有限化是西村仪式性礼物交换中互惠变迁的结果。在变迁态势上，双重互惠呈现多线差异式变化，表现为资助型互惠消退，关系延续型互惠持续。互惠交换的道义性减弱，竞争性增强；宴请者的主动性增强，客人的被动性减弱。

第二节 互惠变迁的多重机制与多重行动力量

本书的研究，要回答的第二个问题是为什么会发生互惠变迁，即互惠变迁的机制是什么。以往的互惠变迁机制研究只关注市场变化这一外部因素的影响，没有看到互惠变迁的多重机制与多重行动力量。就制度变迁的机制而言，互惠制度化与再制度化是宏观环境与微观行动的互动结果。

在宏观环境层面，互惠变迁受到来自政府、市场及村落社会三重环境的影响，政府与市场是外在环境，村落社会是内在环境。去制度化是从外部压力开始的，而后涉及主体意识的变化，并逐步扩散为一种普遍化实践，然后成为新的制度。外部压力在互惠制度的变迁过程中表现为市场环境的变化。改革开放后，西村人的收入水平不断提高，购买力不断提升，村内的市场化程度不断加深。市场可以提供关系网的替代功能，社会关系网的资助功能减弱。市场变化是外在影响因素。然而，去制度化的真正变化源于主体意识的变化，这个变化源于村落社会结构的变化，表现为村落的社会流动与人口流动。恢复身份且成为新型精英的人、退休后将精英身份延续至宗族领域的人、获得优质教育资源的升学精英及发生地理流动的人通过"不收礼"来建构声望与表达情感。可见，社会流动与人口流动为村民表达流动价值与流动情感提供了动力。在制度确认过程中，"不收礼"与"八项规定"、党风建设等公共目标具有高度的一致性。制度遗留也受到村落社会的内在环境影响。村落仍然维持着对弱者资助的道义性，部分村民保留了核心化的礼金关系圈。尽管村落的竞争性在增强，但是村落不会对给予弱者资助进行声誉惩罚，也不会反对在核心关系圈内收取部分礼金。可见，市场变化、社会流动、人口流动、国家的公共目标、社区性的维持（道义维系）是影响再制度化的宏观环境。

在微观行动层面，行动者在环境因素的影响下做出了选择市场、建构声望、表达情感、报道宣传及选择关系的具体行动。市场化程度加深后，宴请中村民帮忙出力的功能渐渐被市场替代。宴请者选择了以向市场购买服务的方式举办仪式性宴请。在社会流动与人口流动的过程中，村民选择了以消退资助型互惠的方式来建构社会声望。去资助化的宴请直接诱发了去制度化的变化。在社会流动过程中，宴请者的地位结构发生了变化，恢复身份的人率先通过"不收礼"的宴请方式来补偿声望，由此打开了互惠制度变迁的缺口。在缺口打开以后，不收礼的符号功能渐显，逐渐成为建构声望的手段。在宗族中延续权力的精英利用这种"不收礼"的宴请来确认声望。宗族精英的行为是缺口打开以后的第一个连锁反应，其行为具有引领作用。第二个连锁反应源于获得教育流动资源的人们，他们通过"不收礼"的宴请来表达对流动资源的获得，获得新的声望。第三个连锁反应源于频繁流入或流出村庄的人们，他们亦通过"不收礼"的宴请来表达对村庄爱恨交织的情感，同时获得一定的声望。地方政府看重新出现的"不收礼"习俗吻合国家的公共目标，在肯定自身治理绩效的过程中大力推广这一新规则，为"不收礼"建立了官方合法性。可见，市场购买、声望建构、情感表达、关系选择及绩效获得成为再制度化的行动逻辑。

在上述宏观环境与微观行动的互动过程中，再制度化过程印证了影响去制度化、制度遗留、制度确认的四类行动主体。在双重互惠单重化与有限化的变化过程中，有机会创造者、制度变革者、变革成果的消费者与制度筛选者。市场是机会创造者，村民购买能力的提高，村庄市场化程度的加深，为宴请者选择以市场承包的方式举办仪式性宴请提供了条件，为宴请不需要村民资助创造了机会。村庄是制度变革者，也是制度筛选者。村庄中制度变革者的影响力大于制度反对者，地位提升的身份群体、宗族精英、升学者及地理流动者是村庄中的制度变革者，他们先后成为打开"不收礼"的符号功能缺口、引领"不收礼"的声望建构方式、扩散"不收礼"的宴请方式的实践者。在变迁过程中，宗族精英、升学者与地理流动者推动"不收礼"发生了三次连锁反应。政府则是变革成果的消费者，他们通过肯定和推广"不收礼"确认新规则。经济能力较弱的人及希望通过收部分礼金来维持部分关系的人则是制度筛选者。他们保留着部分资助型互惠，使得部分旧规则仍然遗留在村庄中。通过上述四类行动力量的行动实践，互惠再制度化了。

第三节 声望建构何以可能？

本书的研究要讨论的第三个问题，是更微观的声望建构何以可能的问题。声望建构是引发"不收礼"的关键机制，因而需要讨论声望建构的可能性问题。通过对"不收礼"者与"部分收礼"者进行区分，我发现并不是所有的村民都热衷于办"不收礼"的仪式性宴请。单重互惠实践受到声望建构机制的影响。西村的声望建构是以家庭为单位的。以往的研究较少分析声望单位的问题。社会声望是有单位载体的：在陌生人社会，声望单位可以是个体，也可以是家庭；然而，在熟人社会，声望单位更多是家庭。在西村，家中有某种精英不仅能为个人带来声望，更能为整个家庭带来声望。故整个家庭都参与到声望建构的仪式性宴请中。声望建构的需求并不是与生俱来的，声望建构受到个体、村庄、流入地三个层面的影响。个体在村庄中的社会遭遇、个体对于流动与人生价值的追求、村庄对于村民流动的社会期待、流出地与流入地间的"推－拉效应"等都影响着村民回乡建构声望的行为。

首先，声望建构行为受到个体遭遇的影响。个体的遭遇有两种：一种是个体遭遇的创伤，另一种是父辈传递的创伤。对流动的人群而言，创伤可大可小。个体遭遇的创伤，会以个体的方式表达出来。邓古天回乡办寿宴的目的在于证明"女儿不会比男儿差"。为什么要证明？因为村庄对于他没有生儿子给予的负面评论已经成为他的创伤。所以当女儿出钱宴请乡邻，而且"一分钱也不收"的时候，他试图以女儿有本事来建构新的声望。父辈传递的创伤，会从个体为父辈做的事情中显现出来。邓有宝、邓景升、邓火都为受过打压的父亲办了隆重的丧礼。他们希望以丧礼的形式弥补父亲所受过的创伤。邓有宝因为父辈受过打压而只是小学文化水平，这种连带影响甚至使他对村庄的捐赠活动也带有"责怪"的意味。所以，他捐建的每个建筑都要打上父亲的名号。当个体遭遇由个人记忆提升为整个村庄的社会记忆时，个体声望建构的需求会更强。曼海姆认为一代人共同经历的事件会使这代人共同进入一个代内单元，经历过的那些事件会积淀在意识的底层，进而形成最坚固的观点（Mannheim，1975）。当村民已经对于个体的遭遇形成了一种社会记忆，个体就会做出改变这种旧的社会记忆的努力。重新建构声望就是改变旧的社会记忆最好的方式。因此，在具有公众效应的仪式性宴请场合中制造"不收礼""规模最大""送菜"的新仪式要素，成为崛起者重建社会记忆最好的方式。

其次，声望建构行为受到个体人生价值观的影响。在西村人的价值观念中，人活一世就是为了获得名声。获得名声的方式有很多种。对退休的老人而言，他们仍然希望在村庄中受人尊重，因此投身宗族事业成为他们完成后半生，实现后半生受人尊重的愿望的途径。所以，宗族精英才会以"不收礼"的方式来确认他投身宗族事业后获得的声誉。对于父母而言，儿女有出息、儿女孝顺、儿子多就是他们获得好名声的方式。因此，当儿女为父母办寿宴时，父母能实现为人父母的成就，子女则能证明自己的孝顺，证明自己有一定的经济能力。当子女考上大学时，升学宴可以使父母获得会教育子女的夸赞。不仅如此，升学还是青壮年实现"考出去""走出去""进入体制内"的重要途径。对于青壮年而言，"走出去"或者"考出去"，实现社会流动，"证明自己有本事"，是他们的人生价值。因此，以升学的方式获得教育流动资源，意味着具备了进入"仕途"的基本条件，也意味着能"走出去"，摆脱村民原来"面朝黄土背朝天"的务农命运。教育流动是社会流动的隐喻，以教育流动获得的个人声望能让整个家庭获得村民们的尊重。对于没有实现教育流动的人们来说，他们期待能借助地理流动实现"走出去"的愿意。因此，当他们真的实现了"走出去"时，就会有表达流动价值的需求。即使没有真正实现"走出去"，人们还是要证明自己的地理流动是有成就的，如此，才能不被乡民质疑流动的意义。仪式性宴请就是回馈乡邻、获得尊重的最好方式。而"不收礼"更能助力这种人生价值的实现。

再次，村庄对于村民流动的社会期待也影响着声望建构。村庄的社会期待主要有两种：一种是来自宗族的期待，另一种是来自村民日常评论的期待。对宗族而言，人才兴旺所带来的声望本身便是宗族繁盛的价值所在。在族谱中，宗族将升学而未工作者视为宗族的后备人才。宗族对子女入仕大为提倡，对家有为官者亦较为肯定。尽管西村为宗族事业捐资最多者并非军政界人物，但是在族谱的记载中，军政界的人才排在学术界及工商界之前，最受宗族尊敬。宗族对人才的期待在于这些人才将来能为宗族带来更多的资源。有些宗族中若有为官者，则能为村庄引入新农村建设项目，修建文化广场、宗族池塘等公共设施。这些资源都是人才带来的价值，都是使宗族繁衍昌盛的价值所在。因此，宗族才非常重视对升学者进行奖励，重视村庄中的教育事业。在日常交际中，村民也会表现出对他人有本事的肯定与尊重。村民经常评论各家拥有的资源。在赴宴时，村民也会将宴请与主人家拥有的资源联系起来。谁家有大学生、谁家在外发了财、谁家在外买了房、谁家有人当了官等都是村民相互品评的重要标准。恰恰是宗族期待与村民品评的存在，使得人们在乎名声的获得。声望建构的动机亦由此产生。

最后，流出地与流入地间形成的"推－拉效应"使得西村成为村民终要回去的家乡。因为要回家乡，所以要循环往复地建构在乡的社会声望。在西村人流入的大城市中，真正能留下来的人依然很少。特别是在户口政策的影响下，许多在外经商挣了钱的人，依然难以获得在城市定居的资格。在上海、北京发展的西村人就是典型。因为没有学历上的支撑，缺乏流入大城市的制度条件，许多在外的西村人会选择回乡发展。即使能在外定居，祖先崇拜的信仰联结着在外的村民，使他们对宗族事业十分支持，在外的村民也很重视回乡祭祖、回乡扫墓与回乡迁葬。他们认为，对祖先事业的尊重与支持会为自己与家庭带来福音。这种内化于心的信仰将外出者与家乡联系起来。因为西村早期的外出者多有生活在西村的经历，所以客居他乡的他们对家乡存在一种乡情。乡情的存在是人们回乡的情感动力。对他们而言，乡邻是父母日常生活中的重要支持网络，举办"不收礼"的仪式性宴请，更能体现出对乡邻的"回馈"与"感谢"。更重要的是，若父母还在家，父母百年之后，通常希望葬在老家。无论丧礼如何市场化，丧礼中还是需要大量的人手帮忙，如提花圈上山、送老人上山等。因此，无论是否在外定居，因为家乡终是"要回去的家乡"，所以他们才特别重视用"不收礼"的慷慨来获得在乡的社会声望，以感谢乡邻、让乡邻反欠自己的方式，获得他人的尊重，以利于自己回乡后在村中立足与发展。

因此，声望建构受到来自个体、村庄及流入地的共同影响。这些影响成为村民建构声望的来源。在社会流动的过程中，村民充分运用仪式性宴请建构自己在村的社会声望。当以往受过打压的人崛起为新型精英时，崛起者为了证明自己崛起的价值，通过摆"不收礼"的慷慨式宴请，补偿其曾经较为弱势的社会地位。声望补偿的必要性在于获得创伤补偿，为村庄建构一种新的社会记忆。当以往具有干部身份的老人通过参加宗族事务，再生为村内具有较高声望的宗族精英时，他们通过率先举办"不收礼"的寿宴来确认自己延续的社会声望。当地理流动中的外出人员回乡时，办"不收礼"的仪式性宴请在展示自己与家乡复杂情感的同时，还能使地理流动价值得到肯定。当家中有升学者时，升学宴可以展示父母与子女的阶段性成就，以赢得亲友社会期待的方式获得他人认可。在"不收礼"的仪式性宴请中，建构声望、表达流动价值成为可能。

第四节　互惠变迁机制的外推与解释

本书还想讨论"请客不收礼"若要推广，应怎样推广的问题。这就涉及应如何协调各方行动力量的问题。此外，还应当考虑本书研究的互惠变迁机制是否可以用于分析其他类型的礼物变迁。

首先，分析行动机制的外推问题。互惠之所以会发生变迁，在于多重行动者在政府-市场-村落社会的框架中采取了不同的互惠实践。其中，市场是机会创造者，村落社会是制度变革者与制度筛选者，政府是变革成果的消费者。在互惠再制度化过程中，最为关键的是去制度化，而去制度化发生的关键在于有市场提供的机会创造者与村落社会产生的制度变革者。市场是一个重要的要素，一方面，若村落的仪式性宴请没有发生市场化，村民仍然依赖他人出力以资助宴请，他人的出力资助依然很重要，那么"不收礼"很难发生；另一方面，若村民的收入水平没有提高，大部分人依然处于收入水平较低的状况，举办"不收礼"的宴请亦有难度。村庄社区是最不可缺少的要素。西村的制度变革者是如何变革"收礼"制度的呢？要有打开制度缺口的人，而且打开制度缺口者的行为能被他人理解，不被他人制裁。打开制度缺口后，需要在村中有话语权的人引领新的规则。届时，新规则才能普及开来。从上文的分析中可以看到，精英最为关键。因此，必须要有在村中有较高声望且试图变革规则的精英。精英的行动如何能被刺激起来？村庄本身要有一个名声品评机制，而且精英本身要有声望建构的需要。

其次，分析仪式性宴请中双重互惠的解释推广问题。国外学者区分了彩礼的资助功能与偿付功能，但是没有区分仪式性礼金交换的资助与关系延续功能。区分出资助型互惠与关系延续型互惠，有利于分析礼金的变化。双重互惠制度的变迁具有外推效应（见图10-3）。本书所分析的是资助型互惠消退，关系延续型互惠持续。广东顺德等地的普遍不收礼个案，也是资助型互惠的消退，关系延续型互惠的扩张。但是，与本书的个案变化发生于2000年以后不同，顺德的"不收礼"在改革开放之初就发生了。因此，在外推时还需要结合背景差异与新增变量。此外，双重互惠制度也可以用来讨论"收礼"且礼金标准逐渐升高的个案。这些地方其实是资助型互惠扩张，关系延续型互惠也在扩张。而对于迁居城市的人而言，在城市中办仪式性宴请，可能会缩小宴请范围，相较于其原乡地，其收礼金的范围亦缩小，资助型互惠及关系延续型互惠可能都在消退。对于这些地方，也可以从非正式制度变迁的角度入手，分析双重互惠制度的变化。

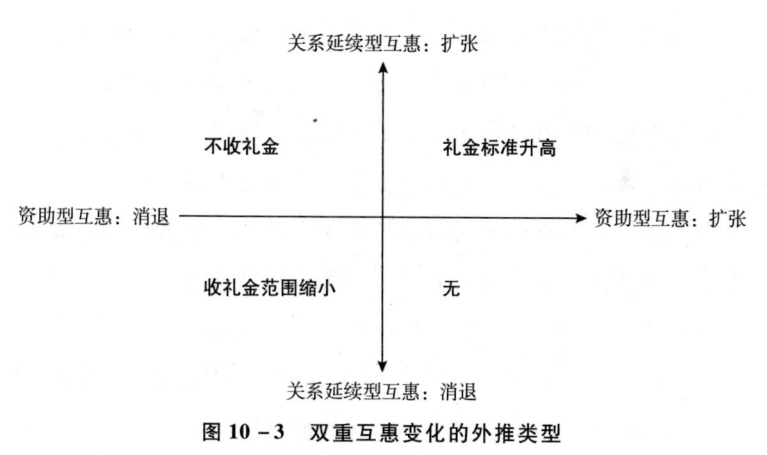

```
                  关系延续型互惠：扩张
                         ↑
           不收礼金        |    礼金标准升高
                         |
资助型互惠：消退 ────────┼──────── → 资助型互惠：扩张
                         |
          收礼金范围缩小   |      无
                         |
                         ↓
                  关系延续型互惠：消退
```

图 10-3　双重互惠变化的外推类型

第五节　流动中村落共同体的竞争性与道义性

社会流动中村落共同体维系要素的变化也值得继续讨论。本书将仪式性礼物交换关系区分为"不收礼"与"部分收礼"两个部分。如图 9-2 所示，"不收礼"主要发生在核心亲属及好友之外的关系中，主要有上辈亲戚、共房、各房、屋里人、同事及一般朋友。在这些关系中，有的关系在西村，有的关系不在西村。在西村的，基本是社区层面的关系。因而可以看到，西村社区层面的关系发生了"不收礼"的变化。为何西村社区层面的关系要"不收礼"？因为人们对资助功能的依赖减少了，但在社区关系层面展示流动价值与建构声望的需要增加了。因此，社区关系被纳入了声望与面子竞赛的轨道中。人们若对社区层面的关系"收礼"，则是丢面子、不受人尊重、失去声望的行为。然而，"部分收礼"主要发生在核心亲属关系圈与好友中。这两层关系中的人与宴请者具有较强的血缘关系与情感关系，面对他们，以"不收礼"来建构声望的需求不高，反而以礼金来表示关系距离的作用更大。具有亲密关系的人送出的礼物更多是用来表达与宴请者的关系距离的。拒收这种礼物，就是否定关系的亲密性。所以，依然需要保留部分收礼行为。此外，仍然收取部分礼金的人通常是经济能力较弱的人，他们试图通过收取核心关系的礼金来抵消部分宴请成本。保留的部分礼金具有较强的道义资助功能。

在请客"收礼"向"不收礼"及"部分收礼"的变化中，可以看到，"部分收礼"只被保留在核心的礼金关系圈中。资助型互惠的范围缩小，这从侧面反映了社区层面的关系去资助化了。社区关系的道义性发生了重构。道义重构与流动中的村落共同体的变迁息息相关。事实上，村庄社会在不断重组的过程中渐渐半熟悉化了。在市场逐渐发展、社会流动机会逐渐增多、地理流动性逐渐增强的西村，流动者与村庄之间的共同体情感愈发以声望竞赛的竞争性维系着，资助的道义环节减少，仪式性礼物交换中的资助道义维持在了最低限度的偶然事故与最核心的关系范围内。

首先，流动性的增强使得西村社会的空间、人及组织都发生了半熟悉化的变化。从空间上来看，各屋场、生产队间的孤立性逐渐被便利的交通打破。道路的修建、新型交通方式的出现扩大了西村的通婚圈、迁移圈及交际圈，增强了各村之间的流动性，增加了西村与外地的联系。西村由孤立的地域社会向流动的地域社会转变。从人与人之间的熟悉度上看，地域空间流动性的增强使得人与人之间的陌生性也开始增加。一方面，同一个屋场里的人变得相互陌生了；另一方面，流动性的增强使得改革开放前的队里人与屋里人的关系圈开始扩大，但是扩大的关系圈难以建立完全熟悉的关系。地域社会流动性的增强不仅没有增加西村人与外地人之间关系的熟悉性，反而降低了西村整体的安全性。以往孤立的地域空间塑造了完全熟悉的屋里人关系，这种关系却已向半熟悉化转变。从组织层面上看，改革开放后，集体化时期的生产队被重新整合至村民小组内。西村原来的两个生产大队被划分为四个村，各个村下设村小组。在流动的地域社会中，部分村小组出现了凋零状况。未凋零的村小组在参与村委会的基层治理及国家的新农村建设的过程中，出现了相互间半熟半生的半熟悉化状况。

其次，不仅村庄在向半熟悉化转变，西村内部也在日益竞争化。新中国成立前，西村如费孝通所言，是以传统礼治为基础、以礼为话语权的乡土社会，人与人相处以互惠规范为准则，是规范型熟人社会。新中国成立后，乡村各项事务的处理以生产大队、村委会及公社、镇政府、县政府等组织的原则为依据，是一种新的礼治。然而，在新的礼治出现的过程中，以往的规范逐渐被打破，乡村政治、宗族及生活领域均出现了以利益为导向的竞争，财富成为竞争的关键。西村社会的竞争化主要体现在政治领域、信仰领域及日常生活领域三个方面。在村庄选举的政治领域，政治竞选演变为出于经济利益考量的政治竞争。在祖先崇拜与神灵信仰领域，出现了庙宇间竞争信众、信众对神灵信仰的工具性增强、信仰捐赠中出现"虚高"的面子攀比等现象。在日常生活领域，回乡者越来越热衷于通过高档的打扮、携带高档消费品、驾车回乡、捐赠等回乡消费展示自己的经济能力。这种符号性消费的原因在于外在展示的经济能力能生产出一定的话语权。市场无所不能地为人们获得面子提供渠道，而村庄的竞争性亦不断加剧。恰恰是竞争性的增强，使得社区层面的道义性发生了变化，礼物交换中的竞争性扩张。

再次，仪式性礼物交换中的竞争性扩张也造成了礼物交换中礼金关系圈的缩小。在"收礼"时期，西村的礼物关系圈是一种差序状态。同辈与上辈亲属关系、"小房""各房""共房"三种自家人身份、"屋里人"的地缘性关系是先赋的礼物关系圈，在成长过程中形成的同学、同事、单位、同行及朋友是后赋型道义关系。在情感及对称义务的践行上，这些关系由边缘向自我维度聚拢。在收礼的道义往来上，这些关系主体都是重要的送礼者，形成了重要的差序型礼金关系圈。然而，"不收礼"以后，这种礼物关系圈缩小了，礼物交换中道义性减弱了。道义性的资助范围主要保留在核心亲属圈及青年核心好友的范围内。这就意味着礼物关系圈发生了由差序型礼金关系圈向核心礼金关系圈的转化（见图9-2中大圈向小圈的变化）。在核心化了的礼金关系圈内部，先天性的血缘情感与后天的友谊情感是连接关系的纽带。礼金关系圈内的人们有相互资助的礼物交换义务。在非礼金关系圈内，人们强化并扩大着仪式性宴请的竞争性。为了在竞争中获得社会声望，非礼金关系圈内的人们选择了"不收礼"的策略。

在大的流动性背景下，村落社会共同体也在不断地遭遇变化。对于留在原乡的村民而言，他们不断地接收着村民搬出的消息，在亲近机会减少的过程中开始与搬出者疏离。仍在西村内流动的人们，则在新的地方组建新的邻里共同体，参与到新共同体的宴请规则中。对于搬出西村的人而言，邻里共同体的纽带不断弱化，他们更多是在不同级别的地域中寻找不同的

"原乡网络"，维持与原乡的某种情谊。流入县城的人会找同是原自然村的人组建原乡网络，流出县城的人会找同一县城、说同种方言、偏好同种食物的人组建原乡网络。他们在流动过程中不断寻找、摸索并加入新的归属组织。

尽管流动的个体在不断寻找新的网络，但他们也在维持着旧有的共同体关系。对流动至他乡的人而言，内心对祖先的尊敬之情、对父母及上一辈人的挂念之情以及因曾经的生活经历酝酿的乡情维系着他们与旧时邻里的联系。无论迁居何处，人们总要在仪式性宴请时，以各种方式抒发对乡邻的某种情感。这些情感既有对过往遭遇的某种弥补，也有对过往受到尊重与帮助的感谢，更有对未来继续受到尊重的期待。无论何种情感，出生在20世纪六七十年代的人们，在集体化时期培养了一种共同体情感，这种情感仍然维系着流出者与原乡之间的仪式性往来互动。从偏远自然村迁居至西村沿公路或集市中心地段的人们，与原乡之间的生活互动依然存在，甚至这些村民依然要回到原来的田地耕作，依然要与原属自然村的村民打交道。对于已迁至其他乡镇或者西县的人而言，尽管日常生活的相处越来越少，但是仪式性场合却成为迁出者与原乡互动的最好时刻。集体化时期共同劳作的生产队成员一直是村民宴请的主要对象，无论他们迁居何处，总会有一个"屋里人"或"队里人"的群体出现在宴请名单之中。迁居县城的人们为了更好地宴请这些邻里，或者租借大巴，将原乡邻里接至城里赴宴，或者将这群原乡邻里与新邻里区分开来，另找一个单独的时间回乡再行宴请。对于流出西县的人，无论与原乡距离有多远，生命周期中的仪式性场合仍然以在原乡举办为主。尽管人们会在新的流入地建立新的关系网络，但是原乡村民才是仪式中真正重要的宴请对象。

当然，在流动的过程中，人们维系共同体的方式也在发生变化。人们与旧有共同体网络之间关系的维系较少靠日常生活中的互动，更多靠仪式性场合中的互动。在仪式性互动中，人们更多是以客气及怀旧之情对待原乡村民，以竞争性的及期待获得尊重的方式宴请乡民。邻里关系在"不收礼"的过程中亦发生了变化。在以往的封闭性村落中，邻居是具有道义性与干涉性的，他既干涉他人隐私，又会在他人日常生活中需要帮助的时候伸出援手。在开放的流动性村落中，邻里既无道义性，也不干涉他人隐私。但是在半熟悉半竞争的村落中，邻居成了只干涉他人隐私，对他人进行评价，而在日常生活中较少向他人伸出援手的人。他们伸出援手的情况只发生在极端的事件中，比如邻居丧偶则给礼金资助，或者发生在需要给予劳动帮助的丧礼中。人与村庄的关系由以往的紧密联系变为既熟悉又疏远，熟悉在于记忆中的熟悉，疏远在于只能通过符号性的表达来获得他人的尊重，而不是通过经常见面、经常接触、经常相处得来情谊上的尊重，不是通过相互帮助来获得尊重，而是通过慷慨性表达来获得尊重，即通过给予他人，让他人欠人情来获得尊重。

参考文献

贝克，乌尔希里，2004，《风险社会》，何博闻译，译林出版社。

波兰尼，卡尔，2014，《经济——有制度的过程》，载马克·格兰诺维特、理查德·斯威德伯格编著《经济生活中的社会学》，上海人民出版社。

布迪厄，皮埃尔，2003，《实践感》，蒋梓骅译，译林出版社。

布尔迪厄，皮埃尔，2007，《实践理性：关于行为理论》，谭立德译，三联书店。

布劳，彼得·M，2012，《社会生活中的交换与权力》，商务印书馆。

达维久克主编，1988，《应用社会学词典》，于显洋等译，黑龙江人民出版社。

费孝通，2001，《江村经济》，商务印书馆。

费孝通，2006，《云南三村》，社会科学文献出版社。

费孝通，2013，《乡土中国 生育制度》，北京大学出版社。

高丙中，2000，《社会团体的合法性问题》，《中国社会科学》第2期。

格雷戈里，2001，《礼物与商品》，杜杉杉、姚继德、郭锐译，云南大学出版社。

古德利尔，莫里斯，2007，《礼物之谜》，王毅译，上海人民出版社。

古尔德纳，阿文，2008，《互惠规范——一个初步的陈述》，载冯钢编选《社会学基础文献选读》，浙江大学出版社。

《光明日报》，2014，《西省西县"请客不收礼"：送礼，一道多余的程序》，12月18日。

哈贝马斯，2003，《在事实与规范之间》，童世骏译，三联书店。

何仅、路英智、李浒、孟广彦、吴琼等主编，2008，《神经精神病学辞典》，南海出版公司。

何连燮，2014，《制度分析：理论与争议》，李秀峰等译，中国人民大学出版社。

贺雪峰，2011，《论熟人社会的人情》，《南京师范大学学报》第4期。

怀特，威廉·富特，2009，《街角社会——一个意大利人贫民区的社会结构》，黄育馥译，商务印书馆。

黄晓星，2011，《社区运动的"社区性"——对现行社区运动理论的回应与补充》，《社会学研究》第1期。

黄宗智，1989，《华北的小农经济与社会变迁》，中华书局。

金耀基，1988，《人际关系中人情之分析》，载杨国枢主编《中国人的心理》，桂冠图书有限责任公司。

金耀基，2002，《金耀基自选集》，上海教育出版社。

卡拉奇，2001，《分裂的一代》，覃文珍等译，社会科学文献出版社。

黎相宜、周敏，2012，《跨国实践中的社会地位补偿——华南侨乡两个移民群体文化馈赠的比较研究》，《社会学研究》第3期。

李伯森，哈里，2014，《礼物的回归——全球观念下的欧洲史》，赖国栋译，商务印书馆。

李春玲，2006，《流动人口地位获得的非制度途径——流动劳动力与非流动劳动力之比较》，《社会学研究》第5期。

李强，2009，《转型时期城市"住房地位群体"》，《江苏社会科学》第4期。

卢成仁，2015，《流动中村落共同体何以维系——一个中缅边境村落的流动与互惠行为研究》，《社会学研究》第1期。

卢晖临、晋军、储卉娟、李丁编，2018，《北大清华人大社会学硕士论文选编（2017）》，中国发展出版社。

卢晖临、李雪，2007，《走出个案》，《中国社会科学》第1期。

卢现翔，2011，《新制度经济学》，武汉大学出版社。

马林诺夫斯基，2002，《原始社会的犯罪与习俗》，原江译，云南人民出版社。

马奇，詹姆斯、舒尔茨，马丁、周雪光，2005，《规则的动态演变：成文组织规则的变化》，童根兴译，上海人民出版社。

毛立言，2005，《市场化》，载刘树成主编《现代经济词典》，凤凰出版社、江苏人民出版社。

莫斯，马歇尔，2005，《礼物——古式社会中交换的形式与理由》，汲喆译，上海世纪出版社。

帕特南，罗伯特，2011，《独自打保龄球——美国社区的衰落与复兴》，刘波等译，北京大学出版社。

齐美尔，2008，《社会如何是可能的》，载谢立中编《西方社会学经典读本》（上册），北京大学出版社。

《人民日报》，1953，《为着社会主义工业化的远大目标而奋斗》，10月1日。

《人民日报》，1967，《致全国革命造反派和全体革命同志倡议书——破除旧习俗，春节不休假，展开群众性夺权斗争》，1月30日。

萨林斯，马歇尔，2009，《石器时代的经济学》，张经纬、郑少雄、张帆译，生活·读书·新知三联书店。

斯科特，詹姆斯·C，2013，《农民的道义经济学——东南亚的反叛与生存》，程立显、刘建等译，译林出版社。

斯特劳斯，列维，2003，《前言》，载莫斯《社会学与人类学》，佘碧平译，上海译文出版社。

唐世平，2016，《制度变迁的广义理论》，沈文松译，北京大学出版社。

滕尼斯，1999，《共同体与社会——纯粹学的基本概念》，林荣远译，商务印书馆。

涂尔干，埃米尔，2000，《社会分工论》，渠敬东译，生活·读书·新知三联书店。

王春光，2000，《巴黎的温州人——一个移民群体的跨社会建构行动》，江西人民出版社。

王富伟，2012，《个案研究的意义和限度——基于知识的增长》，《社会学研究》第5期。

王沪宁，1991，《当代中国村落家族文化——对中国社会现代化的一项探索》，上海人民出版社。

王宁，2002，《代表性还是典型性？——个案的属性与个案研究方法的逻辑基础》，《社会学研究》第5期。

王宁，2007，《个案研究的代表性问题与抽样逻辑》，《甘肃社会科学》第5期。

王宁，2014，《家庭消费行为的制度嵌入性》，社会科学文献出版社。

王思斌，2001，《中国社会的求—助关系——制度与文化的视角》，《社会学研究》第 4 期。

王跃生，2010，《个体家庭、网络家庭和亲属圈家庭分析——历史与现实相结合的视角》，《开放时代》第 4 期。

吴文兵，2018，《结构性互惠：S 村礼物交换的社会史考察（1949~1978）》，载卢晖临、晋军、储卉娟、李丁编《北大清华人大社会学硕士论文选编（2017）》，中国发展出版社。

西省网络广播电视台，2014，《无礼一身轻——西县"请客不收礼"民风调查记》，3 月 29 日，http：//v.jxntv.cn/2014/0329/3530892.shtml，最后访问日期，2021 年 11 月 18 日。

西省西县县志编辑委员会编，1988，《西县粮食志》。

西省西县县志编辑委员会编，1990，《西县县志》，北京图书馆出版社。

西县粮食志编写组编，1987，《西县粮食志》。

西县西镇人民政府编印，1993，《西镇镇志》。

西县县委宣传部，1953，《目前宣传员增产节约运动中应怎样推行宣传工作》。

西县县委宣传部、西县财贸办公室，1963，《计划用粮和节约用粮宣传提纲》，12 月 23 日。

谢望春编著，2012，《客家传统礼俗大全》，江西人民出版社。

徐华平，2014，《西县治"宴"记》，《中国纪检监察报》6 月 13 日，第 2 版。

阎云翔，2000，《礼物的流动——一个中国村庄中的互惠原则与社会网络》，李放春、刘瑜译，上海人民出版社。

杨美惠，2009，《礼物、关系学与中国——中国人际关系与主体性建构》，赵旭东译，江苏人民出版社。

杨中芳、彭泗清，2008，《人际交往中的人情与关系：构念化与研究方向》，载杨国枢、黄光国、杨中芳主编《华人本土心理学》，重庆大学出版社。

易国祥，2014，《怎样开启"请客不收礼"之门》，《长江日报》2月21日。

余成普、袁栩、李鹏，2014，《生命的礼物——器官捐赠中的身体让渡、分配与回馈》，《社会学研究》第3期。

翟学伟，2014，《人情与制度：平衡还是制衡？——兼论个案研究的代表性问题》，《开放时代》第4期。

张宛丽，1996，《非制度因素与地位获得——兼论现阶段中国社会分层结构》，《社会学研究》第1期。

张旭，2013，《礼物——当代法国思想史的一段谱系》，北京大学出版社。

张颖，2012，《施、受之伦理——从马里翁的礼物神学到佛教的布施原则》，载王志成、赖品超主编《文明对话与耶佛相遇》，社会科学文献出版社。

郑姝莉，2020，《"请客不收礼"：道义关系调适与农村宴请新现象研究》，《社会学研究》第3期。

中共西县县委宣传部，1953，《关于开展增产节约运动宣传工作内容指示》，10月21日。

中国社会科学院文献情报中心、重庆出版社会编，1988，《社会科学新辞典》，重庆出版社。

周雪光、艾云，2010，《多重逻辑下的制度变迁：一个分析框架》，《中国社会科学》第4期。

朱瑞玲，1993，《中国人的慈善观念》，《中研院民族学研究所集刊》第75期。

Adler, A. 1917. "Study of Organ Inferiority and Its Psychical Compensation: A Contribution to Clinical Medicine." In *Nervous and Mental Disease Monograph Series* vol 24. edited by E. Jelliffe, W. A. White, New York: Nervous and Mental Disease Publishing Company.

Barley, Stephen R. 1986. "Technology as an Occasion for Structuring: Evidence from Observations of CT Scanners and the Social Order of Radiology Departments." *Administrative Science Quarterly* 31: 78 – 108.

Bartunek, Jean M. 1984. "Changing Interpretive Schemes and Organizational Restructuring: The Example of a Religious Order." *Administrative Science Quarterly* 29: 355 – 372.

Beck, U. 1992. *Risk Society: Towards a New Modernity*. London: Sage.

Beck, U. 1997. *The Reinvention of Politics*. Cambridge: Polity Press.

Befu, Harumi. 1966. "Gift Giving and Social Reciprocity in Japan." *France-Asie* 21: 173 – 174.

Befu, H. 1974. "Power in Exchange: Strategy of Control and Patterns of Compliance in Japan." *Asian Profile* 2: 601 – 622.

Befu, H. 1977. "Social Exchange." *Annual Review of Anthropology* 6: 255 – 281.

Belk, Russel. 1982. "Effects of Gift-Giving Involvement on Gift-Giving in Strategies." *Advances in Consumer Research* 9: 531 – 536.

Benedict, Ruth. 2005. *Patterns of Culture*. New York: Houghton Mifflin Company.

Blau, P. 1964. *Exchange and Power in Social Life.* New York: Wiley.

Bourdieu, Pierre. 1998. *Practical Reason, On the Theory of Action.* California: Stanford University Press.

Campbell, C. 1995. "Conspicuous Confusion? A Critique of Veblen's Theory of Conspicuous Consumption." *Sociological Theory* 13: 37 – 47.

Carrier, J. G. 1991. "Gifts, Commodities and Social Relations: A Maussian View of Exchange." *Sociological Forum* 6: 119 – 136.

Cheal, David. 1988. *The Gift Economy.* New York: Routledge & Kegan Paul.

Chen, Chung-min. 1985. "Dowry and Inheritance." In *The Chinese Family and Its Ritual Behavior*, edited by Hsieh Jihchang and Chuang Ying-chang. Taipei: Institute of Ethnology. Academia Sinica.

Codere, Helen. 1956. "The Amiable Side of Kwakiutl Life: The Potlatch and the Play Potlatch." *American Anthropologist* 2.

Crow, G., G. Allan, and M. Summers. 2002. "Neither Busybodies nor Nobodies: Managing Proximity and Distance in Neighbourly Relations." *Sociology* 36: 127 – 145.

Damon, F. H. 1980. "The Kula and Generalized Exchange: Considering Some Unconsidered Aspects of the Elementary Structures of Kinship." *Man* 159: 269 – 292.

Delbridge, Rick and Tim Edwards. 2002. "Actors and Roles in Processes of Deinstitutionalization and Reinstitutionalization." *Management Research News* 25: 8 – 10.

Derrida, Jacques. 1992. *Given Time: Counterfeit Money.* Translated by Peggy Kamuf. Chicago & London: The University of Chicago Press.

Elder-Vass, Dave. 2016. *Profit and Gift in the Digital Economy*. Cambridge: Cambridge University Press.

Emerson, Ralph Waldo. 1844. "Gifts." *Essays* (Second Series).

Feil, D. K., Damon F. H., and Gregory C. A. 1982. "Alienating the Inalienable." *Man* 17: 340–345.

Foa, U. and F. Foa. 1974. *Society Structures of the Mind*. Springfield, IL: Charles C Thomas.

Giesler, Markus. 2006. "Consumer gift systems." *Journal of Consumer Research* 33: 283–290.

Godelier, M. 1999. *The Enigma of the Gift*. Chicago: University of Chicago Press.

Gouldner, Alvin. 1960. "The Norm of Reciprocity." *American Sociological Review* 25: 161–178.

Gove, Philip B. and Philip Babcock. 1976. "Gove and the Merriam-Webster Editorial Staff." In *Webster's Third New International Dictionary of the English Language Unabridged*, p. 956. Springfield, Mass: G. & C. Merriam Company.

Gregory, C. A. 1982. *Gifts and Commodities*. London: Academic Press.

Gregory, C. A. 1980. "Gifts to Men and Gifts to God: Gift Exchange and Capital Accumulation in Contemporary Papua." *Man* 15: 626–652.

Gronmo, S. 1988. "Compensatory Consumer Behavior: Elements of a Critical Sociology of Consumption." In *The Sociology of*

Consumption, edited by P. Otnes, pp. 65 – 88. New York: Humanities Press.

Harris, M. 1974. *Cows, Pigs Wars & Witches: The Riddles of Culture*. New York: Random House.

Hinings, C. R. and Royston Greenwood. 1988. *The Dynamics of Strategic Change*. Oxford: Basil Blackwell.

Hobhouse, L. T. 1906. *Morals in Evolution: A Study in Comparative Ethics*. London, UK: Chapman and Hall.

Hochschild, A. Russell. 1979. "Emotion Work, Feeling Rules, and Social Structure." *American Journal of Sociology* 85: 551 – 575.

Hoggart, Richard. 1957. *The Uses of Literacy: Aspects of Working-Class Lift*. London: Chatto and Windus.

Hoggart, Richard. 1995. *The Way We Live Now: Dilemmas in Contemporary Culture*. London: Primlico.

Homans, George C. 1958. "Social Behavior as Exchange." *American Journal of Sociology* 63: 597 – 606.

Hsu, FLK. 1971. *Kinship and Culture*. Chicago: Aldine.

Kapferer, B. 1972. *Strategy and Transaction in an African Factory: African Workers and Indian Management in a Zambian Town*. Manchester: University Press.

Kipnis, Andrew B. 1997. *Producing Guanxi: Sentiment, Self, and Subculture in a North China Village*. Durham and London: Duke University Press.

Liebersohn, Harry. 2011. *The Return of the Gift: European History of a Global idea*. Cambridge: Cambridge University Press.

Malinowski, Bronislaw. 1962. *Crime and Custom in Savage Society*. New Jersey: Littlefield, Adams & Co.

Malinowski, Bronislaw. 1984. *Argonauts of the Western Pacific.* Long Grove: Waveland Press.

Mannheim, K. 1975. "The Problem of Generations." In *Essays on the Sociology Knowledge*, edited by K. Mannheim, London: Routledge & Kegan Paul.

Meyer, John W., John Boli, and George M. Thomas. 1994. "Ontology and Rationalization in the Western Cultural Account." In *Institutional Enviroments and Organizations: Stractural Complexity and Individualism*, edited by W. Richard Scott and John W. Meyer, Thousand Oaks: Sage.

Miller, Daniel. 1998. *A Theory of Shopping.* New York: Cornell University Press.

Mirowski, P. 2001. "Refusing the Gift." In *Postmodernism, Economics, and Knowledge*, edited by S. Cullenberg, J. Amariglio, and D. F. Ruccio, pp. 431 – 458. London: Routledge.

Molm, L. D., J. L. Collett, and D. R. Schaefer. 2007. "Building Solidarity Through Generalized Exchange: A Theory of Reciprocity." *American Journal of Sociology* 113: 205 – 242.

Molm, L. D., J. L. Collett, and D. R. Schaefer. 2006. "Conflict and Fairness in Social Exchange." *Social Forces* 84: 2325 – 2346.

Molm, Linda D., Gretchen Peterson, and Nobuyuki Takahashi. 2001. "The Value of Exchange." *Social Forces* 80: 159 – 185.

Molm, Linda D. 2010. "The Structure of Reciprocity." *Social Psychology Quarterly* 2: 119 – 131.

Myron, Cohen. 1976. *House United, House Divided: The Chinese Family in Taiwan.* New York: Columbia University Press.

Negru, Ioana. 2009. "The Plural Economy of Gifts and Markets." In *Economic Pluralism*, edited by Garnett, E. R. Olsen and M. Starr. pp. 194 – 204. London: Routledge.

North, Douglass C. 1990. *Institutions, Institutional Change, and Economics Performance*. Cambridge: Cambridge University Press.

Oliver, Christine. 1992. "The Antecedents of Deinstitutionalization." *Organization Studies* 13: 563 – 588.

Olsen, J. P. 2010. Governing through Institution Building: Institutional Theory and Recent European Experiments in Democratic Organization. Oxford, UK: OUP.

Parish, William L. and Ethan Michelson. 1996. "Politics and Markets: Dual Transformation." *American Journal of Sociology* 101: 1042 – 1059.

Piddocke, Stuart. 1965. "The Potlatch System of the Southern Kwakiutl: A New Perspective." *Journal of Southwestern Anthropology* 21.

Prager, Jeffrey. 2003. "Lost Childhood, Lost Generations: The intergenerational Transmission of Trauma." *Journal of Human Rights* 2: 173 – 181.

Reddy, M. William. 2004. *The Navigation of Feeling: A Framework for the History of Emotions*. Cambridge: Cambridge University Press.

Scott, W. Richard. 1987. "The Adolescence of Institutional Theory." *Administrative Science Quarterly* 32: 493 – 511.

Simmel, George. 1950. *The Sociology of Georg Simmel*. Translated by Kurt Wolff. Glencoe, IL: Free Press.

Simpson, J. A. and E. S. C. Weiner. 1989. *The Oxford English Dictionary Volume* Ⅵ *Follow-Haswed* (*Second Edition*). Oxford:

Clarendon Press.

Suttles, Gerald Dale. 1972. *The Social Construction of Communities*. Chicago: University of Chicago Press.

Thurnwald, Richard. 1916. *Bánaro Society: Social Organization and Kinship System of a Tribe in the Interior of New Guinea*. Pennsylvania, Lancaster: The New Era Printing Company.

Thurnwald, Richard. 1932. *Economics in Primitive Communities*. London: Oxford University Press.

Veblen, T. 1979. *The Theory of the Leisure Class*. London: Penguin Books.

Vogel, Ezra. 1965. "From Friendship to Comradeship." *China Quarterly* 21: 44–60.

Walder Andrew G. 1996. "Markets and Inequality in Transitional Economies: Toward Testable Theories." *American Journal of Sociology* 101: 1060–1073.

Weber, Max. 1968. *Economy and Society*, Volume 1, edited by Guenther Roth and Claus Wittich. New York: Bedminster Press Incorporated.

Weber, Max. 1978. *Economy and Society, An Outline of Interpretive Sociology*, edited by G. Roth. Berkeley: University of California Press.

Weiner, A. 1992. *Inalienable Possessions: the Paradox of Keeping-While-Giving*. Berkeley: University of California Press.

Wilson, Scott. 1997. "The Cash Nexus and Social Networks Mutual Aid and Gifts in Contemporary Shanghai Villages." *The China Journal* 37: 91–112.

Wirth, Louis. 1938. "Urbanism as a Way of Life." *American*

Journal of Sociology 44: 1-24.

Yan, Yunxiang. 1996a. "The Culture of Guanxi in a North China village." *The China Journal* 35: 1-25.

Yan, Yunxiang. 1996b. *The Flow of Gifts: Reciprocity and Social Networks in a Chinese Village*. Palo Alto, CA: Stanford University Press.

Yan, Yunxiang. 2005. "The Gift and Gift Economy." In *A Handbook of Economic Anthropology*, edited by James Carrier. Cheltenham, UK: Edward Elgar Publishing.

Yan, Yunxiang. 2009. "The Good Samaritan's New Trouble: A Study of the Changing Moral Landscape in Contemporary China." *Social Anthropology* 17: 9-24.

Zelizer, Viviana A. Rotman. 1997. *The Social Meaning of Money*. New Jersey: Princeton University Press.

Zhou, Xueguang. 2000. "Economic Transformation and Income Inequality in Urban China: Evidence from Panel Data." *American Journal of Sociology* 105: 1135-1174.

Zucker, Lynne G. 1977. "The Role of Institutionalization in Cultural Persistence." *American Sociological Review* 42: 726-743.

Zucker, Lynne G. 1983. "Organizations as Institutions." In *Research in the Sociology of Organizations*, edited by S. B. Bacharach, pp. 1-47. Greenwich, CT: JAI Press.

附录

本书相关报道人简介

姓名	性别	身份	文化水平	基本情况
邓南亭	男	退休干部	大学	关键报道人之一,曾于县事业单位任主任职位,一直关心家乡事业,曾协助修订族谱
邓景昌	男	宗族理事会主任	高中	关键报道人之一,高中毕业后曾担任驻队干部,一直在村庄内发展
莲婆	女	村民	小学肄业	近80岁,一直在家
兰姐	女	村民	未知	近50岁,在家
邓古天	男	退休干部	高中	关键报道人之一,曾于县事业单位任主任职位,母亲尚在家乡
邓达喜	男	退休校长	高中	关键报道人之一,曾任中学校长,退休后为宗族理事会成员,西县邓氏宗亲会副会长,西县邓氏九族祠委会成员,《客家邓氏联修族谱》常务副总编
邓大荣	男	老板	未知	前屋组富裕之人,在北京经商,在北京、西市均有房
邓大民	男	退休干部	未知	邓大荣的堂兄,曾去北京探访邓大荣,目前是宗族理事会成员
芳姨	女	村民	初中肄业	近50岁,在家收购白莲
王大民	男	村党支部书记	未知	关键报道人之一

续表

姓名	性别	身份	文化水平	基本情况
刘大仙	男	村小组组长	未知	养鱼
邓世华	男	老师	未知	小学老师，觉得礼金负担重，将宴请单比作红色罚款单
邓小花	女	村民	未知	留守妇女，目前在家开店
邓近	女	村民	未知	留守妇女，在家带小孩
邓景东	男	村民	未知	曾去北京、泉州做生意，后回家，现在家开店
邓大平	男	村民	未知	书法好，曾任村党支部书记，现任村庄仪式先生，主持红白喜事仪式
邓景升	男	老师	初中	侨务代表，西县政协委员
邓有宝	男	董事长	小学	西村首富
邓水深	男	老师	未知	已逝，邓有宝的父亲，曾被打为右派
邓火	男	副校长	初中	西村小学副校长，父亲曾被打为右派
邓广城	男	老师	未知	已逝，邓景升的父亲，曾被打为右派
邓广鸿	男	董事长	博士	邓广城的弟弟，跟随国民党陆军至广东，后流浪香港，在美国读硕士与博士，获美国国籍后，曾任美国纽约市华尔街国际货币兑换中心董事长兼执行官
邓火根	男	老师	未知	讲述了与邓水深的故事
邓火老婆	女	老师	未知	邓火的老婆，讲述家公的故事
邓会计	男	会计	未知	西村初中会计，父亲曾被打为右派
邓碧涛	男	退休职工	未知	曾在供销社任职，宗族复兴后第一任南阳堂族长

续表

姓名	性别	身份	文化水平	基本情况
邓汉英	男	退休校长	未知	曾任小学副校长，南阳堂八修族谱理事会成员
邓大盛	男	退休教导主任	未知	曾任小学教导主任，南阳堂八修族谱副主修
邓道涵	男	退休干部	未知	曾任县政府办公室副主任，南阳堂八修族谱副总编
邓宏楼	男	退休职工	未知	曾为供销社会计，南阳堂八修族谱副主修
邓温广	男	退休干部	未知	已逝，曾任东村支书，退休后成为上祠理事会成员
邓美发	男	退休干部	未知	明盛堂十二修及十三修族谱理事会成员，曾任龙乡副乡长、人大常委会副主任
邓美长	男	退休干部	未知	明盛堂十二修及十三修族谱理事会成员，曾任镇广电站站长、民政所所长
邓美全	男	退休干部	未知	原小学校长，现已退休，随女儿住在西市
邓新根	男	退休干部	未知	已逝，明盛堂十二修及十三修族谱理事会成员，曾任西镇人武部部长
邓宏林	男	先生	未知	南阳堂九修族谱理事会会长兼族长，上祠中房辈分最高者，也是全西村邓姓中辈分最高者。儿子为邻县某局局长
邓大保	男	退休老师	未知	曾为西村老师，现为南阳堂九修族谱副主修，儿子为南村支书
邓昌栋	男	退休职工	未知	林场退休职工，新庙理事会成员，真君庙理事会成员

续表

姓名	性别	身份	文化水平	基本情况
邓留敏	男	小组组长	未知	在村内开杂货店，前屋小组组长
廖大花	女	老师	未知	在西村小学当老师，家公曾是东村党支部书记
王荣生	男	退休干部	未知	王大民的父亲，镇财政所退休干部，西村王氏宗族代表
邓大秀	女	村民	未知	王大民的老婆，老公是支书，在家务农、做煤
昌栋老婆	女	村民	未知	邓昌栋的老婆，在家务农，种茶、种菜，老公有退休金
邓小开	男	村民	研究生	原硕博连读，后硕士毕业，在上海工作
邓大才	男	村民	未知	在家务农，小荷组组长，给人雕刻洗手水池
邓华	男	村干部	未知	小西村会计，办理下乡包餐业务
邓广华	男	村民	大学	邓南亭的侄子，"共大"毕业，曾任科长，后英年早逝
邓现舟	男	村民	未知	靠做生意发家，最早从小灵樟搬至阳排建房，后在西县、西市都购置了房产
邓德发	男	村民	未知	从军队退伍后再就业
现舟儿子	男	在职干部	大学	山峰乡党委书记、西市人大代表
邓建漳	男	村民	未知	在福建福州办了模具厂，成为小灵樟到大都市办企业的第一人
邓子恒	男	村民	未知	在广东深圳开网吧，后转而投资医疗器械行业，其资产被村民认为达上千万元，先后在深圳汇宾广场、鸣溪谷购置房产
邓胡行	男	书记	未知	原为北村党支部书记

续表

姓名	性别	身份	文化水平	基本情况
邓德发	男	村民	未知	较早与两个弟弟在县城建别墅
邓德花	男	村干部	未知	在村委会任普通干部
邓文俊	男	老板	未知	在福建泉州从事模具设计，成为一位小老板
达喜堂嫂（迪群太）	女	村民	未知	81岁，在家
邓木财	男	村民	未知	在仪式活动中为他人拉二胡、吹唢呐
邓国细	男	村民	未知	地理先生
邓国中	男	村民	未知	邓国细的弟弟，在西市有房产，在西市开修理店
邓福敏	男	退休干部	未知	粮食局退休干部，明盛堂理事会成员
邓亮	男	老师	研究生	福州一大学老师
隔壁邻居阿姨	女	村民	未知	邓大来的妻子，儿子为公务员
邓根	男	村干部	未知	东村会计，开酒家
邓亦升	男	村民	未知	在村内开店做生意
达喜儿子	男	教导主任	未知	西村初中老师、教导主任
三口田组长	男	村民	未知	村小组组长，在家务农，女婿是小西村支书
邓连江	男	村民	未知	在广东东莞负责哥哥开的一个小工厂
邓东来	男	村民	未知	因病去世
邓大来	男	村民	未知	东来丧礼中的礼曲，在家承包公路修建，隔壁邻居阿姨的老公
邓根老婆	女	村民	未知	在家带孙子、孙女
邓大国	男	村民	未知	在村内开杂货店，邓大荣的哥哥

续表

姓名	性别	身份	文化水平	基本情况
邓国兴	男	村民	未知	在家务农，2015年儿子娶媳妇，儿媳妇生了孙子
邓经远	男	村民	未知	邓根的一般性朋友，丧礼中被邓根退礼
邓大沙	男	干部	大学	西村青年，西县公务员
邓大彬	男	村民	初中	曾在北京当兵，退伍后回西县开物流公司
曾大来	男	村主任	未知	西村村主任，道士，开纸扎店
邓大良	男	西乡村民	未知	因岳父在西村，前来西村建房，卖鱼
邓大红	男	村民	初中	与妻子在广州开厂，小孩3岁，在家
邓建	男	村民	未知	在家养猪，嫂子是村妇女主任
王大云	男	村民	未知	在家务农，家里牛被偷
邓大华	男	村民	未知	邓国中的弟弟，在西市经商，已定居西市

后　记

　　这是一本基于博士学位论文修改而成的著作。通常，博士毕业后会把博士学位论文"用尽"，即发表多篇论文后再出版。但是，我却只"用"了一次就出版了。在学位论文的精华材料发表在《社会学研究》的过程中，我用了"道义关系调适"这一概念来统摄全文，试图回答博士学位论文答辩时，导师王宁教授对我的教诲。他一直期盼我的学位论文能有一个核心的分析性概念，解释好"请客不收礼"发生的过程与机制。《"请客不收礼"：道义关系调适与农村宴请新现象》一文发表后，我如释重负，感觉初步完成了导师的期待。可惜我没有继续将博士学位论文转化发表，"产出"更多论文，物尽其用，而是决定出版。这样做，读者可以看到未曾发表的新内容，也是值得的。

　　在将博士学位论文转化为书稿的时候，我思考了两个方案：一个方案是用道义关系调适来重新整理全书，另一个方案是保留原来的"再制度化"分析视角。我花了很长时间思考如何用道义关系调适来重新理清文章，但发现，如果用了这个概念，第二章中 20 世纪 50～90 年代的故事很难匹配这个概念。第三章的材料也会稍显牵强。而这两章的材料与故事，是铺垫"不收礼"的基础。考虑到我很难用这一概念来统领全书，我毅然决定采用第二个方案，即保留博士学位论文的框架。毕竟，基于这个框架，我获得了余天休社会学优秀博士论文奖，说明这个框架还是能站得住脚的。我也认为"再制度化"这个框架，能把整个故事说圆满，能留下很多触动人心的故事。同时，能对非正式制度的变迁研究与互惠制度的变迁研究有所贡献。

重读这本书，我总能想起读博的时光。记得读博的时候每次回家，最害怕的便是遇到亲友的好心慰问："还在读啊，不要读了吧，早点出来吧。"所幸，母亲从来没有劝阻过我。但是对于母亲，我心中总感到无限的愧疚。特别是出国一年，在母亲最需要安慰陪伴的时候缺席，更让我感到惭愧。值得欣慰的是，回国写作的这段时光，我与母亲相互理解的程度越来越深。她对我学位论文的态度从以前漠不关心甚至反感，转变为主动帮我分析、与我交流。她还成为我博士学位论文的第一个非专业读者，细致地给我指出文中的错别字。记得在一门民族志研究方法课上，老师提倡学术研究需要有一个使命——让没有学术经历甚至是没有太高学历的人明白你在做什么。谢谢母亲成为我传达学术的第一个非专业人士。

莫斯说，生活贯穿着一条兼容了由义务牵连的送礼、收礼和还礼的持续之流。而在这十年，我却一直在源源不断地收着"未回之礼"，欠着无法还清的"人情债"。我知道，我所收到的帮助都是不计回报的"纯粹赠予"，并不需要我"礼尚往来"的回馈。但是，没有他们，就没有我的成长与进步。特别是对于帮助我完善博士学位论文的师友，我必须要在这里表达我最诚挚的感谢。

导师王宁教授学识渊博、治学严谨、为人高尚。他以学术立命，以为人类增加知识为己任，不断创新着学术知识体系。王老师有画龙点睛之力，他总能在我重复的田野细节之处拔高我思考的方向，引导我去探究真正的学术问题。在我博士学位论文写作的过程中，王老师还不断为我提供学术讨论平台，跟我一起吸纳人类学系的学术意见，并鼓励我继续钻研，将他人的意见转化为自我改良的动力。在博士培养上，王老师为消费社会学的同门打造着一个相互批评、共同进步的学术共同体，这种学术氛围的营造支撑着我对学术创造的热情。在校期间，我住在系楼旁边，每晚十点半从图书馆回宿舍，总能从窗外看到王老师办公室依然亮着的灯。王老师勤于治学的精神一直感染着我，甚至经过系楼"抬头望灯"已经成为我自我激励的习惯。师母在关键时刻对我的提点，也让我铭记于心。

本书得以写成，主要得益于田野点中的西村人。做田野也是一个"欠人情"的过程。作为受过人类学专业田野训练的人，我擅长于与田野对象建立关系，明白如何从田野对象那里获得资料，却在田野结束后处理与他们的关系上显得力不从心。西村党支部书记、下祠理事会主任、西村初中校长在田野调查中一直源源不断地给予我帮助，有的甚至把我当成自己的亲女儿，在工作选择上为我思量，给我建议。每次回家，我都会到他们家中拜访。我还要感谢田野点中帮助我的县志办主任、驻村干部、南亭主任、古天主任、大东哥、大才叔、景东老板、美发、大秀阿姨、国中叔、国兴叔、凯弟、大来主任、林场爷爷、国平叔、国民叔……没有他们，我就无法顺利完成在西村的田野调查。

感谢加州大学洛杉矶分校阎云翔教授为我提供去UCLA交流与学习的机会。在UCLA的课堂上，阎老师说他每年都要重读亲属制度领域的经典文献，这也是他能持续在中国研究上有新的理论突破（诸如近年的"新家庭主义"）的重要原因。阎老师对人类学基础研究的重视与坚持，让我对自己的研究有了新认识。阎老师是礼物研究的专家，他给我推荐了很多被我忽略了的经典文献，对我的博士学位论文写作提供了莫大的帮助。感谢我的硕士生导师杨小柳教授一直以来的指导。感谢本科期间开启我学术思维的周建新教授、吴良生博士。感谢中山大学社会学系的蔡禾老师、李若建老师、刘祖云老师、梁玉成老师、黎熙元老师、王进老师、王兴周老师以及人类学系的周大鸣老师、张文义老师、余成普老师给予我的提点。感谢2013级博士班同学。感谢消费社会学的同门——陈胜师兄、黄晓星师兄、黎相宜师姐、陈杰师兄、叶华师兄、陈丽坤师姐、彭杰师兄、游伟苏师姐、王雨磊、王荣欣、李娜、李娜娜、王樱洁、安德烈、静旻、李颖、陈昕、李浩、山永久——在师门学术沙龙上反复聆听我的田野材料，不断为我提供新的学术建议。在与他们一同讨论的过程中，我不仅收获了知识，还收获了一份纯真的学术情愫。

最后，感谢社会科学文献出版社的编辑为本书的出版所付出的辛劳。感谢此书的读者，请多批评指正！

郑姝莉
2021 年 11 月 21 日

图书在版编目（CIP）数据

"请客不收礼"：一个村落的仪式性礼物交换与互惠变迁/郑姝莉著.--北京：社会科学文献出版社，2022.9（2023.9 重印）

（田野中国）

ISBN 978-7-5228-0243-5

Ⅰ.①请… Ⅱ.①郑… Ⅲ.①农村-礼品-风俗习惯-研究-中国 Ⅳ.①K891.26

中国版本图书馆 CIP 数据核字（2022）第 100658 号

·田野中国·

"请客不收礼"

——一个村落的仪式性礼物交换与互惠变迁

著　　者	/ 郑姝莉
出 版 人	/ 冀祥德
组稿编辑	/ 谢蕊芬
责任编辑	/ 赵　娜
责任印制	/ 王京美

出　　版	/ 社会科学文献出版社·群学出版分社（010）59367002
	地址：北京市北三环中路甲 29 号院华龙大厦　邮编：100029
	网址：www.ssap.com.cn
发　　行	/ 社会科学文献出版社（010）59367028
印　　装	/ 唐山玺诚印务有限公司
规　　格	/ 开本：880mm×1230mm　1/32
	印　张：12.75　字　数：295 千字
版　　次	/ 2022 年 9 月第 1 版　2023 年 9 月第 2 次印刷
书　　号	/ ISBN 978-7-5228-0243-5
定　　价	/ 89.00 元

读者服务电话：4008918866

版权所有 翻印必究